Bernecker Wegweiser für Kapitalanlagen
54. Jahrgang 2022
Hans A. Bernecker (Herausgeber)

Bernecker Wegweiser für Kapitalanlagen 2022

herausgegeben
von Hans A. Bernecker

54. Jahrgang

Hans A. Bernecker
Börsenbriefe GmbH
Detmold

Mario Mellack

Gepr. Bürofachwirt · Gepr. Bilanzbuchhalter

Prenzlauer Promenade 178 · 13189 Berlin

Mobil: 0176 · 51 61 31 30

Alle Rechte vorbehalten

© 2021 Hans A. Bernecker Börsenbriefe GmbH

Herstellung: Kössinger AG & Co. KG, 84069 Schierling

Printed in Germany

ISBN: 978-3-9821069-3-9

Inhaltsverzeichnis:

Vorwort

Sehr geehrte Damen und Herren,

die Jahre 2020 und 2021 werden in die Geschichte eingehen. Jeweils mit Ereignissen, die vor zwei Jahren noch undenkbar schienen. Zum einen mit dem plötzlichen Ausbruch der Corona-Pandemie rund um den Globus und ohne Ausnahme und zum anderen mit der politischen Meinungsänderung innerhalb von 18 Monaten, woraus eine völlig neue Sicht entsteht.

Allen Börsen sagt man in der Regel nach oder voraus, dass sie bestimmten Tendenzen vorgreifen. Das klappte diesmal nicht. Sie wurden ebenfalls total überrascht, haben aber am Ende bewiesen, dass sie zuverlässig sind. Nämlich darin, wie sie zunächst äußerst hektisch reagieren, aber anschließend sehr schnell zu vernünftigen Überlegungen zurückfinden, woraus Trends entstehen. Darum geht es in diesem Jahr in unserem „Wegweiser für Kapitalanlagen".

Die Coronakrise offenbarte die extreme Empfindlichkeit aller Menschen, unabhängig von ihrem technischen Standard oder gar Erkenntnissen der Medizin. Nur zwei Beispiele gibt es in der Geschichte, die einigermaßen vergleichbar wären: Erstens den Ausbruch der Pest von 1346 bis 1353, soweit es dazu überhaupt schriftliche Belege gibt. Immerhin ist sie in der Literatur einigermaßen gut beschrieben worden. Zweitens die Spanische Grippe am Ende des Ersten Weltkriegs bis in das Jahr 1923, zeitlich verschoben auf mehrere Länder Europas. Darüber gibt es erstaunlich wenig Literatur - über die aktuelle Corona-Pandemie gibt es tausendmal mehr.

Solche Pandemien verändern die Stimmung und die Wahrnehmung der Menschen sowohl privat als auch geschäftlich, in Sachen Gesundheitspflege zum einen wie Lebensveränderungen zum anderen. Jetzt geht es um die Bewältigung dieser Krise und das Zurückfinden zur Normalität. Wie die Aktienmärkte dies bisher absolviert haben, ist gut nachzulesen. Wie sie dies in die Zukunft transportieren, versuchen wir auf unsere Weise als Börsianer in diesem Wegweiser zu interpretieren.

Die Abweichungen liegen auf der Hand: Die Praxis der Wirtschaft funktioniert anders als alle Theoretiker der Ökonomie voraussagen oder beschreiben. Das war immer so und gehört zur Regel: Theorie ist nicht Praxis, aber man braucht die Theorie, um einige Modelle und Verhaltensformen der Wirtschaft miteinander vergleichen zu können. Daraus lassen sich sehr gute und schlüssige Überlegungen entwickeln. Außerdem:

Über ein Jahrzehnt der Geldschwemme seit der Finanzkrise geht zu Ende. Diese Jahre prägten das Verhalten aller Investoren, ob privat oder institutionell. Wie die Amerikaner und die Europäer sich darauf einstellen, war bis zur deutschen Bundestagswahl noch offen. Mit der deutschen Wahlentscheidung haben sich die Parameter verändert. Einfach formuliert: Aus gemütlichen Merkel-Jahren mit viel Konsens und innerem Frieden in Deutschland entstand eine plötzliche Meinungsänderung, die laut Umfragen noch vor weniger als sechs Monaten undenkbar schien. Denn Deutschland wird wieder Rot. Damit liegt der Vergleich von 1969 bis 1982 auf der Hand sowie die etwas kürzere Periode von Rot/Grün von 1998 bis 2005. Den Deutschen sagt man nach, dass sie politische Veränderungen hinnehmen, ohne über die Folgen nachzudenken. Auch Goethe war dieser Ansicht. Ich zitiere: „Ich habe oft einen bitteren Schmerz empfunden bei dem Gedanken an das deutsche Volk, das so achtbar im Einzelnen und so miserabel im Ganzen ist. Eine Vergleichung des deutschen Volkes mit anderen Völkern erregt uns peinliche Gefühle, über welche ich auf jegliche Weise hinwegzukommen suche...".

Die beiden größten Kanzler der deutschen Geschichte, Otto von Bismarck und Konrad Adenauer, äußerten sich sehr ähnlich. Denn was mit rötlicher Politik im größten und ökonomisch wichtigsten Land Europas demnächst ansteht, können wir nur aus den zitierten Vergleichen einigermaßen ableiten.

1

Der Untergang des Abendlandes

Hans A. Bernecker

Vor etwa 100 Jahren weckte mit diesem Titel ein Buch besondere Aufmerksamkeit, dem wegweisende Wirkung zugestanden wurde, das aber zu sehr großen Widersprüchen führte. Was der Autor Oswald Spengler vertrat oder darlegte, kommentierten damals so bedeutende Zeitungen wie z. B. Le Monde, Paris, mit dem Zitat: „Trotz der Erdstöße, die seit der Niederschrift auftraten, hat das Werk seine ganze Unabhängigkeit und Hellsichtigkeit in unserer Zeit bewahrt." Die Tat in Zürich meinte: „Es wäre zu begrüßen, wenn man den Blick wieder unbefangener, von den Parolen der Tagespolitik absehend, auf diesen gewaltigen Versuch einer morphologischen Geschichtsbetrachtung lenken wollte." So weit gehe ich nicht, aber:

Der ungewöhnliche Wettbewerb zwischen den USA und China ist hier in einem anderen Artikel beschrieben worden. Die geopolitischen Interessensgegensätze entsprechen allen Konflikten zwischen großen Staaten oder Regionen seit dem Altertum. Nichts ist neu.

Europa setzt sich aus rund 30 Ländern/Nationen zusammen - einige fehlen noch, die zur Aufnahme bereits Schlange stehen, etwa die Ukraine oder Albanien. Die EU in Brüssel hat den Anspruch, sie alle zu vertreten und alle Interessen zu kombinieren, um nach außen gegenüber China oder den USA und auch zunehmend gegenüber dem Nahen Osten mit der berühmten einen Stimme auftreten zu können. Klappt das?

Nach dem letzten Weltkrieg hatten französische Politiker, so Jean Monet und Robert Schuman, die Idee, eine politische Kombination für das Zusammenleben aller europäischen Länder als Grundlage zu schaffen, um aus den desolaten Umständen des Krieges einen Neuanfang zu schaffen. Es war als Neukonstruktion Europas gedacht und Konrad Adenauer war der Erste, der diesen Ideen fogte, die auch Italiens Ministerpräsident Alcide De Gasperi vertrat. Daraus entstanden 1957 die berühmten Römischen Verträge.

Der Grundgedanke war logisch und richtig. Das wirtschaftliche Interesse jedes einzelnen Landes sollte optimal dadurch gewährleistet sein, dass jedes Land politisch selbstständig blieb, aber wirtschaftlich an einem Tisch saß. Der Wegfall der Zölle war die wichtigste erste Zielsetzung. Als Zwischenstufe entstand die Montanunion für den Sektor Stahl und Kohle, die eine Art Testprodukt wurde und zeigte, dass so etwas funktioniert.

Der Aufbau Europas gelang damit in eindrucksvoller Form. Hunderte von Büchern liefern den Beleg sowohl in der Beschreibung als auch in der Analyse. So wurde aus den ersten sechs Ländern (inkl. den Niederlanden, Belgien und Luxemburg) ein gemeinsamer Markt mit dem Kürzel EWG. Schrittweise schlossen sich Spanien und Österreich an.

In der politischen Unabhängigkeit jedes Landes mit sehr ähnlichen ökonomischen Zielen lag die Wirkungskraft eines freien Marktes für alle Güter und Ideen. Kein Land versuchte, auf die politischen Verhältnisse eines anderen Einfluss zu nehmen. Auch problematische Entwicklungen auf dem Gebiet der Geld- und Kreditpolitik wurden zwischen den Staaten im Einzelnen vereinbart oder überwunden. Dazu zählten insbesondere Italien und Frankreich mit ihren permanenten Zahlungsbilanz-Krisen, für die Geld nötig war und die Deutschland fair und souverän zu überwinden half.

Die deutsche Wiedervereinigung war aus Sicht der Franzosen nur dann akzeptabel, wenn man die deutsche Wirtschaftspotenz und Finanzkraft kontrollieren konnte. Dem sprang Großbritannien bei. Frankreichs Präsident François Mitterrand und die britische Premierministerin Margaret Thatcher machten daher eine Einheitswährung zur Bedingung für die Zustimmung, zu der sie als immer noch bestehende Besatzungsmächte rechtlich befugt waren. Der deutsche Bundeskanzler Helmut Kohl entschied darüber fast autark und ohne ausreichende Rücksprachen mit deutschen Fachleuten oder Politikern. Großbritannien hielt an der Zusage zur Wiedervereinigung fest, verzichtete aber auf den Beitritt zu einer Einheitswährung. Das war klug gedacht.

Frankreich beansprucht seit den Zeiten von Richelieu die politische Hegemonie in Europa. Daran hat sich bis zur Stunde nichts geändert. Die stets schuldbewussten Deutschen schlossen sich diesem Diktum an - insbesondere die deutsche Bundeskanzlerin Angela Merkel in allen 16 Regierungsjahren. Fest steht jedoch:

Jedes Land verfügt über eine eigene Kultur, Geschichte, teilweise Sprache und sehr unterschiedliche Gesellschaftssysteme, wie sie sich nun einmal aus der Geschichte entwickelt haben. Jeder Politiker eines jeden Landes muss die eigenen Interessen vor die der anderen stellen oder sich zumindest so geschickt wie möglich einer Mehrheit anpassen, ohne Schaden zu nehmen. Das ergibt eine Politik, die eigentlich keine ist. Mit „einer Stimme zu sprechen", wie es zum gewohnten Ausdruck gehört, ist schlicht nicht machbar. Andererseits weiß jeder, der die Geschichte kennt, dass ein Konglomerat dieser Größe auch nie zu einer einheitlichen Meinung kommen kann, die internationales Gewicht hat. In diesem Dilemma befindet sich Europa.

Deutschland hat in der EU die Priorität in der wirtschaftlichen Kompetenz. Gut 28 % der Wirtschaftsleistung entfallen auf Deutschland. Bezieht man die deutschen Auslandsinteressen mit ein, sind es deutlich über 33 %. Dazu zählen die deutschen Tochterbetriebe der großen Konzerne, insbesondere im Autobau. Gerundet ein Drittel der EU-Wirtschaftsleistung entfällt also auf Deutschland. Der Industrieanteil am Bruttoinlandsprodukt erreicht mit über 24 % die höchste Quote unter allen anderen - auch im weitergehenden Vergleich schaffen weder die USA noch Japan eine ähnliche Quote. Für China gibt es dazu keine wirklich zuverlässigen Zahlen.

Die deutsche Quote am Währungssystem der EU (Eurozone) wird mit etwa 26,6 % angegeben. Sie kann regelmäßig leicht verändert werden, aber beziffert nicht nur den Anteil an den Kapitalmärkten, so auch an der EZB, sondern auch den Anteil, für den Deutschland finanziell haftet. Dafür gilt rein rechnerisch der Denkansatz der EZB, dass dieser Anteil in Relation zur Wirtschaftsquote um 15 bis 20 % zu hoch angesetzt ist. Einfacher ausgedrückt: Die Deutschen haften mehr für die Schulden anderer, als es ihrem Gewicht eigentlich entspricht.

Die Maastricht-Verträge schrieben bekanntlich eine Verschuldungs-quote von 3 % für alle Länder vor, ferner ein Inflationsziel von rund 2 % als Richtlinie für die EZB-Politik. Wer hält sich daran? Deutschland mit großer Mühe und Konsequenz, Italien nie, Spanien gelegentlich und für Frankreich gilt die Akzeptanz eines jährlichen Defizits von über 3,5 % nur deshalb als hinnehmbar, weil es eben Frankreich ist (Originalton Brüssel). Das bedeutet im Klartext:

Die wirtschaftlichen Strukturen aller Länder in der EU nebst Eurozo-ne sind nicht vergleichbar und nicht anzupassen. In über 50 Jahren ist dies bislang nicht gelungen. Dabei wird es bleiben. Denn kein Land ist bereit, von seinen gewachsenen Strukturen wesentlich abzuweichen. Darüber kann man diskutieren oder Wünsche anbringen, aber machbar ist es nicht. Somit sind wir beim Thema:

Europa ist mit eine der ältesten Kulturregionen und Staatengemein-schaften. Europa ist die Alte Welt, angefangen bei den Griechen über die Römer, woraus sich ab Karl dem Großen einzelne Regionen und Staaten entwickelten, die inklusive Völkerwanderungen, Hunenüberfällen und sons-tigen Konflikten jeder für sich sehr stolz darauf sind, dass man - national gesehen - das ist, was man ist.

Deutschland ist das einzige Land in Europa, das im Gegensatz zu Frankreich, Großbritannien oder Spanien keine Staatenbildung schaffte. Es blieb ein Konglomerat vieler kleiner Provinzen, die zwar eine gemeinsame Sprache hatten, aber sonst mit dem Begriff einer Nation nichts anzufangen wussten. Auch Schiller und Goethe verwendeten das Wort „deutsch" so gut wie nie. Erst auf Umwegen und mit preußischer Gewalt entstand das erste Deutsche Reich mit seiner Proklamation am 18. Januar 1871 im Spiegelsaal von Versailles.

Nationalbewusstsein gilt in Deutschland seit dem Ende des letzten Weltkrieges als ein möglichst vermeidbares Wort. Nur im Falle der Fußball-nationalmannschaft kommt es schon mal vor. Ansonsten gilt es als schänd-licher Ausdruck für eine engstirnige Betrachtung, der die Zukunft nicht ge-hört. Wirklich?

Alle Völker Europas legen größten Wert darauf, als solche anerkannt zu sein und zu werden. Darüber kann man lächeln oder nachdenken. Wer kein eigenes Bewusstsein hat, kann sich bekanntlich nicht selbst darstellen. Und wenn er es versucht, gibt es peinliche Szenen. Jedenfalls:

Eine europäische Bewusstseinsbildung gibt es nicht. Da sie mit den gegenwärtigen Verhältnissen aber auch nicht entstehen kann, hat sie mithin keine Zukunft.

Gemeinsam ist allen Europäern lediglich, dass der erreichte Standard der Lebensführung so hoch ist, dass er allein von der Wirtschaftsleistung jedes Landes nicht mehr erbracht werden kann. Sämtliche Sozialprogramme werden entweder direkt über Gebühren aller Art finanziert oder aber am Ende vom Staat endfinanziert. Die logische Folge ist klar:

Der Anteil des Sozialstaates liegt im Schnitt deutlich höher als für alle anderen Länder der Welt, soweit sie vergleichbar sind. Damit entsteht eine Lücke zu dem, was nötig ist, nämlich zur Finanzierung der Zukunft. Der Anteil der Investitionen am Bruttoinlandsprodukt sinkt deshalb permanent. Auf diese Weise entwickelt sich ein Abstand zu den Ländern, die eine geringere Sozialquote erlauben, um mehr investieren zu können.

Gehen die Trends auseinander, so sinkt die Wettbewerbsfähigkeit einer Volkswirtschaft, gleichgültig, in welchem Rahmen oder in welcher Struktur. Das bedeutet, dass das jährliche Wachstum Europas hinter dem der Amerikaner und Chinesen permanent schwächer ausfallen wird.

Lässt sich dies ändern? Eine Einheitswährung, die einen Schirm dafür darstellt, die Schwächen des einen durch die Stärken eines anderen irgendwie aufzufangen, ist als Handelswährung praktikabel und auch akzeptabel. Eine Eigenleistung entsteht jedoch daraus nicht. Nötig wäre mehr als eine gewaltige öffentliche Investitionswelle oder ein hinreichend großer Überschuss in der Handelsbilanz, um Dynamik zu erzeugen. Mit der Verwaltung der Einzelinteressen in einer riesigen Euro-Bürokratie in Brüssel ist dies nicht zu machen. Darin liegt nicht der Untergang, aber das bleibende Problem Europas.

Gibt es einen anderen Weg, ohne die EU zu schädigen oder die politische Bedeutung Europas zu reduzieren? In Punkten gefasst:

1. Der Euro war ein Irrweg. Niemand bestreitet dies nach objektiver Analyse. Selbst die ehedem überzeugten Befürworter rücken inzwischen von der schönen Idee eines einheitlichen Zahlungsmittels für alle Europäer ab. Aber kein Politiker traut es sich zu, dies seinem Land klarzumachen.

2. Der Euro folgte den politischen Zielen Frankreichs und Großbritanniens. Einige der damals zuständigen Regierungschefs haben dies in ihren Memoiren sehr deutlich erklärt. Es ging nicht um ökonomische Fakten, sondern folgte ausschließlich politischen Plänen und Absichten, um zu verhindern, dass Deutschland sich vom Westen in Richtung Osten Europas leicht verändern könnte und damit die wichtigste Wirtschaftsmacht Europas in eine Art Neutralität geraten würde. Nichts davon ist realistisch.

3. Jedes europäische Land hat seine eigenen Strukturen. Das hatte ich bereits kurz beschrieben. Neue Dynamik kann nur entstehen, wenn jedes Land für sich im eifrigen Austausch mit seinen Nachbarn seine eigenen Vorteile erkennt und umsetzt. Denn aus der Individualität entsteht regelmäßig mehr Energie als aus einer Mannschaftsleistung ohne echte Führung.

4. Dreißig verschiedene Währungen sind ein Handicap. Das Wechseln an jeder Grenze ist unschön oder lästig, aber der Preis dafür, dass jedes Land über den Wechselkurs seiner Währung die eigene Wettbewerbsfähigkeit im internationalen Handel sozusagen wöchentlich überprüfen kann. Daraus entstehen die bekannten Wechselkursschwankungen. Begeht eine Regierung in ihrer Finanzpolitik Fehler, so wird sie über eine Abwertung der Währung bestraft. Gleiches gilt für das Gegenteil. Salopp formuliert: Mit diesen Schwankungen ist jedes Land für sich in der Lage, sein eigenes Gleichgewicht zu finden.

Resultat: Politische Fehler waren immer irgendwann zu korrigieren, wenn genügend Einsicht entstand, dass zuvor ein falscher Weg beschritten worden war. Offen bleibt lediglich die Frage: Wer wird es wagen, dies offen auszusprechen und politisch tatsächlich anzustoßen?

Auf einem Symposium des Handelsblatts am 8. September 2021 erläuterte der Chef der Deutschen Bank, Christian Sewing, wie der empfindlichste Sektor, die Banken, in diesem Zusammenhang einzuordnen ist. Erstmals erklärte er, dass die Deutsche Bank sich für eine länderübergreifende Fusion bereithält. Sie wartet lediglich darauf, ihre eigene Effizienz noch zu verstärken. Denn, so Sewing sehr klar: Ohne eine neue Größenordnung im europäischen Banking ist eine Aufholjagd der Europäer gegenüber allen anderen unmöglich. Bedingung dafür aber ist eine Bankenunion. In diesem Wort steckt leider der Sprengsatz: Wie in anderen Fällen steht auch hier Süd gegen Nord in Europa in einem krassen Missverhältnis.

Alle Länder um das Mare Nostrum sind finanzpolitisch labil bis pleite. Sie bedürfen der permanenten Finanzierungshilfe. Eine Bankenunion ist das Instrument dafür.

Ana Botin, Chefin der größten spanischen Bank Banco Santander, pflichtete dem bei. Ihr Vergleich ist typisch: Ihre Bank und JP Morgan hatten vor sieben Jahren noch den gleichen Marktwert - heute sind die Amerikaner siebenmal schwerer. Also: Alle Analysen weisen in die gleiche Richtung, in die es gehen müsste. Aber niemand ist einzeln daran interessiert, ein Gesamtgewicht zu basteln, dem dieser Weg gelingen könnte.

Die Welt hat genug für jedermanns Bedürfnisse,
aber nicht für jedermanns Gier.
(Mahatma Gandhi)

2

Super-Apps - sie kommen, um zu bleiben

Catharina C. Nitsch

Auch wenn sich möglicherweise einige Leser der „neumodischen Technik" versperren oder nichts damit anzufangen wissen, können wir uns dem Fortschritt nicht entgegenstellen. Und inzwischen kennt zumindest der Großteil der Bevölkerung wenigstens die Bedeutung von Apps, die ich hier als bekannt voraussetze.

So gibt es Apps, mit denen etwa ein Taxi bestellt werden kann, das Essen ins Haus kommt oder ein neuer Arzttermin vereinbart werden kann. Rasch wird z. B. per WhatsApp der Nachmittagstermin verschoben, über HRS wird ein Hotel für den Ausflug am Wochenende gebucht, das Mittagessen in der Kantine wird mit Google Pay bezahlt. Und weil wichtige Zutaten für das Abendessen fehlen, wird schnell über Gorillas geordert und kommt 15 Minuten später mit dem Kurier an der Haustür an. Das Busticket wird über die App des Verkehrsunternehmens gekauft und weil man doch schnell noch wohin muss, wird per App ein Elektro-Roller für den Weg angemietet. Fast alle Bedürfnisse können inzwischen über Apps befriedigt werden und vieles geht schneller, wird einfacher und unkomplizierter, spart Geld und lange Wege. Allerdings:

Hierzulande sind dafür unzählige Apps nötig. Jeder aktive Nutzer von Apps hat den Screen seines Mobiltelefones vor Augen, auf dem sich zahlreiche bunte Icons, hinter denen sich die Apps verstecken, tummeln. Um die 80 Apps pro Endgerät entsprechen in etwa dem weltweiten Durchschnitt - auch wenn meist deutlich weniger Applikationen aktiv genutzt werden. Das wiederum ist ein wenig mühsam. Schließlich müssen die vielen Apps erst auf dem Smartphone installiert und Daten hinterlegt werden, es wird viel Speicherplatz verbraucht und dann das Problem mit diesen ganzen Passworten...

Schauen wir nach Asien, stellen wir schnell fest: Es geht auch anders! Fast neidisch möchte man werden, wenn man sich WeChat anschaut. Als Messenger des Internetkonzerns Tencent gestartet, hat sich die App zu einem Alleskönner entwickelt - zu einer Super-App. Mobilität, Finanzdienstleistungen, Kontaktbörse, Arzttermine, Marktplätze, Hotelreservierung, Taxi, Navigation... - schätzungsweise mehr als eine Million Dienste können über WeChat abgerufen werden. Es braucht also nicht viel zum Leben in China - allein eine Super-App.

Doch WeChat ist längst nicht mehr die einzige Anwendung, die es zur Super-App gebracht hat. Bleiben wir in China, kommt noch Alipay hinzu sowie auch Meituan. In Indien ist Paytm der Superstar, in Indonesien ist es Gojek und in Singapur heißt die Super-App Grab.

Westliche Konzerne schauen sich die Entwicklungen in der Ferne sehr genau an. Mit zahlreichen Analysen bereiten sie sich ihrerseits auf eine Zukunft mit Super-Apps vor. Uber-Chef Dara Khosrowshahi hatte bereits 2019 eine Vision in diese Richtung und sinnierte in einem Blog-Eintrag über ein „Betriebssystem für das alltägliche Leben". Alles sollte aus einer App kommen: E-Scooter, Bus-Tickets, Essen, Taxi und Fahrräder. PayPal wiederum versprach im Februar 2020 auf seinem Kapitalmarkttag, eine mobile App zu entwickeln, mit der Verbraucher bei Millionen von Händlern einkaufen können, während sie gleichzeitig das meiste von dem erledigen, was sie derzeit bei Banken tun. Immerhin können Nutzer von PayPal schon heute Kredite aufnehmen, Rechnungen bezahlen, Geld verschicken oder Schecks einlösen. Doch:

In Asien beinhalten die Super-Apps alle Lebensbereiche. Hierzulande bleiben die Pläne noch auf einzelne Branchen fokussiert. So sprach der Uber-Chef davon, zum „Amazon des Transportes" zu werden und PayPal bleibt seinen Finanzdienstleistungen treu. Indes:

Super-Apps wurden auch nicht in China entworfen. Vielmehr entstanden sie durch Zufall. Und zwar durch das Hinzufügen von immer mehr Funktionen. Auch WeChat begann einst als normaler Messenger.

Für Aktionäre ist das Thema Super-Apps gewaltig. Nicht nur, weil es derer schon einige gibt. Sondern auch, weil wiederum andere in den Startlöchern stehen. So arbeiten Google und Facebook mit Hochdruck daran, die nächsten Super-Apps anzubieten. Hier ist ein Trend erkennbar, dass immer mehr Funktionen darin

eingebaut werden. Mit dem Zahlungsdienst Google Pay und Milliarden von Android-Nutzern auf der ganzen Welt verfügt Google über eine nutzerstarke Infrastruktur, die es möglich macht, ein WeChat-ähnliches Modell abzubilden. Hinzu kommt mit Google Maps ein Dienst, der bereits jetzt Auslöser vieler Offline-Transaktionen sein dürfte.

Apple hat mit Apple Pay einen Zahlungsdienst im Produktportfolio, der mittlerweile in über 50 Ländern verfügbar ist, darunter in den USA, Russland, China und allen relevanten Märkten Europas. Hinzu kommt Business Chat, mit dem der Konzern nun auch seinen Messenger iMessage zur Plattform ausbauen will. Beides grundlegende Komponenten für eine potenzielle Super-App. Doch: In der Vergangenheit hat der Konzern für softwarebasierte Geschäftsmodelle weniger ein Händchen bewiesen als die anderen großen US-Techkonzerne. Apple lebt vor allem vom Hardware-Geschäft - und das sehr gut.

Schaut man sich WhatsApp an, sieht man, dass der Dienst nicht mehr einfach nur ein Messenger-Dienst ist. Mit der Funktion Status hat WhatsApp versucht, in die Richtung einer Social-Media-Plattform zu gehen und die neueste Ergänzung, WhatsApp Business, erlaubt es Geschäftsinhabern, ihren Katalog direkt in die App hochzuladen. Aus Datensicht hat der Techkonzern Facebook mit seinen Diensten WhatsApp und Instragram bereits eine riesige Marktmacht geschaffen. Wird die in den USA bereits aktivierte

Bezahlfunktion im Facebook-Messenger auch bei uns ausgerollt, steuert der Konzern auf eine Super-App zu. Die Parallelen zur Strategie, mit der Tencent WeChat in China allgegenwärtig gemacht hat, sind kaum zu übersehen.

So einiges lässt darauf schließen, dass auch bei uns die Zeit für Super-Apps gekommen ist. Die Corona-Pandemie hat alles beschleunigt und große Namen wie Apple und Google können selbst dafür sorgen, dass Anbieter verstärkt auf Super-Apps setzen. Denn sie machen es Diensteanbietern in ihren mobilen Betriebssystemen für iPhones und Android-Smartphones zunehmend schwerer, Nutzerdaten zu sammeln. Entwickler suchen daher längst nach Alternativen. In einer Super-App liefern die Nutzer ihren digitalen Fußabdruck jederzeit frei Haus.

Es bleibt abzuwarten, wie sich die nächsten Monate und Jahre entwickeln. Aber eines ist sicher: Neue Dienste und Produkte können schneller adaptiert und in den Alltag integriert werden, als man denkt. Daher werden Super-Apps schon bald viele Bereiche unseres Lebens prägen - auch hier in Deutschland. Denn die Platzhirsche der westlichen Welt werden sicherlich nicht zu lange warten, bevor sie diesen Schritt gehen. Nicht nur können die Anbieter aus Asien sonst expandieren, auch westliche Start-ups können wie aus dem Nichts auftauchen und die heißbegehrten User für sich einnehmen. Die Super-Apps, die wir in Zukunft sehen werden, vereinen Kommunikation und Entertainment, Payment und Commerce. Aktionäre sollten also wachsam sein und das Geschehen mitverfolgen. Gibt es weitere Schritte hin zur Super-App, sollten Aktien des ausführenden Unternehmens eingesammelt werden. Denn Super-Apps sind die Zukunft. Sie werden bald unser ganzes Leben bestimmen!

3

Wer aus der Masse heraussticht

Hans A. Bernecker

Der Korea-Krieg war beendet, die Berlin-Brücke politisch verkraftet, die Amerikaner rüsteten ab und bauten dafür riesige Straßenkreuzer mit beeindruckenden Heckflossen und gewaltigen Motoren: Die neue Zeit begann! Die Überraschung lieferten jedoch die Russen mit dem ersten Sputnik 1957, den ich auf der Weltausstellung 1958 in Brüssel im russischen Pavillon sogar berühren durfte. Dem folgte noch im gleichen Jahr Sputnik 2 mit der Hündin Laika 1 an Bord und nur knapp vier Jahre später der erste Astronaut, Juri Gagarin mit dem Raumschiff Wostok 1. Das traf die Amerikaner unmittelbar ins Herz.

Präsident Kennedy rief seine Landsleute dazu auf, zum Mond zu fliegen und löste damit in den USA eine gewaltige Welle technischer Forschungen, Versuche und Bemühungen aus - und bereits 1962 brachten die Amerikaner ihren Astronauten John Glenn sicher in den Orbit und zurück.

Die Japaner starteten am anderen Ende der Welt ihr eigenes Wirtschaftswunder auf besondere Art. Mit Kameras bewaffnet bevölkerten japanische Techniker sämtliche Messen und Ausstellungen in der Welt, um alles zu fotografieren, was technisch irgendwie interessant war. Innerhalb kürzester Zeit war so gut wie alles kopiert und konnte zum halben Preis in den meisten Geschäften der Welt erworben werden. An Patenten hatten die Japaner kein Interesse, sie schufen einfach Fakten.

1964 präsentierte IBM den ersten „Bürocomputer" als System/360, worüber ich schon häufig berichtete: Bei der Präsentation in der IBM-Niederlassung in Stuttgart wurde alles umfangreich erklärt, aber keiner der Journalisten und Börsianer verstand wirklich etwas. Wir ahnten jedoch, dass damit eine neue Zeit begann.

IBM wurde der absolute Börsenstar und der Kurs legte in den folgenden Monaten gut 50 bis 60 % zu, was mit den heutigen Größenordnungen nicht vergleichbar ist, aber bereits erkennen ließ, was in solchen technologischen Novitäten steckt. Keine Frage, typisch amerikanisch: Innerhalb von wenigen Jahren gab es mehrere Unternehmen, die das Gleiche versuchten und auch umsetzten, womit die technische Revolution sowohl in der Breite wie in der Tiefe zum zentralen Faktor wurde, ob und wie ein Land oder seine Industrie sich künftig entwickeln muss und wird.

Alle Folgeinnovationen sind beschrieben worden. Gut 15 Jahre später rückte der PC in den Mittelpunkt, ohne den heute niemand mehr auskommt, gleichgültig, ob privat oder geschäftlich. Der Star des Marktes hieß Compaq, nachdem IBM den PC ursprünglich entwickelt hatte, aber nicht daran glaubte, dass damit ein Geschäft zu machen sei. Compaq-Chef Eckhard Pfeiffer sah es anders. Binnen Kurzem war Compaq die dominierende Größe im PC-Geschäft. Die Kombination mit Hewlett Packard machte HP als Konzern zum Weltmarktführer, auch in Server-Technik.

IBM und Hewlett Packard erreichten damit als erste Technik-Unternehmen der Welt Marktbewertungen von über 100 Mrd. Dollar. Über das Handy vor gut 20 Jahren wurde schließlich das Smartphone zum wohl wichtigsten Produkt der Kommunikation in einem Ausmaß, das unvorstellbar schien. Von rund 7,4 Mrd. Menschen auf der Welt gelten rund 5 Mrd. inzwischen als User: Jeder kann mit jedem kommunizieren und damit wurde eine Dimension erreicht, die sowohl für Technik an sich als auch für die menschliche Verständigung unvorstellbar war. In der Pandemie, die über Nacht über die Welt hereinbrach, erwies sich diese Technik als eine zentrale Organisationsform, in der nun ebenfalls Dinge entstehen werden oder schon entstanden sind, die neue Möglichkeiten im Gesundheitswesen eröffnen.

Ergebnis: Modernste Technik ist die zentrale Größe, wie sich die Welt in den kommenden Jahrzehnten weiterhin entwickeln wird. Diejenigen Unternehmen, die dies frühzeitig erkennen und daraus ein Geschäft machen, sind die Marktführer und mithin Börsenlieblinge für private Investoren, Institutionen der Vermögensbildung im Allgemeinen, aber keineswegs darauf beschränkt, immer und ausschließlich mit neuen Erfindungen zu glänzen, sondern auch aus den bestehenden Verhältnissen heraus Veränderungen anzugehen.

Wagen wir den Sprung nach Deutschland. Die deutsche Industrie gehörte in den letzten Jahrzehnten nicht zu den Innovativsten. Darüber wird viel diskutiert. Insbesondere in den vergangenen 20 Jahren - seit der Euro-Einführung - oder auch 30 Jahren seit der Wiedervereingung lag die Stärke der Deutschen eher darin, diese organisatorisch und technisch zu bewältigen und gleichzeitig einen der wohl perfektesten Sozialstaaten zu schaffen, um Vorbild für andere zu sein. Darüber darf heftig diskutiert werden.

Die Klimakatastrophe steht nicht mehr vor der Tür, sondern bereits im Flur. Die deutschen Bemühungen sind vorbildlich in der Absicht, aber aus vielerlei Gründen schwer umzusetzen. Dennoch gibt es interessante Ansätze, wie Unternehmen darauf reagieren.

Der größte Stromanbieter des Kontinents war RWE. E.ON wurde die Nummer zwei nach der Fusion von VIAG und VEBA im Jahr 2000. Das Ende der Kernenergie wurde nach der Nuklearkatastrophe von Fukushima zum Blitzausstieg. Mit einer verkürzten Laufzeit und im Schnellverfahren wurde schließlich unter Angela Merkel als Bundeskanzlerin das Abschalten aller Atomkraftwerke gesetzlich verankert. Was macht man aus dieser Konstellation als Unternehmen?

Der kluge RWE-Chef Rolf Martin Schmitz managte den Ausstieg in den bekannten Formen, die hier nicht weiter zu erläutern sind. Er übergab das Zepter an seinen jüngeren Nachfolger Markus Krebber, der nun den neuen Rahmen festsetzt. RWE soll einer der größten Erzeuger von Erneuerbarer Energie werden. Sowohl in Europa als auch in den USA/Kanada und demnächst im Fernen Osten zusammen mit japanischen Partnern. Dieser Umbau entspricht der Neuerfindung eines ganzen Unternehmens und darin liegt die Börsenstory. Wie erkennt man das?

Mit dem erzwungenen Ausstieg aus der Kernenergie und dem angedrohten Ende des Kohle-Stroms rutschte die Bewertung von RWE bis zu einem Tiefpunkt bei 6,50/7 €. Das war die Herausforderung für uns, darüber

nachzudenken, was in RWE steckt und was daraus zu machen ist. Zwischenstand bis jetzt rund 33 € nach den verschiedenen angekündigten Schritten. Wie weit geht nun das Potenzial von RWE unter der Annahme, dass die Ziele erreicht werden? An der Zukunft der Energie lässt sich nicht zweifeln, an der Bewertung dieser Energie hängen vielfältige Alternativen, sowohl technologisch als auch wirtschaftlich. RWE ist das erste große Beispiel in diesem Sektor dafür, wie man aus der Masse heraussticht, wenn findige Unternehmer oder Techniker mit Mut und Weitsicht handeln. Dies frühzeitig zu erkennen, war der erste Schritt und die Weiterentwicklung wird sich hochrechnen lassen.

Vor gut 24 Monaten kannte die Welt das Wort Corona noch nicht. Innerhalb kürzester Zeit veränderte ein Virus die Perspektiven sehr vieler Sektoren mit zeitweiser oder dauerhafter Wirkung. Ein Unternehmen der

Impf-Pharmazeutik wurde plötzlich zum Weltstar: Mit BioNTech zeigte die deutsche Pharmazeutik, was sie zu leisten vermag.

Zusammen mit Pfizer, dem größten Pharmakonzern der USA, setzte BioNTech mit einer neuen Technologie in der Impfstoff-Forschung völlig neue Maßstäbe auf Basis der mRNA-Technologie sowohl für Vakzine als auch andere Präparate. Gleichzeitig wurden große Teile der bisherigen Forschung zur Seite geschoben. Welche Folgen dies für die kommenden Jahrzehnte hat, wird sich erst in den nächsten Jahren zeigen.

Im September 2015 begann der VW-Skandal. Angetrieben durch clevere Anwälte hielten sich mehr als 25.000 amerikanische VW-Fahrer für geschädigt, weil sie einen VW-Diesel fuhren, damit zufrieden waren, aber reklamieren wollten, dass Diesel-Abgase grundsätzlich eine Gefahr bedeuten. Sie fühlten sich dadurch betrogen, dass sie einen Wagen gekauft hatten, der den technischen Prüfungen nicht genügte. Das kostete rund gerechnet 30 Mio. € an Schadensersatz, wovon 10 % an die Anwälte abzuzweigen waren und ein größerer Teil nicht an die Kläger auszuzahlen war, sondern als Strafe an den Staat. Wie auch immer:

Wolfsburg stand Kopf. Was tun? Der bisherige Chef Winterkorn musste gehen, sein Nachfolger Müller nach kurzer Zeit ebenfalls. Der Nächste verstand jedoch, wie diese Krise für VW einzuordnen und was daraus zu machen war. Herbert Diess erkannte die Richtung. In wenigen Worten formuliert: Raus aus der Dieselproblematik, Umbau des Konzerns im Zuge des sich abzeichnenden Rückenwinds in Richtung E-Mobilität. Kein deutscher Automanager war bis 2017 willens, dem zu folgen. Die Geschichten darüber sind bekannt. Mit offenbar einer einzigen Unterstützung im VW-Aufsichtsrat durch den Chef gelang der Umbau des bis dahin größten Autokonzerns der Welt, gemessen an der Stückzahl, in die E-Mobilitäts-Zukunft.

Das sind drei Beispiele, wie fähige Manager zum rechten Zeitpunkt die richtigen Schlüsse aus der allgemeinen Situation ziehen, um daraus ein altes und großes Unternehmen in eine neue Position zu bringen.

Digitalisierung und KI sind die neuen Schlüsselbegriffe der nächsten 10 bis 15 Jahre. Aber: Sowohl Digitalisierung als auch KI sind Anwendungen aus bestehenden technischen Erkenntnissen und keine neuen Produkte, die auf einer neuen technologischen Basis beruhen. Auch Quantencomputer ändern daran nichts. Also lautet die Wette:

Welches kleine oder große Unternehmen ist demnächst dasjenige, das mit neuen Ideen und völlig neuen Produkten einen neuen Markt aufbauen wird? So wie etwa Facebook vor über 20 oder Apple vor knapp 30 Jahren mit dem Smartphone mit absoluter Weltgeltung. Darin liegen die spannendsten Wetten für Investments mit Kursgewinnen von über 1.000 % in relativ überschaubarer Zeit.

Soweit es Statistiken dafür gibt, werden in den USA jährlich mehr als 10.000 Start-ups dieser Art gegründet, wovon 20 bis 25 % erfolgreich überleben. Daraus entstehen die nächsten Dollar-Billionäre. In Deutschland sind es etwa 1.000 bis 1.200 solcher Start-ups. Wie viele davon überleben, ist noch unklar. Immerhin: Auch BioNTech war ein Start-up, finanziert von zwei deutschen Investoren, die auf diesem Gebiet mit sehr viel Weitblick erfolgreich operieren. Also bleibt die Hoffnung:

Zu freien Märkten gehören freie Unternehmer, die ihre Ideen auch realisieren können. Der beste Weg, dass dafür erforderliche Kapital zu beschaffen, führt über die Aktienmärkte mit hinreichender Kreativität in der Gestaltung der Pläne und der anschließend nachweisbaren Erfolge.

4

Cyber Security: Ein Wachstumsmarkt nicht nur für Tech-Werte

Carsten Müller

Mit der Corona-Pandemie hat die Cloud, diese riesige Datenwolke, ihren beschleunigten Siegeszug fortgesetzt. Kaum ein Software-Unternehmen, das etwas auf sich hält, bietet inzwischen nicht in irgendeiner Weise eine Cloud-Strategie für seine Produkte an. Doch:

Die neuen IT-Strukturen, die von immer mehr Unternehmen und auch Verbrauchern genutzt werden, bringen ein Thema massiv ins Schlaglicht, dessen Behandlung und Lösung geradezu Grundvoraussetzung ist für den weiteren Erfolg der allumfassenden Vernetzung: Die Internet- bzw. Cyber-Sicherheit.

Schon vor der Cloud waren Internetkriminalität und Datensicherheit ein wichtiges Thema. Doch wurde man sich mit regelmäßigen Nachrichten zu kleinen und größeren Vorfällen immer wieder bewusst, dass es letzten Endes ein regelrechtes Wettrennen zwischen Kriminellen und Sicherheitsfirmen ist. Bis zum heutigen Tag, wobei angesichts der vielen Möglichkeiten, die das Internet, ob stationär oder mobil, bietet, das Gefahrenpotenzial immer weiter steigt.

Dazu passt eine Umfrage der Unternehmensberatung EY. Sie hatte gefragt, wie hoch Unternehmen das Risiko

Große Sorge bei Technologie, Medien, Telekommunikation

Wie hoch schätzen Sie das Risiko für Ihr Unternehmen ein, Opfer von Cyberangriffen bzw. Datenklau zu werden? Einschätzung in Prozent der Befragten

	sehr hoch	eher hoch
Technologie/Medien/Telekomm.	26	50
Energie/Metallverarb./Zw.produkte	22	47
sonst. Industrie (v.a. Maschinenbau)	18	52
Finanzsektor	17	46
Pharma/Gesundheit/Chemie	15	54
Bau/Immobilien/Gastgewerbe	14	38
Handel/Konsumgüter	9	44
Automotive/Transport	6	54
Sonstiges	7	43

repräsentative Befragung (Sommer 2021) von 514 Führungskräften deutscher Unternehmen (Geschäftsführer, Leiter Konzernsicherheit oder Leiter IT-Sicherheit)

© Börsen-Zeitung   Quelle: EY einschätzen, Ziel von Cyber-Angriffen oder Datendiebstahl zu werden. Die jeweiligen Antworten dazu sprechen letztlich Bände und zeigen, wie wichtig der Komplex der Internet- bzw. IT-Sicherheit geworden ist.

Vor diesem Hintergrund werfen wir einen Blick auf die Akteure, die Wachstumschancen innerhalb dieses Themas und die Frage, ob Cyber-Sicherheit nur eine Domäne des Tech-Sektors ist.

Ein Marktüberblick

Bevor es hier konkret um Zahlen und Unternehmen geht, noch ein paar ganz grundlegende Bemerkungen. Internet-Kriminalität ist kein neues Phänomen, sondern begleitet uns alle, seit es die ersten Computer gibt. Man muss leider auch nach so vielen Jahrzehnten konstatieren, dass insbesondere die Verbraucher, also die Endnutzer von IT-Systemen, es den Kriminellen immer noch sehr einfach machen.

The Most Popular Passwords Around the World

Most popular passwords appearing in leaks 2019/2020

	2020	change from previous year	2019
1.	123456*	0	123456*
2.	picture1	new	test1
3.	password	0	password
4.	111111	+ 7	zinch
5.	123123	+ 7	g_czechout
6.	senha**	new	asdf
7.	qwerty	0	qwerty
8.	abc123*	+ 65	iloveyou

* or variation ** Portuguese for password
Source: North Pass

statista

Dazu der Blick auf eine Statistik bzw. einen Überblick, wie Nutzer ihre Computer schützen bzw. mit welchen Passwörtern. Und man muss es schon so sagen: Bei solchen Verschlüsselungen ist es kein Wunder, dass dies geradezu als Einladung für Internet-Betrüger zu sehen ist. Und diese bewirken auch hohe Schäden. Dazu Zahlen aus den USA, die beispielhaft sicherlich in ihrer Tendenz auch für andere Märkte gelten.

So hat das FBI eine Statistik aufgemacht, dass amerikanische Nutzer bzw. Opfer von Internetkriminalität im Jahr 2012 finanzielle Verluste von rund 525 Millionen Dollar hinnehmen mussten. Fünf Jahre später, 2017, waren es schon 1,4 Milliarden Dollar. Doch der richtige Sprung kam erst mit dem umfassenden Siegeszug des Internet und zuletzt der Cloud. Für das letzte Jahr gibt das FBI finanzielle Verluste von rund 4,2 Milliarden Dollar an.

Dabei sind die Arten von Angriffen so vielfältig wie das Internet selbst. Nicht alle bringen einen tatsächlichen Schaden, wie beispielsweise das sogenannte Clickbait, also reißerische Überschrift im Internet oder bei E-Mails, die zum Klicken auf einen Link oder eine Webpage verführen sollen. Meist sind diese nur ärgerlich, bringen aber keinen direkten Schaden außer Zeitverlust. Wirklich gefährlich sind sogenannte Phishing E-Mails, die ebenfalls

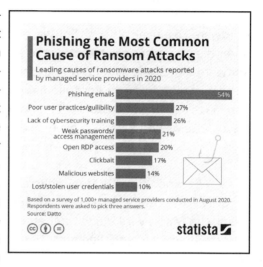

meist unter dem betrügerischen Deckmantel einer Bankinformation etc. zum Klicken auf einen Link auffordern und beim Ausführen dieser Prozedur dann beispielsweise Passwörter oder Kontoinformationen etc. ausspionieren.

In diesem Zusammenhang besonders gefährlich ist die sogenannte Ransomware. Hierbei werden beispielsweise auch über E-Mails Schad-Programme auf dem Computer installiert, wodurch die Kriminellen Zugriff auf entsprechende Daten erlangen, womöglich den Computer sperren und die Nutzer erpressen können.

Dem stehen Unternehmen mit sehr unterschiedlichen Sicherheitsschwerpunkten gegenüber. Das reicht vom Schutz des heimischen PCs oder des Unternehmensnetzwerkes über Sicherheitsmaßnahmen für die Netzwerkverbindungen bis hin zu Sicherheitsaspekten direkt in der Cloud. Auf Produktseite stehen die schon seit Jahrzehnten bekannten Anti-Viren-Programme neben ausgefeilten Sicherheitsplattformen. Ihnen allen gemeinsam ist, dass der Markt für Cyber-Sicherheit inzwischen ein Multi-Milliarden-Geschäft ist.

So schätzen die Marktforscher von Statista, dass der weltweite Cyber Security-Markt in diesem Jahr ein Volumen von rund 218 Milliarden Dollar umfasst. Bis 2026 soll das Marktvolumen dabei auf gut 345 Milliarden Dollar zulegen, eine jährlich durchschnittliche Wachstumsrate von 9,7 %. Wobei man insgesamt den Markt sehr breit fassen muss. Denn er beinhaltet sowohl Hardware-Lösungen als auch Software und Dienstleistungen. Auch sind mitunter die Abgrenzungen nicht ganz so einfach. Denn jede IT-Hardware- bzw. Software-Firma, die sich im Markt behaupten will, muss inzwischen auch Sicherheits-Produkte im Portfolio haben. So reichen die Anbieter also von den Klassikern wie Microsoft, Intel oder IBM über Netzwerkspezialisten wie Cisco Systems und Palo Alto bis hin zu den schon seit Jahrzehnten aktiven Anti-Viren-Schützern wie Trend Makro oder McAfee.

Wie schon aus den Firmennamen abzulesen, liegt beim Thema Cyber Security erneut ein Schwerpunkt auf amerikanischen Firmen. Der nordamerikanische Markt wird derzeit auf einen Marktanteil von rund 40 bis 45 % taxiert. Rund 20 % entfallen auf Asien, Europa ist in ähnlicher Größenordnung dabei.

Was müssen die Firmen nun liefern? Die immer weiter um sich greifende Cloud inklusive entsprechender IT-Strukturen und Anwendungen erfordert hier Sicherheitskonzepte an mehreren Stellen. Einerseits die Abschirmung der entsprechenden Daten-Endpunkte, also beim Nutzer wie auch in den Rechenzentren. Ein großes Thema ist auch die mobile Kommunikation, also Sicherheitslösungen für Smartphones inklusive entsprechender Applikationen (Apps). Hieran kann man dann oftmals die notwendige Verschmelzung von Soft- und Hardwarelösungen erkennen.

Mobilität ist auch das Stichwort bei einem weiteren Schwerpunkt. Denn es geht in Zukunft immer stärker um autonome Mobilität. Diese ist nur in Netzwerken mit großen Mengen an Daten möglich und diese Verbindungen müssen entsprechend geschützt werden. Ein ganz großer Bereich wird das Internet der Dinge sowohl auf Verbraucherseite als auch gewerblich werden. Die Schlagworte hier lauten Internet of Things oder Industrial Internet of Things. Die Vernetzung vieler Endgeräte inklusive Datenaustausch stellen dabei für entsprechende Sicherheitskonzepte eine besondere

Herausforderung dar, da hier die Hersteller auch auf Interoperabilität achten müssen.

Letztlich gilt: Nur wenn die vielen Sicherheitsfragen gelöst werden, können einerseits wirtschaftliche Schäden durch Cyber-Kriminelle unter Kontrolle gehalten werden, andererseits das notwendige Vertrauen in die immer stärkere Vernetzung von immer mehr Bereichen aus Arbeit und Gesellschaft geschaffen werden. Das ganze Thema elektronische Zahlungslösungen wollen wir dabei nur am Rande erwähnt haben.

Top 5 Global Security Appliance Vendors

(Umsatz in Mio. USD)

Vendor	Q2 21 Umsätze	Q2 21 Marktanteil	Q2 20 Umsätze	Q2 20 Marktanteil	Q2-21/Q220 Wachstum
Palo Alto Networks	877,40	18,90%	75940,00%	18,30%	15,50%
Cisco Systems	749,80	16,10%	71140,00%	17,20%	5,40%
Fortinet	665,20	14,30%	53440,00%	1290,00%	24,50%
Check Point	425,60	9,10%	42000,00%	10,10%	1,30%
SonicWall	172,60	3,70%	16410,00%	4,00%	5,10%
Rest of Market	1763,00	3790,00%	155850,00%	37,60%	13,10%
Total	4653,60	100,00%	414780,00%	100,00%	12,20%

Quelle: IDC Worldwiede Quarterly Security Appliance Tracker Q2 2021

Investoren, die sich nun diesem Anlagethema nähern und es konkret angehen wollen, stehen die unterschiedlichen Ansatzpunkte zur Verfügung. Das gilt auch letzten Endes für die jeweiligen Unternehmensgrößen. Hier im Folgenden drei Firmen, die wir für besonders interessant halten.

Fortinet: Marktführer bei Firewalls

Das Unternehmen hat inzwischen ein sehr breites Sicherheits-Portfolio entwickelt. Dazu gehören unter anderem Firewalls, Antivirenprogramme, Endpunkt-Sicherheit und Überwachungsfunktionen für Netzwerke. Bei der Thematik Firewall hat das Unternehmen laut Branchendienst Trustradius inzwischen einen Marktanteil von 40 % erreicht.

Das ist einsame Spitze. Der Zweitplatzierte in diesem Segment, Cisco Systems, kommt auf gerade mal 12 % Marktanteil. Damit gelang es Fortinet, im zweiten Quartal 2021 seinen gesamten Marktanteil im Bereich Sicherheitssysteme auf 14,3 % zu steigern. Damit liegt man zwar "nur" an dritter Stelle unter den Top 5, wies im Jahresvergleich aber mit 24,5 % das größte Wachstum aus.

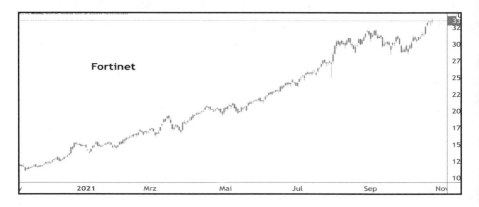

Für dieses Jahr rechnet der Markt mit einem Umsatzzuwachs um rund 25 %. Auf Basis des Gewinns je Aktie soll der Zuwachs gut 15 % betragen. Wie in der Konsens-Matrix gut zu erkennen ist, haben die Analysten in den vergangenen Monaten ihre Schätzungen für die weiteren Gewinntrends nach und nach angehoben. Das hat zwar die schon sehr ambitionierte Bewertung mit einem geschätzten KGV von knapp 87 für dieses Jahr und 75 für nächstes Jahr nicht wesentlich zurückführen können, angesichts der Marktstärke bleiben allerdings die Aussichten für die Aktie sehr robust.

Palo Alto Networks: In der Poleposition

Einen ebenfalls starken Auftritt an der Börse hat seit geraumer Zeit Palo Alto Networks. Das Unternehmen ist ein sogenannter Plattform-Anbieter, d. h., er liefert über eine konzerneigene Sicherheitsplattform die Möglichkeit, dass Kunden sämtliche Benutzer in ihren jeweiligen Netzwerken inklusive Anwendungen und Daten absichern können. Die entsprechenden Module umfassen wie auch bei Fortinet Firewalls und verschiedene Cloud-basierte Angebote.

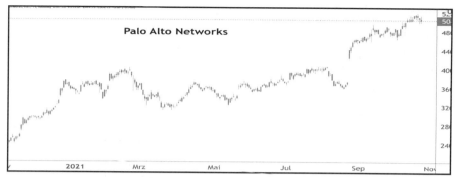

So hat es Palo Alto Networks inzwischen geschafft, im schon erwähnten Ranking der Sicherheits-Produkte den ersten Platz vor Cisco Systems zu erobern. Im zweiten Quartal 2021 betrug hier der Marktanteil 18,9 %. Der zweitplatzierte Cisco kam auf 16,1 %. Allerdings nur mit einem Wachstum zum Vorjahr um 5,4 %, während Palo Alto Networks einen Zuwachs um 15,5 % ausweisen konnte.

Für dieses Jahr rechnet der Markt damit, dass Palo Alto seinen Umsatz um ebenfalls knapp 25 % steigern kann. Im nächsten Jahr sollen es dann immerhin noch 20 % sein. Mit einem KGV von knapp 70 für dieses und 56 für nächstes Jahr hat Palo Alto leichte Bewertungsvorteile gegenüber Fortinet. Hinsichtlich der Profitabilität bleibt man allerdings gegenüber Fortinet ein Stück zurück. So weist Fortinet geschätzt für die nächsten zwölf Monate eine Ebit-Marge von 28,7 % aus, Palo Alto Networks landet bei geschätzten 23,20 %. Allerdings sind das Größenordnungen, die wohl kaum besonders bremsend für die Aktie wirken dürften.

Diese hat ebenfalls einen kräftigen Aufschwung verzeichnet und auch wenn hier natürlich je nach Börsenlage immer wieder mit einer Abkühlungs- bzw. Korrekturphase gerechnet werden muss - Tatsache bleibt, dass das Unternehmen bestens im Sicherheitsmarkt positioniert ist und damit auch in einer Favoritenrolle bleiben soll.

Check Point Software: Der Nachzügler

Die dritte Empfehlung bzw. Besprechung an dieser Stelle ist noch etwas mit angezogenen Zügeln unterwegs. Dabei handelt es sich um die in

Israel beheimatete Check Point Software Technologies. Diese verfügt in der gezeigten Übersicht über einen Marktanteil von 9,1 % und liegt damit auf Platz vier. Das Unternehmen ist vor allem auf Firewall- und VPN-Absicherungen spezialisiert. Natürlich liefert Check Point Software auch entsprechende Cloud-Produkte.

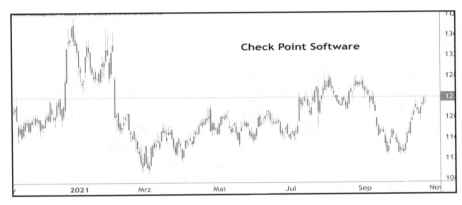

Das grundsätzliche Problem von Check Point Software: Trotz der sehr guten Marktpositionierung bleibt das Unternehmen hinter der Wachstumsdynamik der anderen Firmen zurück. So wird für dieses Jahr mit einem Umsatzzuwachs um knapp 4 % gerechnet. Beim Nettogewinn sollen es immerhin 8 % werden. Angesichts der bisherigen durchschnittlichen Wachstumsrate der letzten fünf Jahre ist allerdings nicht davon auszugehen, dass es eine wesentliche Beschleunigung gibt. Das Wachstumstempo sowohl beim Umsatz als auch beim Gewinn im Bereich von 5 % per annum wird wohl gehalten, beim Gewinn je Aktie vielleicht etwas mehr.

Das erklärt auch, warum Check Point Software mit einem geschätzten KGV von 18 bzw. 17 für nächstes Jahr gegenüber der Konkurrenz optisch deutlich preiswerter ist. Und es erklärt auch, warum die Aktie in der Performance deutlich hinterherhinkt. Aber: Das könnte womöglich in einen technischen Nachhol-Effekt münden. Denn Check Point Software kann vor allem mit einem Aspekt punkten: Man verfügt auf operativer Ebene über eine wesentlich höhere Profitabilität als die beiden bislang genannten Firmen. So wird für die nächsten zwölf Monate damit gerechnet, dass Check Point Software eine Ebit-Marge von mehr als 49 % ausweisen kann.

Wer profitiert noch vom Boom der Cyber Security?

Nachdem wir den Bogen über die verschiedenen Sicherheits-Ansätze gespannt haben, jetzt zum Schluss noch ein Baustein für das Gesamtbild. Denn eine große Branche sieht hier ebenfalls erhebliche Wachstumschancen. Es geht um den Versicherungsbereich. Seit einigen Jahren bieten immer mehr Erst- und Rückversicherer entsprechende Cyber-Versicherungen an. Auch hier hat sich das Wachstumstempo aufgrund der Corona-Pandemie beschleunigt. Denn die beiden Komponenten Homeoffice und Cloud-Nutzung führen dazu, dass sich immer mehr Unternehmen gegen entsprechende Angriffe auch finanziell absichern wollen.

So rechnet beispielsweise MarketsandMarkets damit, dass sich das Marktvolumen bei Cyber-Versicherungen von rund 7,8 Milliarden Dollar in 2020 auf über 20 Milliarden Dollar bis 2025 vergrößern kann. Das entspricht einer durchschnittlichen jährlichen Wachstumsrate von 21,2 %. Die größten Antreiber dabei sollten die zunehmenden Nachfragen aus dem Bereich kleiner und mittlerer Unternehmen sein. Außerdem wird von den Marktforschern damit gerechnet, dass es hier zu weiteren Steigerungsraten bei den Cyber-Attacken kommt.

Wenn man sich das derzeitige Angebot anschaut, müssen allerdings noch die Versicherungsunternehmen deutlich nachbessern. So hatten 2019 nach entsprechenden Studienergebnissen 43 % der Unternehmen mit jährlichen Umsätzen unter 1 Milliarde Dollar noch keine eigenständige Cyber-Versicherung. Als Grund wurde angeführt, dass diese Versicherungen oftmals noch sehr teuer sind, gleichzeitig Schäden sehr begrenzt abdecken bzw. sehr komplexe Versicherungsbedingungen aufweisen.

Hier sind entsprechend neue Versicherungsmodelle gefragt, die mehr standardisiert sind und letztlich auch bessere Vergleichsmöglichkeiten bieten. Das mag vielleicht in einer Übergangszeit für die Versicherungsunternehmen eher kontraproduktiv erscheinen. Doch es ist nun mal auch erklärtes Ziel vieler Unternehmen, den Bereich Cyber-Versicherungen stärker auszubauen, weil man eben in anderen Bereichen nur relativ überschaubare Wachstumsraten generieren kann.

Zu den Unternehmen, die inzwischen durchaus dezidierte Angebote machen, gehört einerseits die deutsche Allianz, die beispielsweise nicht nur entsprechende Policen anbietet, sondern Unternehmen auch Unterstützung bei der Einrichtung und Optimierung von Krisenplänen inklusive Krisen-Fallübungen offeriert. Ebenfalls im Blick würden wir bei diesem Thema die Schweizer Swiss Re behalten. Diese beschäftigt sich schon seit mittlerweile zehn Jahren mit dem Thema und könnte hier als Rückversicherer eine besondere Rolle spielen.

Fazit: Das Thema Cyber Security ist einerseits noch ein sehr heterogenes mit starken Wachstumskräften, insbesondere mit Blick auf Cloud und generelle Digitalisierungstendenzen. Dabei bieten sich Anlegern sowohl auf der technologischen Seite Chancen als auch letzten Endes beim finanziellen Schutz. Neben ausgewählten Einzel-Investments bietet dieser Sektor eine gute Gelegenheit für ETF-Lösungen als Beimischung an. Wir würden hier eine Aufteilung von ein Viertel ETF und Dreiviertel Einzel-Investments als sinnvoll erachten.

5

Halbleitersektor: Chips oder Ausrüster - oder beides?

Volker Schulz

Der Halbleitersektor bleibt weiterhin ein heiß diskutiertes Thema unter Analysten und Investoren. Die einen argumentieren, dass es relativ schnell wieder zu Überkapazitäten auf dem Markt kommen wird, die anderen sehen einen Trend, der über mehrere Jahre laufen wird und 2020 gestartet ist.

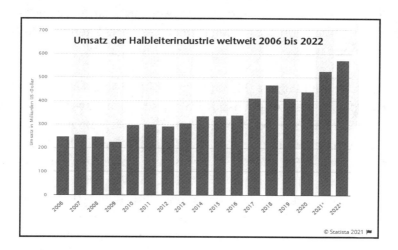

Die Nachfrage in der Halbleiterindustrie wird in der Regel stets durch eine bahnbrechende neue Technologie angekurbelt. Zwischen 1997 und 2007 hat die rasant steigende Popularität von PCs die Nachfrage nach Hauptprozessoren (CPUs) und Speicherchips angekurbelt, während die weite Verbreitung des Internets das Volumen für Ethernet-Ausrüstung, Netzwerkprozessoren und ASICs (anwendungsspezifische integrierte Schaltungen) ansteigen ließ. Die Ära der Smartphones begann mit der Einführung des iPhones im Jahr 2007, das die Nachfrage nach mobilen Prozessoren steigerte, während die Einführung von Cloud Computing das Wachstum von Server-CPUs und großen Speichern befeuerte.

Jetzt wird die Künstliche Intelligenz der Katalysator für einen weiteren jahrzehntelangen Wachstumszyklus des Halbleitersektors sein. Obwohl viele der überzeugenden neuen Anwendungsfälle für KI von Algorithmen abhängen, die durch Software und nicht durch Chips implementiert werden, wird der Bedarf an sofortiger Datenverarbeitung, Konnektivität und Sensorik die massive Nachfrage nach auf KI zugeschnittenen Halbleitern im nächsten Jahrzehnt signifikant antreiben.

Ausgelöst durch den fortschreitenden 5G-Zyklus werden zusätzlich die Bereiche Big Data, Internet der Dinge (IoT), E-Mobility in Kombination mit Autonomem Fahren, Cloud-Services sowie Virtual- und Augmented Reality einen Schub erhalten, den man über die nächsten zehn Jahre als exponentiell annehmen darf. All diese Bereiche sind nicht einzeln zu betrachten, sondern in Kombination. Sie greifen ineinander. Nachfolgend einige Fakten, die man kennen muss:

Künstliche Intelligenz (KI) wird der größte disruptive Trend werden, den die Chipindustrie je erlebt hat. Noch befindet sich dieser in einer frühen Phase. Der Content pro Gerät im größten Zielmarkt - Smartphones - wird gemäß CFRA Research in den nächsten fünf Jahren bei High-End-Geräten mit einer jährlichen Rate von 13 % wachsen. In Rechenzentren wächst der Content bis 2025 mit 19 % pro Jahr, wobei das Wachstum bei den sogenannten Beschleunigern wie GPUs (Graphics Processing Units) und FPGAs (Field-Programmable Gate Arrays) das der CPUs (Prozessoren) bei Weitem übertreffen wird. Im Autosektor wird mit einem Wachstum um 10 bis 11 % p. a. gerechnet. Samsung Electronics taxiert den AI Semiconductor-Markt bis 2030 auf ein jährliches Umsatzvolumen von 120 Mrd. $. Zum Vergleich: 2020 waren es 18,4 Mrd. $.

Mit Blick auf Leistungshalbleiter im E-Mobility-Sektor wird allein im Antriebsstrang der Chip-Bedarf um den Faktor 19 zulegen. Sprich: Während in einem Verbrenner Leistungs-Chips für 17 $ verbaut sind, werden es im Stromer 317 $ sein. Eine ähnliche Rechnung gilt bei der Roboterisierung der

Fahrzeuge. Bei aktuell gängigen Level-2-Fahrzeugen stecken Chip-Module und -Sensoren für 160 $ in jedem Fahrzeug. Bei Level-4/5-Modellen, die 2030 Standard sein werden, sprechen wir von über 970 $ je Fahrzeug. Bis 2030 kann allein der Markt für Automotive Semiconductors gemäß dem Yano Research Institute auf ein Volumen Richtung 600 Mrd. $ wachsen.

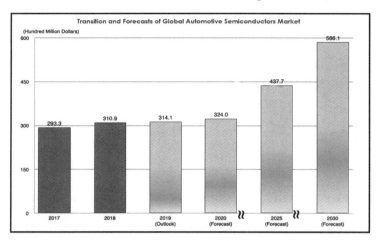

Der globale Markt für Halbleiterkomponenten für das Internet der Dinge (IoT) wird mit einer durchschnittlichen jährlichen Wachstumsrate von 19 % von 33 Mrd. $ im Jahr 2020 auf 80 Mrd. $ im Jahr 2025 wachsen, so ein aktueller Bericht von IoT Analytics. Dies basiert auf der Annahme, dass die Zahl der aktiven IoT-Geräteverbindungen von 11,7 Milliarden im Jahr 2020

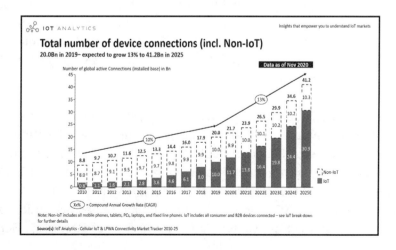

auf 30 Milliarden bis 2025 wachsen wird. Das entspricht einer Verdreifachung in nur fünf Jahren. Die Welt in Industrie und Fabrik wird unumkehrbar immer vernetzter und Prozesse laufen automatisiert ab. Für Roboter und Coboter sind Chips ein essenzieller Baustein und die Anforderungen an die Leistungsfähigkeit steigen stetig. Und das nicht zuletzt aufgrund der Künstlichen Intelligenz- und Machine-Learning-Applikationen, die für eine funktionierende Mensch-Maschinen-Kollaboration notwendig sind.

Exkurs: Treiben Kryptowährungen die Knappheit auf dem Halbleitermarkt zusätzlich an? Taiwan Semiconductor (TSMC) beispielsweise, Hersteller der von AMD und NVIDIA entwickelten Chips, die häufig in Mining-Systemen eingesetzt werden, erwartet, dass Kryptowährungen 2021 nur etwa 1 % des Umsatzes ausmachen werden. Das US-Research-Haus Bernstein bestätigt diese Zahl auch für den Rest der Branche.

Und was macht der traditionelle PC-Markt für Halbleiter? Er steht aktuell mit 32 % Marktanteil in Bezug auf den Einsatz von Halbleitern hinter dem Kommunikationssektor auf Platz 2. Dieser Anteil wird weiter sinken. Aufgrund aktueller Daten geht IDC nun nur noch von 14,2 % Wachstum für 2021 aus. Im Sommer taxierte man hier noch ein Plus von 18 %. Da bereits ein ordentlicher Teil der Verkäufe coronabedingt im ersten Halbjahr stattfand, dürften die Wachstumsraten zum Jahresende hin dann doch recht überschaubar bleiben. Aber täuschen wir uns nicht - auch der PC- und Notebook-Markt wird für den Halbleitersektor weiter ein struktureller Wachstumsmarkt bleiben, selbst wenn die Dynamik im Vergleich zu anderen Sektoren deutlich niedriger ausfallen wird. Bei IDC rechnet man mit einem durchschnittlichen Wachstum von 3,2 % p. a. Auch das liegt spürbar über den Wachstumsraten vor der Pandemie.

In Anbetracht dieser zu erwartenden Entwicklungen müssen die Halbleiter-Produzenten investieren. Und genau hier beginnt es mehr als spannend zu werden. Die bereits heute angekündigten Investitionssummen sind gewaltig. Der taiwanische Halbleitergigant als Nummer eins bei den Auftragsfertigern, TSMC (Taiwan Semiconductor Manufacturing Co), verkündete im Frühjahr 2021 eine weitere Anhebung seines Investitionsbudgets für 2021 von zuvor geplanten 25 bis 28 Mrd. $ auf 30 Mrd. $. Gegenüber dem Vorjahr entspricht dies einer Steigerung von 74 %. Für die drei Jahre bis 2023 wurden sogar Investitionen in einem Gesamtumfang von 100 Mrd. $ verkündet.

Samsung will seine Investitionen bis 2023 um ein Drittel auf 240 Bio. Won (205 Mrd. $) steigern. Das Geld soll in die Bereiche Biopharma, Künstliche Intelligenz, Halbleiter und Robotics gehen. Nur für Computerchips sind Investitionen bis 2030 in Höhe von 145 Mrd. $ geplant. Südkorea insgesamt nebst staatlicher Förderung steht für Investitionen in Höhe von 810 Mrd. $ bis 2030. Intel investiert innerhalb von 10 Jahren in den USA 100 Mrd. $ in den Aufbau einer neuen Halbleiterfabrik, die die Größe einer Kleinstadt haben wird. So soll sich die Mega-Fab aus sechs bis acht Modulen für jeweils 10 bis 15 Mrd. $ zusammensetzen. Es wird vermutlich die modernste Produktionsstätte der USA werden. Schon ab 2024 soll das erste Modul der Mega-Fab den Betrieb aufnehmen, vermutlich direkt im sogenannten 20A-Prozess, einer Zwei-Nanometer-Fertigungsmethode. Für Europa plant man Ähnliches. Auch hier geht es um Investitionsvolumina von 85 bis 100 Mrd. $. Mit hohen Fördermitteln ist zu rechnen. Übrigens:

Die EU fördert Halbleiterprojekte mit Milliardensummen, um die europäische Industrie zu stärken. Bis 2030 will die EU den Anteil an der weltweiten Chipproduktion von 10 auf 20 % verdoppeln. Wirtschaftlich funktioniert das nur mit Partnern, die bereits moderne Fertigungsprozesse entwickeln. Aber insbesondere ein Wettlauf rückt das Ganze politisch in den Fokus: Die USA und die Volksrepublik China kämpfen um die technologische Weltherrschaft.

Mit überparteilicher Zustimmung hat im Frühsommer der US-Senat einen Gesetzesentwurf verabschiedet, der insbesondere die Herstellung von Halbleitern fördern soll. Der Entwurf sieht Ausgaben in Höhe von 250 Mrd. $ für die technologische Forschung und Entwicklung vor und zielt darauf ab, Chinas Einfluss in der Welt etwas entgegenzusetzen. Nach Angaben des Weißen Hauses ist der Anteil der Produktionskapazitäten für Halbleiter in den USA von 37 % vor 20 Jahren auf etwa 12 % der weltweiten Produktion gesunken. Das will man nun umkehren. Für Chinas Chip-Industrie wiederum gilt: Autarkie ist das Ziel und die Kosten sind zweitrangig. „Chip" ist zum heißen Hochfrequenz-Wort unter den Delegierten des Volkskongresses geworden. Im neuen Fünfjahresplan bis 2025 wird die gesamte Nation auf das Ziel eingeschworen, sich auf Schlüsselbereiche wie insbesondere High-End-Halbleiter zu konzentrieren.

Bis 2025 geht es um Investitionen in Hightech in Höhe von 1,2 Bio. $. Ein Großteil davon fließt in Anwendungen der Künstlichen Intelligenz bis hin zu Foundries für Rechen- und Speicherchips. Zu dieser Summe kommen dann noch einmal unzählige örtliche Subventionen in den Provinzen dazu. Chinas aktuelles Problem, welches in den nächsten vier bis fünf Jahren bestehen bleibt: Nur ein kleiner Teil der Chip-Nachfrage kann derzeit aus heimischer Produktion bedient werden. Morgan Stanley rechnet dies vor. Im Jahr 2019 gingen nur 17 % der umgerechnet 86 Milliarden € für in China verkaufte Chips an lokale Foundries. Bis 2025 steigt dieser Anteil auf ca. 40 %. Peking strebt 70 % an, was aber in Expertenkreisen zu diesem Zeitpunkt als wenig realistisch gilt. Ebenso:

Der technologische Rückstand Chinas gegenüber dem Ausland ist bei Halbleitern immer noch groß. Rund vier Jahre hinkt die Fähigkeit chinesischer Unternehmen bei der Produktion von technisch modernsten Halbleitern hinter derjenigen von TSMC oder Samsung hinterher. Das ist Konsens von Marktbeobachtern in Peking und Shanghai. Somit stelle ich insgesamt fest:

Die Investitionen im Halbleitersektor werden in Relation zu den letzten 20 Jahren bis 2030 exponentiell nach oben schießen. Eine realistische Annahme bis 2030 liegt gemäß obigen Ausführungen bei mindestens 200 Mrd. $ jährlich.

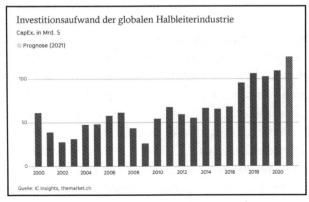

Investitionsaufwand der globalen Halbleiterindustrie
CapEx, in Mrd. $
▨ Prognose (2021)

Quelle: IC Insights, themarket.ch

An diesem Trend aus Investorensicht in den

nächsten Jahren zu partizipieren, ist Pflicht! Allerdings stellt sich die Frage, wie dies umzusetzen ist. Jetzt blind auf Chip-Werte zu setzen, könnte der falsche Weg sein. Warum?

Der Bau von Halbleiterfabriken ist sehr teuer. Das Wettrüsten stellt Intel, TSMC oder Samsung vor erhebliche Herausforderungen. Eine wichtige Rolle spielt dabei Moore's Law. Intel-Gründer Gordon Moore formulierte einst, dass sich

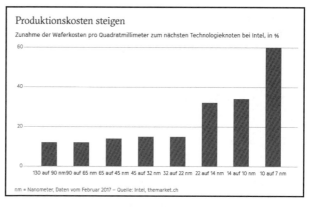

Produktionskosten steigen

Zunahme der Waferkosten pro Quadratmillimeter zum nächsten Technologieknoten bei Intel, in %

130 auf 90 nm   90 auf 65 nm   65 auf 45 nm   45 auf 32 nm   32 auf 22 nm   22 auf 14 nm   14 auf 10 nm   10 auf 7 nm

nm = Nanometer, Daten vom Februar 2017 – Quelle: Intel, themarket.ch

die Rechenleistung der neuesten Chips alle zwei Jahre verdoppelt. Kennen sollten Sie aber auch ein zweites Gesetz der Chipindustrie - Rock's Law. Arthur Rock, einer der ersten Investoren in Intel, legt dar, dass sich die Kosten für Equipment zur Halbleiterproduktion alle vier Jahre verdoppeln. Eine topmoderne Foundry kostete im Jahr 2000 rund 1 Mrd. $, doppelt so viel wie 1995. 2021 liegen die Kosten dafür bereits bei 19,5 Mrd. $. Die Grafik aus einer Intel-Investorenkonferenz, wenn auch von 2017, veranschaulicht dies deutlich.

Mittel- bis langfristig resultiert daraus für die Halbleiterhersteller ein Risiko. Da wir derzeit den größten Engpass im Halbleitersektor in den letzten vierzig Jahren sehen, wird dieser Zyklus folglich auch mit dem größten Überschuss enden. Ich betone: Diese Aussage gilt nicht für 2022, 2023 oder 2024, möglicherweise aber ab 2025, was jedes Jahr überprüft werden muss. Unzweifelhaft ist jedoch zugleich, dass die enorm hohen Investitionskosten sowie der Versuch der Hersteller, Marktanteile gewinnen zu wollen, durchaus Marge kosten kann. Sicherlich gibt es auch weiterhin interessante Halbleiter-Aktien aus dem produzierenden Bereich. Die sichereren Investments liegen zweifelsohne in jenen, welche die „Schaufeln" für die Produzenten bauen. Wer das Equipment bzw. die Maschinen oder eine spezielle Technologie liefert, der sitzt wie die Made im Speck.

Der Markt für Halbleiterausrüster hat sich in den letzten Jahren bereits stark konsolidiert. Die fünf größten Unternehmen kontrollieren einen Marktanteil von fast 75 %. Vor 15 Jahren waren es noch 40 %. Zugleich: Diese Maschinen von Herstellern wie Applied Materials, Lam Research, KLA, Tokyo Electron oder ASML machen in der Regel etwa 75 % der Investitionen für ein neues Werk aus. Nachfolgend stelle ich Ihnen die interessantesten Titel aus dem Ausrüstungs- bzw. Technologielieferanten-Sektor vor.

APPLIED MATERIALS (WKN: 865 177) ist weltweiter Marktführer für Ausrüstungen und Maschinen, mit denen Wafer hergestellt werden - die Vorprodukte für Elektronik-Chips. 5G beschleunigt die Halbleiternachfrage, deshalb fahren Kunden wie Taiwan Semiconductor die Orders für die Chip-Ausrüstung steil nach oben. Auch Samsung spielt für Applied Materials insbesondere bei den NAND-Investitionen (nicht-volatile Speicher, die zur Aufbewahrung von Daten keinen Strom benötigen) eine entscheidende Rolle.

TOKYO ELECTRON (WKN: 865 510): Die Japaner gehören zu den weltweit größten Herstellern von Komponenten für die Halbleiterproduktion. Im Fokus steht u. a. die Herstellung der ultradünnen Oberflächenleitungs-Filme von Wafern auf Silizium-, Titanium- oder Tantalum-(Di)Oxid- oder Nitrit-Basis sowie die Aufbringung dieser Filme auf Wafer nebst deren anschließender Bemusterung im Fotolithografie-Verfahren. Vor acht Jahren wollte Applied Materials mit Tokyo Electron fusionieren, was aufgrund kartellrechtlicher Probleme scheiterte. Im Geschäftsjahr 2020/21 wuchs man um 21 %.

LAM RESEARCH (WKN: 869 686): Neben Komplettsystemen zur Waferherstellung bietet Lam Research Ausrüstung zur Reinigung von fertiggestellten Wafern sowie Einzelteile zum Einbau in bestehende Systeme. Durch eine Partnerschaft im Bereich EUV-Technologie mit ASML hat man sich echte

Wettbewerbsvorteile im Ausrüstermarkt aufgebaut. Marktanteil inzwischen 16 % mit steigender Tendenz. Ich rechne in den nächsten drei Jahren mit Wachstumsraten um 20 bis 30 %. Wichtige Kunden sind Micron Technologies, der südkoreanische Halbleiterhersteller SK Hynix und natürlich Taiwan Semiconductor.

ASML (WKN: A1J 4U4): ASML war bereits im letztjährigen „Wegweiser" ein Thema für mich im Rahmen meines 5G-Beitrags. Die Performance ist beeindruckend. Die Niederländer haben in der EUV-Technologie quasi Monopolstatus.

Bekanntermaßen eröffnet das Verfahren mit „extrem ultraviolettem" Licht mit Wellenlängen von gerade mal 13,5 Nanometern völlig neue Möglichkeiten in der Fotolithografie. Denn kürzere Wellenlängen ermöglichen das Ätzen (Edging) kleinerer Komponenten, was in der Halbleiterproduktion ein unschätzbarer Vorteil ist Die Technologie ist einzigartig. Die Spiegel, die das EUV-Licht leiten, bestehen aus sandwichartig angeordneten Schichten aus Silizium sowie Molybdän und sind so präzise geschliffen, dass sie - auf die Größe Deutschlands skaliert - keine Unebenheiten von mehr als einem Millimeter aufweisen würden. Die drei weltweit führenden Chiphersteller Taiwan Semiconductor, Intel und Samsung sind von den ASML-Produkten ebenso abhängig geworden wie der Rest der gesamten Technologie-Industrie. Größere Korrekturen wären ein Geschenk.

KLA TENCOR (WKN: 865 884): Das Unternehmen ist der führende Anbieter von Wafer-Inspektions- und Metrologie-Systemen und somit unverzichtbar für die großen Halbleiterhersteller in Bezug auf das Qualitätsmanagement. Im Markt der sogenannten Prozesskontrolle liegt der Anteil bei über 50 %. Damit ist KLA viermal größer als der nächste Wettbewerber. Im Bereich der optischen Inspektion liegt der Weltmarktanteil sogar bei 83 %. Zum einen profitiert KLA von der beschleunigten Nachfrage nach Halbleitern und zum anderen davon, dass diese immer kleiner werden. Taiwan Semiconductor ist bereits in die 5-nm-Fertigung eingestiegen. Dabei kommt das neue Verfahren auf 171,3 Mio. Transistoren pro Quadratmillimeter. Das entspricht ungefähr einer Verdoppelung gegenüber der 7-nm-Fertigung, erhöht aber auch enorm die Ansprüche an die Qualitätskontrolle. Seit 2015 hat KLA die Umsätze verdoppelt bei Bruttomargen von über 60 %.

SCREEN HOLDINGS (WKN: 859 619): Das japanische Unternehmen entwickelt, produziert, verkauft und wartet Halbleiterproduktionsanlagen auf der ganzen Welt. Im Fokus stehen Beschichtungs-/Entwicklungs-Tracker, Wafer-Reinigungssysteme, Messsysteme, Inspektionssysteme sowie Packaging-Lithographie-Anlagen. Das Unternehmen gilt als höchst innovativ. Während sich die Miniaturisierung und Integration von Schaltungen für fortschrittliche Logik- und Speicher-ICs verbessert hat, ist ein Rückgang der Ausbeuteraten zu verzeichnen, der durch die rückseitige Partikeladhäsion und das Verziehen von Wafern während ihrer Herstellungsprozesse verursacht wird. Screen Holdings hat ein System entwickelt, das gleichzeitig chemische und Bürstenreinigungsprozesse durchführen kann, um eine ausgesprochen hochwirksame Entfernung von Partikeln auf der Rückseite von Wafern sicherzustellen.

AIXTRON (WKN: A0W MPJ): Aixtron-Vorstand Felix Grawert spricht von „langfristigen Trends, die gerade richtig anspringen". Seiner Einschätzung nach werden sich Aixtrons Endmärkte in den kommenden Jahren

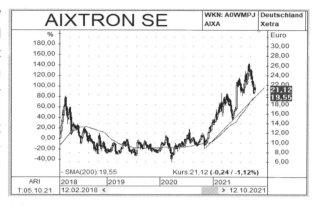

verdoppeln. So ist man mit Anlagen zur Waferherstellung für Leistungselektronik erst seit kurzer Zeit auf dem Markt, verbucht hier aber eine immense Wachstumsdynamik: Das Segment hat sich bei Aixtron von 2019 bis 2020 knapp verdoppelt. 2021 könnte dieser Geschäftsbereich bereits rund die Hälfte der Auftragseingänge ausmachen. In diesem Zusammenhang folgt ein Exkurs:

Siliziumkarbid (SiC) und Galliumnitrit (GaN) sind Verbundwerkstoffe, die dem von Gordon Moore formulierten Grundgesetz der Halbleiterindustrie (s. o.) den Kampf ansagen. Chips aus Siliziumkarbid und Galliumnitrit, sogenannte Halbleiter der 3. Generation, verweigern sich diesem Wettrennen um immer kleinere Nanometer-Architekturen. Sie können mit einer höheren Frequenz größere elektrische Spannungen schalten als solche, die nur aus Silizium bestehen. Zugleich verlieren sie nur halb so viel Energie in Form von Wärme wie klassische Halbleiter. Ebenso relevant: Verbundhalbleiter vertragen Hitze besser und kommen daher mit kleineren und günstigeren Lüftungs- und Peripheriesystemen aus. In E-Fahrzeugen optimieren Leistungshalbleiter in Form von SiC- und GaN-Chips den Antriebsstrang, vergrößern die Reichweite der Batterie um bis zu 15 % und verkürzen zugleich deren Ladezeiten. In der Photovoltaik optimieren Halbleiter der 3. Generation die Wirkungsweise von Wechselrichtern und Heimspeichern. Sie tragen beim Ausbau von Stromnetzen zur Stabilisierung des elektrischen Gleichgewichts bei und reduzieren Übertragungsverluste. Der japanische Physiker und Nobelpreisträger des Jahres 2014, Isamu Akasaki, war sogar davon überzeugt, dass sich der globale Stromverbrauch durch den Einsatz von GaN-Transistoren um 10 % senken ließe. Und: Da 5G-Antennen letztlich nichts anderes machen, als Strom schnell zu schalten, bieten GaN-Halbleiter auch bei der Radio-Frequency-Modulation im Mobilfunk signifikante Vorteile. Daraus folgt:

Der Markt für SiC- und GaN-Halbleiter (Compound-Halbleiter) wird in den kommenden Jahren regelrecht explodieren. Und somit sind wir wieder bei Aixtron. Der Mittelständler lebt von hochkomplexen Maschinen für die metallorganische chemische Gasphasenabscheidung, das sogenannte MOCVD-Verfahren. Damit lassen sich optoelektronische Bauteile wie LEDs oder Solarzellen herstellen. Ganz besonders gefragt sind die Maschinen derzeit allerdings bei der Produktion von sogenannten Leistungshalbleitern, die immer öfter aus den zuvor genannten Verbundmaterialien bestehen. Bei der Produktion von Verbindungshalbleitern werden in den Maschinen von Aixtron Chemikalien, also metallorganische Verbindungen, verdampft und zusammen mit anderen Gasen in einen Reaktor eingeführt. Dort findet die entscheidende chemische Reaktion statt, bei der aus den gasförmigen Materialien der Kristall, also der Verbindungshalbleiter, entsteht. Aixtron ist hier marktführend und wird seine Geschäfte in eine neue Dimension heben. Aixtron ist ein Übernahmekandidat.

PVA TEPLA (WKN: 746 100): Die Unternehmens-Segmente unterteilen sich in „Halbleiter" und „Industrial Solutions", wobei der Fokus als auch die Fantasie auf dem Halbleitergeschäft liegen. Dieses unterteilt sich nochmals in die Bereiche Kristallzuchtanlagen (Silizium, Kunden sind die großen Wafer-Hersteller) und Metrology (Qualitäts-/Oberflächenkontrolle; Kunden sind das Who's Who der Halbleiterindustrie). So profitiert PVA zum einen von den zyklischen und strukturellen Kapazitätserweiterungen in der Halbleiterindustrie. Zudem will China in den nächsten Jahren den gewaltigen Halbleiterbedarf vermehrt durch die eigene Fertigung decken. Dazu wird die Expertise von PVA TePla gebraucht. Zusätzliche Fantasie bringt das Thema Hochleistungschips auf Siliziumkarbid-Basis (SiC-Chips). Siliziumkarbid hat gegenüber Silizium wichtige Vorteile in einem 5G-Zeitalter. Derartige Chips sind zehnmal kleiner, generieren 50 % weniger Wärmeverlust und haben eine viermal höhere Schaltfrequenz (s. o.). PVA TePla baut künftig die entsprechenden Kristallzuchtanlagen und der CEO stellt zur Option, selbst zum SiC-Produzenten aufzusteigen.

SÜSS MICROTEC (WKN: A1K 023): Das Unternehmen entwickelt und fertigt Anlagen sowie Prozesslösungen für Mikrostrukturanwendungen im Halbleitersektor. Das Portfolio umfasst ein breites Spektrum an Produkten und Lösungen

für die Bereiche Backend-Lithografie, Wafer-Bonding und Fotomaskenreinigung, ergänzt durch mikrooptische Komponenten. Ob Herstellung von Speicherchips, Kameras für Mobiltelefone oder Reifendrucksensoren - die Lösungen von SÜSS MicroTec werden innerhalb eines breiten Spektrums von Herstellungsprozessen für Alltags- oder Industrieanwendungen eingesetzt. Kunden aus der Halbleiterindustrie und von verwandten Märkten wie Advanced Packaging, MEMS und LED-Anwendungen schätzen insbesondere SÜSS MicroTecs umfassende Erfahrung in der Waferprozessierung. Dies macht das Unternehmen zu einem zuverlässigen Partner für die Großserienproduktion und für die Forschung und Entwicklung. Zu den Kunden gehören z. B. Samsung, SK Hynix oder TSMC. Zweistellige Wachstumsraten sind vorprogrammiert.

SOITEC (WKN: A2D KAC): Dieser Wert ist ein alter Bekannter und war ebenfalls bereits Thema im Rahmen meines letztjährigen 5G-Beitrags. Die Produkte der Franzosen sind für die Herstellung von Chips für Smartphones, Rechenzentren, Automobile und Industrie 4.0 unverzichtbar. Bis 2025 plant der CEO eine Verdreifachung des Umsatzes. Im Kern geht es bei Soitec um die Silicon on Insulator-Technologie. Verfahrenstechnisch wird bei der Sol-Technik auf dem Wafer eine dünne Silizium-Oxid-Schicht aufgebracht, auf der sich wiederum die elektronischen Bauelemente befinden. Die Sol-Technologie hat den Vorteil, dass sie unempfindlicher gegenüber Störstrahlungen und gegenseitiger Beeinträchtigung der aktiven Bauelemente ist als andere Chip-Technologien. Die Transistoren haben eine geringere Kapazität und können dadurch schneller geschaltet werden. Außerdem erzeugen

Sol-Chips geringere Verlustleistungen. Somit ist Soitec auch ein direkter 5G-Profiteur. Auch im LED-Bereich spielt die Technologie künftig eine wichtige Rolle. Der Einsatz von Sol-basierten LED-Lampen würde Energieeinsparungen von 60 bis 70 % bei der Beleuchtung ermöglichen. Dazu kommen Anwendungsgebiete im Bereich der erneuerbaren Energien. Klar ist: Die Sol-Technologie wird immer wichtiger in der Halbleiterproduktion. Dieser Trend ist unumkehrbar.

ICHOR HOLDINGS (WKN: A2D JD8) beschäftigt sich mit der Entwicklung, Konstruktion und Herstellung von Subsystemen und Komponenten für die Flüssigkeitsversorgung von Halbleiteranlagen. Das Unternehmen bietet in erster Linie Gas- und Chemikalien-Zuführungssysteme an, die in der Chip-Produktion unerlässlich sind. Derzeit durchläuft Ichor einen Investitionsprozess zwecks Kapazitätserhöhung. Das sorgte im Sommer für enttäuschende Gewinnzahlen. Für 2022 liegt das KGV auf Kursbasis um 40 $ jedoch lediglich um die 11, was zu wenig ist.

Ergänzen lassen sich diese Investments mit dem einen oder anderen Chip-Produzenten - oder auch -Designer. Im Aktionärsbrief und auch im Wegweiser für Kapitalanlagen 2021 gab es bereits entsprechende Empfehlungen. Titel wie Analog Devices, Qorvo oder Cadence Design bleiben für mich hochinteressant. Auf einen Titel möchte ich etwas näher eingehen:

BROADCOM (WKN: A2J G9Z): Internet der Dinge (IoT), Künstliche Intelligenz (KI), Augmented und Virtual Reality (AR/VR) sowie Automation/Robotik sind auf schnelle Netzwerke, neue Halbleitertechnologien, Speicher, Sensoren und Prozessoren für die Sammlung und Verarbeitung von Daten in Echtzeit angewiesen. Der Wachstumsschub, der daraus resultiert, ist nachhaltig. Entsprechende Technologien - Stichwort Digitalisierung - werden eine Wachstumsdynamik und Investitionen in Equipment und Software von 1,6 Bio. $ jährlich bis 2030 auslösen. Broadcom profitiert davon in den nächsten 10 Jahren überdurchschnittlich. Das Unternehmen hat ziemlich alles in petto, was an Halbleiter-, Infrastruktur- und Softwareprodukten für Anwendungen in Rechenzentren, Netzwerken, Software, Breitband, Wireless, Storage und Industrieautomation notwendig ist. Rund ein Viertel des Umsatzes resultiert aus Infrastructure-Software. Die realistische Wachstumserwartung liegt um 10 bis 14 % jährlich. Das 2022er-KGV ist um die 17 anzunehmen, was moderat ist. Auch hier gilt: Korrekturen bieten langfristige Kaufgelegenheiten.

Fazit: Die Investitionsvorhaben in der Halbleiterproduktion belegen unmissverständlich, dass wir in diesem Sektor in den nächsten Jahren nicht von einem zyklischen, sondern von einem strukturellen Trend sprechen. Darin liegen die großen Chancen für Ausrüster und einzelne Chip-Spezialisten. Gleichwohl ist bei den Produzenten auf mögliche Überkapazitäten in einigen Jahren sowie aktuell hohe Investitionskosten hinzuweisen. Die interessantesten Namen dieses Sektors mit Trendpotenzial habe ich Ihnen somit an die Hand gegeben. Natürlich werden diese Trends auch von größeren Korrekturen unterbrochen werden. Aber genau darin liegt die Chance. Deshalb ist es so wichtig, diese 12 Adressen zu kennen.

Neben den Treibern sind auch einige aufstrebende Industrietrends zu verzeichnen, die den Halbleitermarkt ganz maßgeblich beeinflussen. Zu diesen zählt die zunehmende Konsolidierung unter den Chip-Herstellern und -Entwicklern. Diese findet vor allem in Anwendungen statt, für die Chips in sehr hoher Stückzahl benötigt werden. Diese Chips dürfen nicht teuer sein, da die Produkte, in die sie verbaut werden, für ein breites Publikum bestimmt sind. Gute Beispiele dafür sind die Chips in Smartphones, Rechenzentren und Kommunikationsinfrastruktur. Auch hier kommen die sogenannten FABs ins Spiel: Nur die Riesen-Hersteller aus den USA und Asien sind in der Lage, die benötigte günstige Massenware herzustellen. Auf der anderen Seite stehen die Hersteller für Chips in Spezialanwendungen wie Industrie, Sicherheit, Automobil und Luftfahrt. Durch den Erfolg ihrer Produkte und die Ausweitung der Anwendungen sehen sie sich immer häufiger in die Massenproduktion gedrängt. Denn auch die Abnehmer benötigen größere Stückzahlen, um die Sensorik entsprechend auszustatten - und das möglichst günstig. Spezialprodukte werden zu Massenprodukten und so spielt die Finanzierung von Wachstum und Konsolidierung eine immer größere Rolle. Der Markt hat also einerseits mittelständische Spezialanbieter und auf der anderen Seite Konzerne, die die Endpreise aufgrund von Skaleneffekten gering halten können. Die Folge? Firmen mit Zugang zu Kapital wachsen und konsolidieren kleine Firmen in diesem Bereich.

Und auch ein weiterer Faktor darf aus europäischer Sicht nicht abgetan werden: Der US/chinesische Handelskrieg. Dieser führt dazu, dass ganze Lieferketten komplett überdacht werden. Ein Ende des Konflikts ist vorerst nicht in Sicht, denn auch die Regierung von US-Präsident Joe Biden fährt den Anti-China-Kurs weiter. Die Freude europäischer Chip-Hersteller und Anlagenbauer für die Chip-Industrie nach einer gesteigerten Nachfrage aus China könnte deshalb von kurzer Dauer sein. So ist es denkbar, dass sich europäische Hersteller künftig gezwungen sehen, sich entweder auf die USA oder auf China auszurichten.

Es gibt Stimmen in Europa, die immer lauter fordern, dass die Chip-Industrie hierzulande gestärkt werden muss, um unabhängiger zu werden. Eine 3-nm-FAB in Europa aufzubauen, wäre zumindest eine sehr strategische Entscheidung. Wir sollten das Potenzial nutzen!

Darin liegt kein zyklischer, sondern ein struktureller Trend. Dazu kommt ein politischer Wettlauf. China möchte bis 2027 den einheimischen Halbleiterbedarf zu 70 % aus eigener Produktion decken. Die Amerikaner wiederum wollen sich technologisch nicht die Butter vom Brot nehmen lassen. Mitte Juni dieses Jahres stimmte der US-Senat dafür, 52 Mrd. $ für die Steigerung der inländischen Forschung und Produktion für Halbleiter und Telekommunikation auszugeben, einschließlich 2 Mrd. $ für Chip-Investitionen für die Autoindustrie. Hinzu kommen wahrscheinlich 25 % Steuergutschrift für inländische Halbleiterinvestitionen.

Investitionsmöglichkeiten im Sektor hatten wir Ihnen bereits an die Hand gegeben. Die Investitionssummen der Halbleiterindustrie über die nächsten 10 Jahre reichen deutlich über eine 1 Bio. $.

Der globale Markt für Halbleiterkomponenten für das Internet der Dinge (IoT) wird mit einer durchschnittlichen jährlichen Wachstumsrate von 19 % von 33 Mrd. $ im Jahr 2020 auf 80 Mrd. $ im Jahr 2025 wachsen, so ein aktueller Bericht von IoT Analytics. Dies basiert auf der Annahme, dass die Zahl der aktiven IoT-Geräteverbindungen von 11,7 Milliarden im Jahr 2020 auf 30 Milliarden bis 2025 wachsen wird. Das entspricht einer Verdreifachung in nur fünf Jahren.

In einem jüngst veröffentlichten Bericht der Capital International Group wurden Halbleiter als das „neue Öl" bezeichnet, das das Räderwerk der Disruption antreibt. Wir stimmen zwar der Einschätzung zu, dass Halbleiter einen wichtigen Bestandteil des Gesamtsystems darstellen, sind jedoch davon überzeugt, dass Daten das neue Öl und Halbleiter die neuen Motoren darstellen. Das klingt zwar weniger glamourös und doch sind Daten die wichtigsten Antriebskräfte der neuen Wirtschaft - so unverzichtbar wie Öl für den Verbrennungsmotor.

Der Hype um den Sektor hat mittlerweile ein Ausmaß erreicht, das die Bewertungen im historischen Vergleich auf bislang nie erreichte Niveaus steigen ließ. Die Preise für Halbleiter verteuerten sich gemessen am Preis-Umsatz-Verhältnis in den vergangenen zehn Jahren stetig, und zwar von weniger als dem Zweifachen in der globalen Finanzkrise auf aktuell mehr als das Siebenfache. Gleichzeitig steigen die Bruttomargen in einigen Fällen um 20 %. Das Ergebnis ist eine enorme Ausweitung der Preis-Gewinn-Verhältnisse, die uns mittlerweile als nicht mehr gerechtfertigt erscheinen.

Das siebenfache Preis-Umsatz-Verhältnis entspricht dem führender etablierter Softwareunternehmen. Dieses Verhältnis erscheint uns aufgrund des Entwicklungs- und Wachstumsprofils dieser Unternehmen vergleichbar, wenngleich die Bruttomargen in der Softwarebranche deutlich höher sind. Wir mahnen daher zur Vorsicht vor einer pauschalen Betrachtung des Sektors und weisen auf die Entwicklung in der Halbleiterbranche hin. Diese stellt nicht länger ein homogenes vertikales, sondern vielmehr ein horizontales Marktsegment dar, in dem die vertikale Endanwendung für das Ergebnis der einzelnen Unternehmen von entscheidender Bedeutung ist. Die Entscheidung für oder gegen eine Investition sollte nach unserer Überzeugung nicht länger aufgrund sektorspezifischer, sondern vielmehr branchenspezifischer Überlegungen getroffen werden.

Halbleiter-Engpässe bremsen die Automobilindustrie. Die Automobilindustrie bietet beispielsweise aufgrund des zunehmenden Anstiegs des $-abhängigen Komponentenanteils autonomer und teilautonomer Fahrzeuge ein klares Wachstumspotenzial. Jüngste Untersuchungen von Arete zeigen einen Anstieg des Komponentenanteils von 310 USD pro Leichtfahrzeug im Jahr 2015 auf 397 USD pro Fahrzeug im Jahr 2019, was einer durchschnittlichen jährlichen Wachstumsrate (CAGR) von 6,4 % entspricht. Dieser Anstieg dürfte sich in den nächsten fünf Jahren auf 630 USD pro Fahrzeug ausweiten, was eine durchschnittliche jährliche Wachstumsrate von nahezu 10 % ausmacht. Weder die historischen noch die prognostizierten Wachstumsraten entsprechen jedoch der Zuwachsrate im Softwarebereich, in dem eine Wachstumsrate von 10 bis 15 % mittlerweile als unbedeutend gilt und durchaus 30 % übersteigen kann.

Das Problem in der Automobil-Halbleiterindustrie liegt vielmehr in der fehlenden Produktionskapazität, insbesondere bei den 8-Zoll-Wafer-Fabriken. Das führte wiederum zu einem Ungleichgewicht zwischen Angebot und Nachfrage und damit zu Engpässen bei den Bauteilen sowie zu der Überzeugung, dass die Lage in diesem Sektor nur noch besser werden kann. Die Geschichte zeigt, dass dies nicht der Fall ist. Sobald das Verhältnis von Angebot und Nachfrage ausgeglichen ist, setzt die Normalisierung ein. Aus diesem Grund erscheint es uns schwierig, in diesem Sektor auf der Grundlage langfristiger branchenimmanenter Bewertungen Mehrwert zu finden.

Ob 5G, IoT, Daten oder KI - Digital 4.0 bietet attraktive Anlagemöglichkeiten. Dies bedeutet jedoch nicht, dass Halbleiterwerte völlig uninteressant sind. In der Tat erkennen wir attraktive Möglichkeiten bei Unternehmen, die der vierten digitalen Säule - Digital 4.0 - zuzuordnen sind. Insbesondere Unternehmen, die in den Bereichen 5G, dem Internet der Dinge (IoT), Daten und Künstliche Intelligenz (KI) tätig sind, könnten ein überzeugendes Anlagepotenzial bieten, wobei die Auswahl der Unternehmen eindeutig nach ihrer thematischen Ausrichtung und nicht nach ihrer Branchenzugehörigkeit erfolgen sollte.

6

Der Unterschied zwischen Finanz- und Coronakrise

Hans A. Bernecker

Jede Krise hat eine Ursache und einen Verlauf. Die letzten beiden Krisen weichen von dieser Regel allerdings weitgehend ab. Allenfalls die Dotcom-Krise könnte man hier noch mit einbeziehen.

Die Finanzkrise entstand aus einer Überspekulation am amerikanischen Immobilienmarkt, wie an anderer Stelle schon beschrieben. Es war der klassische Fall, dass mit falschen Erwartungen und politischen Absichten die Nachfrage nach Immobilien in eine Größenordnung gepusht wurde, die man schlicht Blase nennt.

Die deutschen Banken wurden davon in besonderer Weise betroffen, nicht etwa, weil sie im US-Immobilienmarkt als Kreditgeber aufgetreten waren, sondern naiverweise die Superrenditen bei der Refinanzierung für gottgewollt hielten. So die Äußerung eines Mitglieds des Aufsichtsrats einer Landesbank. Wie immer läuft eine solche Krise über mehrere Monate mit unterschiedlichen Wirkungen. Gemeinsam war lediglich: Sie schlug auf die Banken durch, deren Kreditfähigkeit fast über Nacht erkennbar eingeschränkt wurde. Während die amerikanische Zentralbank sofort umfangreiche Liquidität zur Verfügung stellte, war die EZB nicht in der Lage, die Banken eines jeden EU-Landes unterschiedlich mit Liquidität zu versorgen. Die Wirkung auf die Wirtschaft fiel deshalb sehr krass aus, aber auf der Zeitachse begrenzt.

In dieser Phase war die Bundesregierung schlicht überfordert. Bundeskanzlerin und Finanzminister hatten zunächst nichts Eiligeres zu tun, als per TV und würdigen Auftritten allen Deutschen zu versichern, dass ihre Sparguthaben nicht gefährdet seien. Der besonders betroffenen Autoindustrie wollte man mit einer Abwrack- bzw. Kaufprämie wieder auf die Beine helfen und so den deutschen Automarkt retten. Leider nutzte dies den ausländischen Autoanbietern mehr als den inländischen, aber:

Der massive Einbruch in einigen Sektoren der Wirtschaft war zwar sehr schmerzhaft, aber ein kurzfristiges Ereignis. Schon nach etwa fünf Monaten war das Ganze aufgefangen.

Die Aktienmärkte reagierten prompt und überschaubar. Jede Finanzkrise wirkt wie ein Schock in den Gefühlen, jedoch eher begrenzt in echten Wertverlusten vernünftiger Investments. Dies auszuhalten oder zu überstehen, kostet Nerven, mehr aber nicht.

12 Monate später war die Finanzkrise mehr oder weniger ausgestanden. Eine kleinere Folge dieser Krise waren die Probleme der Griechen, die im Umfang zwar geringer, in den Folgen für die EU aber gefährlicher waren. Darauf ist hier nicht näher einzugehen.

Die Coronakrise erfasste wie ein Blitz von China aus die ganze Welt und traf auf eine völlig unvorbereitete Bevölkerung nebst Regierungen aller Art. Wenn niemand mit einem Ereignis rechnet, ist dessen Wirkung doppelt so durchschlagend. Innerhalb weniger Tage brachen die Märkte zusammen. Ich beschränke mich auf den DAX.

In lediglich acht Tagen ergaben sich im DAX Verluste von 35 % als Durchschnitt und knapp 400 Mrd. € im Marktwert aller DAX-Papiere. In einer solchen Situation gelang es nur wenigen, wirklich zu verkaufen. Mehrheitlich entstanden Buchverluste in der genannten Höhe, aber keine wirklich realisierten Verluste. Wer nur acht Wochen durchhielt, hatte bereits die Hälfte der ursprünglichen Buchverluste wieder eingespielt. Indes:

Der Verlauf der gesamten Coronakrise war unmöglich vorherzusagen. Die Virologen vertraten unterschiedliche Ansichten über Stärke und zu treffende Maßnahmen, um das Virus unter Kontrolle zu bringen. Einen Impfstoff gab es zunächst nicht. Immerhin war nach etwa sechs Wochen erkennbar, dass die Chance für eine Schutzimpfung gegeben war oder sich abzeichnete. Die Wirkungen waren jedoch mit der Finanzkrise nicht zu vergleichen.

Noch nie hat es in Europa oder den USA einen totalen Lockdown gegeben. Niemand konnte sich vorstellen, wie dies funktionieren könnte und welche Folgen daraus entstünden. Dass zwei Wellen im Verlauf von rund neun Monaten zu bewältigen waren, war ebenfalls unvorstellbar. Dennoch:

Die Aktienmärkte haben dies in erstaunlich guter Form und mit noch besseren Nerven überstanden. Wenn ganze Produktionslinien mehrere Wochen stillstehen, können umfangreiche Vermutungen und Prognosen angestellt werden, in welchem Umfang anschließend eine riesige Pleitewelle über das Land rollen würde. Dennoch genügten relativ einfache und schnelle Brücken der deutschen Regierungen (vom Bund über die Länder bis zu den Gemeinden), um Notlösungen zu finden, dies zu verhindern.

Nur am Aktienmarkt war erkennbar, wie hoch der Preis sein könnte und wie lange es dauern würde, bis eine gewisse Normalität wieder in Reichweite käme. Das Wort Aufholjagd stand im Raum. Die Bilanz nach rund 18 Monaten:

Erstmals wurde die Welt von einer gewaltigen Pandemie getroffen, die eigentlich nur vergleichbar war mit den Pest- und Cholera-Ausbrüchen im Mittelalter, zu denen unzureichende Kenntnisse vorliegen, aber immerhin Horrorzahlen über die Vernichtung von Menschenleben. Die letzte große Pestepidemie des Mittelalters hat angeblich ein Drittel der damaligen Einwohnerzahl auf dem Gebiet Deutschlands ausgelöscht.

Welche Lehren sind daraus zu ziehen? Die nächste Krise wird die Finanzwelt mit Sicherheit in spätestens zehn oder fünfzehn Jahren erschüttern. Pessimisten sprechen von fünf bis sechs Jahren. Das ist nicht ganz unwahrscheinlich, weil die Anlage zu solchen Krisen nun einmal in den Finanzmärkten liegt, gleichgültig, von wem sie losgetreten werden. Denn: Die ohnehin ultralockere Geldpolitik seit der Finanzkrise führte in der Coronakrise zu einer überdimensionalen Ausweitung der Liquidität. Insbesondere seitens der amerikanischen Zentralbank, aber umfangreich begleitet von den Europäern. Doch jeder, der sich auch nur etwas in Finanzgeschichte auskennt, weiß: Eine Kreditkrise entsteht stets aus einer Blase in den Finanzmärkten, die entweder mit einem lauten Knall platzt oder mühsam durch sorgfältige Steuerungen zurückgeführt werden muss. Das ist die Aufgabe der größten Zentralbank der Welt, der amerikanischen Fed, in den kommenden fünf bis sechs Jahren. Eine Aufgabe, die am ehesten einem Tanz auf dem Hochseil vergleichbar ist.

7

Europas Industrie in Neuordnung

Annerose Winkler

Die Antwort des Kontinents auf die Akteure und Aktionen in China und den USA liegt auf der Hand: Größe gewinnen! Der Trend hat längst begonnen - und früher, als viele annehmen.

Einen Startschuss gab in Deutschland die <u>Autoindustrie</u>, die wichtigste Branche der Volkswirtschaft. Der Kauf von Hella durch Faurecia im letzten Jahr war hier nur e i n Mosaikstein. Es begann viel früher:

ZF Friedrichshafen z. B. übernahm für insgesamt 18,6 Mrd. € TRW Automotive (2015) sowie WABCO (2020), beide aus den USA. Delphi Automotive, einst Teil von General Motors, heute mit dem operativen Hauptsitz in Dublin beheimatet, ging einen anderen Weg und spaltete sich 2017 auf. Sogar Continental ist inzwischen auf den Zug aufgesprungen und wird das Geschäft namens Powertrain ab Mitte September 2021 unter „Vitesco" führen. Zu beachten hierbei:

Die Produkte, die einem bei diesen Firmen früher als Erstes einfielen, sind klar in den Hintergrund gerückt. Oder anders gesagt: Faurecia wird - zumal in Frankreich - mit Sitzen und Armaturen kombiniert, Hella mit Leuchten und Lampen. Künftig werden sie sich gemeinsam auf die Themen konzentrieren, auf die es ankommt:

Innovative Fahrerassistenzsysteme, autonomes Fahren sowie E-Mobilität mit Wasserstofflösungen. Und fast kommen sie zu spät! Denn der Weltmarkt ist längst in Neuordnung begriffen:

43 % davon bedienen bereits die asiatischen Zulieferer. Zweiter Aspekt: Einstige Riesen werden, soweit es das Kerngeschäft betrifft, erst ein-

mal an Börsenwert verlieren. Continental wird es so ergehen: Nach 44,5 Mrd. € noch 2019 wird nach der Loslösung von Vitesco für 2021 mit 33,5 bis 34,5 Mrd. € gerechnet. Drittens schließlich:

Was passiert mit anderen Zulieferern? Tatsache ist: Unternehmen, die komplett oder überwiegend auf Verbrenner setzen, werden keinen Käufer finden. Die 1. Garde der Lieferanten wird sich hier nicht engagieren und Finanz-Investoren, die sich mittlerweile in diesem Bereich umsehen, fallen ebenfalls aus. Niemand will sich mehr mit der ‚veralteten' Technik belasten.

Jedenfalls nicht, wenn die Firmen relativ klein sind! Hersteller von Fahrzeug-Komponenten, die quasi „too big to fail" sind, wie Eberspächer oder Mahle, hätten die Marktmacht, Faurecia nachzueifern. Mahle beispielsweise bot ebenfalls für Hella, zog den Kürzeren und wird sich nun voraussichtlich in Südkorea engagieren. Der Branchenverband VDA fand in einer Umfrage heraus:

Einige kleinere Zulieferer werden so lange wie möglich vom Verbrenner-Geschäft profitieren und dann entweder vom Markt verschwinden oder ein völlig anderes Geschäftsfeld bearbeiten. Die meisten werden jedoch versuchen, 2-gleisig zu fahren. Soll heißen:

Während sie das Geld mit dem Verbrenner-Segment verdienen, investieren sie in neue Technik und Anwendungen. Dabei kann es sich als Fehler erweisen, wenn sie sich - mit geringeren Finanzmitteln als die Großen ausgestattet - technologieoffen zeigen, also nicht ausschließlich auf den E-Antrieb setzen.

Dies ist freilich nur ein Ausschnitt aus der Neuordnung von Europas/ Deutschlands Industrie. Alle gemeinsam treibt der Gedanke um, wie die nächsten bevorstehenden Herausforderungen zu meistern sind:

Die verstärkte Implementierung digitaler Abläufe in die Fertigungsprozesse, viel mehr Gewicht auf Nachhaltigkeit in der Produktion, angefangen bei den Lieferanten, und die Größennachteile gegenüber der asiatischen und amerikanischen Konkurrenz. Hinzu kommt:

Längst spielen - insbesondere in der Automobilindustrie - völlig ungewohnte Herausforderer bzw. Mitbewerber auf eigenem Terrain mit, die man noch vor Jahren gar nicht im Blick hatte. Schlicht deshalb nicht, weil sie Partner und keine Konkurrenten waren. So bietet E-Autopionier Tesla nicht nur Fahrzeuge an, sondern versorgt seine Kunden auch gleich noch mit dem notwendigen Strom. In Baden-Württemberg und Bayern gibt es Ladestationen, die sogar grüne Energie abgeben. Kein Zweifel:

Es ist nur eine Zeitfrage, bis das Tesla-Stromnetz bundesweit verfügbar ist. Oder die US-Unternehmen Nvidia, Amazon und Google: Mit ihnen verbindet man ganz andere Güter und Dienstleistungen, als sie heute im Fokus haben. Die Prozessoren von Nvidia sind bei der Entwicklung des autonomen Fahrens mittlerweile ebenso wenig wegzudenken wie intelligente Infotainmentsysteme von Google oder Sprachassistenten von Amazon.

Branchenbeobachter sehen selbst recht junge Firmen aus China besser für die Zukunft gerüstet als die deutschen: Xpeng etwa richtete ein Software-Ökosystem in seinen Fahrzeugen ein und rüstete sie mit einem eigenen Betriebssystem bzw. mit Apps aus, das updatefähig ist respektive die heruntergeladen werden können.

Volkswagen arbeitet an einer vergleichbaren Lösung, wird sie jedoch erst - wenn alles gut geht - 2025 offerieren. Anfang September 2021 sah es ganz so aus, als wären die deutschen Anbieter im Wettrennen um die mobilen Lösungen ihrer Branche schon arg ins Hintertreffen geraten.

Es ist indes nicht nur die Autoindustrie, die unter massivem Eindruck von Veränderungen steht. In der Luftfahrt ist es neben den gestiegenen Klima-Anforderungen auch der dringende Wunsch, die üppigen Verbindlichkeiten und Staatsbeteiligungen loszuwerden.

Um dies zu erreichen, denkt die Deutsche Lufthansa daran, Geschäftssegmente abzugeben, die nicht unmittelbar mit dem Transport von Menschen und Waren zusammenhängen. Bereits vor der Pandemie, genauer im Dezember 2019, verkaufte Lufthansa das Europageschäft ihres Caterers LSG an Mitbewerber Gategroup. Im Dezember 2020 wurde der Verkauf vollzogen. Ebenfalls schon vor Corona wurde über einen Teilverkauf bzw. -börsengang von LH Technik nachgedacht. Hier erschweren indes komplexe rechtliche Vorgaben die Loslösung, sodass zunächst andere Beteiligungen/ Töchter abgegeben werden.

Der Ausbau der Kapazitäten sowie digitale Expertise stehen auch auf der Wunschliste großer Logistiker. Hier macht - auf europäischer Bühne - DSV aus Dänemark besonders von sich reden. Vor zwei Jahren erwarb sie Panalpina aus der Schweiz, im August 2021 dann auch den Seefrachtspezialist GIL vom Agility-Konzern aus dem Mittleren Osten.

Wer sagt, dass DB Schenker nicht als Nächstes auf der Liste der Dänen steht? 10 Mrd. € Kaufpreis wurden von Branchenkennern bereits als ‚Hausnummer' genannt. Es wäre keine Überraschung, wenn die Deutsche Bahn sich nach der Bundestagswahl gegen Ende September 2021 detaillierter dazu äußerte, ob und für wie viel sie ihren wichtigsten Ertragsbringer veräußert.

Im Pharma-Bereich sind es in erster Linie neue Technologien, die interessierte Käufer oder Inverstoren hellhörig werden lassen. Bestes Beispiel ist natürlich die Zusammenarbeit zwischen dem US-Riesen Pfizer und der weitaus kleineren Mainzer Firma BioNTech, die den ersten mRNA-Impfstoff gegen das SARS-CoV-2-Virus entwickelten, produzierten und verkauften.

Ebenso im Fokus der Beteiliger sind Therapien gegen Krebs. Auf diesem Gebiet ließ 2020 ein Berliner Unternehmen namens T-knife aufhorchen. Ihm gelang es, 66 Mill. € in einer Erstrundenfinanzierung von Geldgebern zu gewinnen, die Wagniskapital zur Verfügung stellen. T-knife forscht an einer T-Zellen-Therapie, um vor allem solide, d. h. aus Gewebestrukturen bestehende Tumore zu bekämpfen.

Generell sind in der Pharma-Branche aber Beteiligungen bzw. Kooperationen Trumpf, weniger Übernahmen. Und das, obwohl laut Schätzungen fast 1,5 Bill. € für Käufe lockergemacht werden könnten. Daher gehen die Beteiligungsfinanzierer und Merger-Spezialisten davon aus, dass hier ab 2022 mehr Bewegung in das Transaktionsgeschäft kommt.

Im Wirtschaftszweig <u>Stahl</u> sind Aufkäufe, Kooperationen, Beteiligungen, Abspaltungen oder Zusammenschlüsse seit Jahrzehnten übliche Praxis. Als Beispiele sind hier thyssenkrupp und Arcelor-Mittal zu nennen. Doch:

Während früher die Stilllegung zu hoher Kapazitäten im Vordergrund stand, ist es heute der Klimaschutz. Die Stahlhersteller müssen dringend Wege finden, um ihre Fertigungsprozesse auf Klimaneutralität umzustellen. Allein in Deutschland wird mit 30 Mrd. € Investitionsbedarf dafür gerechnet.

Konkret geht es um den Wandel von Koks zu Wasserstoff in der Produktion. Diese Aufgabe allein zu bewältigen, wird niemandem zugetraut. Ergo liegt es nahe, bei der Herstellung von Wasserstoff zusammenzuarbeiten. Die Stahlindustrie ist unter Druck:

Großkunden etwa aus der Autoindustrie sind nicht schüchtern, ihren Forderungen nach klimaneutral gefertigtem Stahl Nachdruck zu verleihen. Von Daimler ist bekannt, dass man gern weitaus früher als 2050 die Lieferkette CO_2-befreit hätte. Folgerichtig und um keinerlei Zweifel aufkommen zu lassen, sind die Stuttgarter an Start-ups beteiligt, die entsprechende Lösungen parat haben.

Wie beispielsweise H2 Green Steel aus Schweden. Das Unternehmen will bis 2030 rd. 5 Mill. Tonnen grünen Stahl gefertigt haben. Das fordert natürlich die etablierten Produzenten heraus, die sich seit Bekanntwerden dieses Datums darin überbieten, noch früher solche Mengen bereitstellen zu können. Ein sicheres Zeichen dafür, dass die Stahlbranche eher kurz- als langfristig konsolidieren wird.

Der überraschendste Deal im <u>Einzelhandel</u> gelang im November 2020 Oetker: Die Bielefelder erwarben für geschätzt 1 Mrd. € das Start-up Flaschenpost. Nicht nur der Kaufpreis verblüffte - auch das Kaufobjekt tat es. Was wollte der Hersteller von Backpulver, Tiefkühlpizzen und Puddings denn mit einem Lieferdienst? Ganz einfach:

Im sich wandelnden Einzelhandel mitmischen! Die Lebensmittelhändler selbst können kaum noch mehr konsolidieren; das wurde bereits vor Jahren begonnen bzw. beendet. Aber: Das betrifft den stationären Handel, nicht das Online-Geschäft. In diesem Segment wird unverändert nach vielversprechenden Konzepten und Spezialisten gesucht.

Und Handelsketten, Hersteller und Finanzierer werden fündig! Nicht nur Oetker bei Flaschenpost - auch Gorillas und Flink zogen begehrliche Blicke auf sich. Die beiden Jung-Firmen werben damit, innerhalb von 15 Minuten bestellte Ware auszuliefern. Das ließ internationale Investoren Summen in 3-stelliger Millionenhöhe spendieren. Ihre Überlegung:

Über kurz oder lang sind die großen Handelsfilialisten so nervös, dass ihre stationäres Geschäft noch mehr leidet, und sie tief in die Taschen greifen, um die Lieferdienste zu übernehmen. Denn dass diese Dienste in absehbarer Zeit Gewinn abwerfen, wird nicht erwartet.

Ein anderes Konzept verfolgt die Schwarz-Gruppe (Lidl, Kaufland): Sie setzt in dem Streben nach umweltgerechter Nachhaltigkeit auf ein eigenes System zur Verwertung von Plastikflaschen und anderen Verpackungen. Konsequenterweise investierte sie deshalb in Entsorger. Das Ergebnis: Die Flaschen aus PET, in denen die Eigenmarken verkauft werden, sind bereits zu 100 % aus recyceltem Material gefertigt. Dem werden andere Händler nacheifern.

Offen für Zukäufe „in allen 3 Sparten" ist Henkel. Der Konsumgüter-Produzent wollte sich im Sommer 2021 zwar nicht festlegen lassen, ob er doch nach Wella greifen werde. Aber auch ohne eine konkrete Aussage darüber weckt das Statement Fantasie.

Henkel plant, das Digitalgeschäft in allen 3 Segmenten zu erhöhen. Zudem wird sich das Unternehmen von denjenigen Marken trennen, die kein Wachstumspotenzial mehr haben. Ganz ähnlich:

Beiersdorf. Die Hamburger haben ebenfalls den Ausbau der Digitalisierung fest im Blick. Deshalb wurde auch das Start-up Routinely übernommen. Die Firma bietet mittels eines Algorithmus online personalisierte Hautpflege an.

Nachhaltigkeit, Digitalisierung und neue Konkurrenten sind auch die Treiber hin zu mehr Konsolidierung bei <u>Banken</u> und <u>Versicherungen</u>. Regionale Gesellschaften, die die Erwartungen in Sachen Geschäftsentwicklung enttäuschen, werden verkauft. Oder man schließt sich, wie im Hinblick auf die Banken spekuliert wird, zusammen.

Vorerst ist im Finanzsektor zwar nicht mit großen Übernahmen zu rechnen: Die Coronakrise muss bewältigt werden, verschiedene Regularien erschweren die Fusionen auf europäischer Ebene. Dennoch:

Die Commerzbank etwa gilt als Übernahme-Ziel - und das europaweit. Auch hier, wie in anderen Wirtschaftszweigen, wird sich nach der Bundestagswahl erweisen, ob nicht doch etwas zu erreichen ist. Schließlich ist die Bundesrepublik Deutschland mit 15,6 % an dem Geldhaus beteiligt. Insbesondere ein Koalitionspartner namens FDP, der auch noch das Finanzministerium übernimmt, könnte hier aufs Tempo drücken.

Wer aufhört zu werben, um Geld zu sparen,
kann genauso gut seine Uhr anhalten, um Zeit zu sparen.
(Henry Ford)

8

Jeder Übertreibung folgt die Untertreibung

Hans A. Bernecker

Alle 10 bis 12 Jahre gibt es eine neue Krise an den Märkten. Ausgelöst werden diese von den unterschiedlichsten Ereignissen, deren Grundlage sich über mehrere Jahre hinweg bis zu einer Spitze entwickelt, an der es dann knallt.

Alle neueren Krisen fußen auf der ersten dieser Art im Oktober 1987. Sie ergab sich in New York aus der primären Erholungsphase der amerikanischen Wirtschaft nach dem Ende des Vietnam-Krieges, das ca. 12 Jahre zuvor mit der berühmten Flucht der letzten Amerikaner via Hubschrauber vom Dach der US-Botschaft in Saigon in aller Welt als TV-Ereignis mitzuerleben war.

Die Erholung der amerikanischen Wirtschaft folgte dem nach jedem Krieg bekannten Muster: Rückkehr der Truppen, Normalisierung der Industrieproduktion in vielen damit zusammenhängenden Sektoren sowie umfangreiche Sozialleistungen, um die Gemüter zu beruhigen.

Ohne Inflation und hohe Zinsen ließ sich das nicht bewältigen. Die Renditen der T-Bonds erreichten 1981/82 ihre Spitzen bei rund 16 %, die kurzen Zinsen sogar bei 20 %. Die Inflationsrate pendelte aufgeregt um den Mittelwert von 8 %. Damit konnte Präsident Carter bis zu seiner Abwahl 1980 nichts anfangen.

Der neue Präsident hieß Ronald Reagan, der etablierte Fed-Chef Paul Volcker war bereits drei Jahre im Amt. Es musste schlicht etwas geschehen. Beide Herren waren die Richtigen, mit frischen Entscheidungen neue Perspektiven zu schaffen. So gelang der Fed bis 1987 eine eindrucksvolle Reduzierung der Zinsen über eine straffe Geldpolitik. Da dies mit zum Teil drakonischen Maßnahmen erfolgte, ergaben sich Verzerrungen im Marktgefüge, die darauf hindeuteten, dass sich die Geldversorgung der Gesamtwirtschaft anders entwickelte als gedacht. Ab 1986 reduzierte die Fed die Geldmenge, was mit dem berühmten Engerschnallen des Gürtels gleichzusetzen ist. Die Ausweichmanöver der Investoren führten zu einer neuen Kreation, die später als „Junk Bonds" Geschichte schrieb. Mit diesen skurrilen Schuldverschreibungen, die mit Renditen von bis zu 16 % versehen waren, versuchte eine Investorengruppe, den damals größten Nahrungsmittelkonzern der Welt, Nabisco, zu kaufen. Das war der Tropfen, der das Fass zum Überlaufen brachte. Der Kreditmarkt kollabierte.

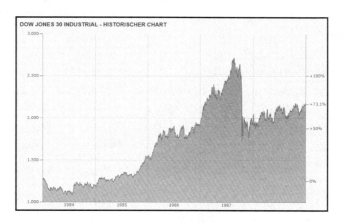

Der damals seit sechs Wochen amtierende neue Fed-Chef Alan Greenspan löschte dieses Feuer schnellstmöglich und konsequent, indem er nach seinen eigenen Worten „den Markt in Geld badete". Damit war das Thema erledigt. Erzählt wird dies hier deshalb, weil es zum Vorbild wurde, wie der größte Kapitalmarkt der Welt unabhängig von seinen unkontrollierten Bewegungen relativ schnell aufgefangen werden konnte.

Die berühmte Dotcom-Krise folgte gut 13 Jahre später. Sie ist vielfach beschrieben worden, sodass sie sich kürzer fassen lässt. Die technologischen Fortschritte rund um Computer und die sich aufbauende Internetszene führten zu neuen Konzeptionen in der Anwendung oder Nutzung. Raketenartige Entwicklungen einzelner Unternehmen waren die Folge. Microsoft wurde Software-Weltmeister und ist es bis heute. Apple unternahm gerade den zweiten Anlauf mit der neuen Superwaffe namens „Smartphone". Die

Sozialen Medien standen ebenfalls schon bereit, aber niemand konnte zu diesem Zeitpunkt ahnen, welche überdimensionalen Potenziale in ihnen stecken würden. Davon später mehr.

Die Begeisterung für diese technischen Neuigkeiten führte zu einem Boom von Neugründungen (Start-ups), der selbst in Deutschland als Land der Zurückhaltung in Sachen Aktien begeistert gefeiert wurde. Alle erreichbaren Unternehmenswerte beruhten jedoch vielfach auf Luft. Das Ergebnis:

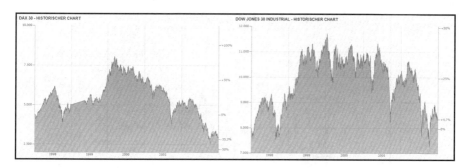

New York korrigierte in der anschließenden Krise bis zum 11. September 2001 in einem Umfang von etwa 30 % als Mittelwert von Dow über S&P bis Nasdaq. Das entspricht im Wesentlichen den historischen Vergleichen.

Der deutsche Markt konnte es noch besser und verlor zunächst rund 40 %, aber am Ende inklusive der Terroranschläge in New York und anschließendem Irak-Krieg um 65 %. Damit war Deutschland wenigstens auf diesem Gebiet einmal Weltmeister.

Zur amerikanischen Szene ist zu ergänzen: Nicht mehr Forschung, sondern gekaufte Forschung war die Wunderwaffe, um möglichst schnell zu wachsen, das Zauberwort dafür hieß „Blockbuster". Medikamente, die mindestens 1 Mrd. $ Umsatz pro Jahr versprachen, wurden zu Traumpreisen gekauft, die sich nicht rechnen ließen. Wer jedoch am meisten dieser Blockbuster irgendwo ergatterte, war der Weltmeister. Pfizer und Merck lieferten sich eine Art monatlichen Kampf um die beste Ausgangsposition. Beide erreichten jeweils runde 600 Mrd. $ Marktwert, woraus in den folgenden drei Jahren weniger als ein Drittel wurde. Dem schloss sich im Übrigen der zitierte Weltmeister Microsoft ebenfalls an. Auch er startete von rund 600 Mrd. $ und landete schon 2002 bei 180 Mrd. $. Also:

Jeder Übertreibung folgt die Untertreibung. Alle drei genannten damals teuersten Unternehmen der Welt waren nach etwa drei Jahren weniger als die Hälfte wert, obwohl sie bis heute jeweils auf ihrem Gebiet noch immer führend tätig sind. Auf den genannten Bodenkursen war ein neues Investment wieder sinnvoll bzw. richtig.

Die letzte Übertreibung ging in die Geschichte als Finanzkrise ein. Nach den umfangreichen Lockerungsmaßnahmen der Notenbank im Zuge der Ereignisse des 11. September und des Irak-Krieges ab 2003 war es schon ab 2004 nötig, die Zinsen wieder auf ein normales Niveau anzuheben. Mit Minischritten von 0,25-%-Punkten über mehr als 18 Etappen bis 2006 glaubte die Fed, die Normalisierung erreichen zu können. Ob gewollt oder nicht, lasse ich offen: Sicherlich war auch für die Notenbank erkennbar, dass mit der Forcierung durch US-Präsident Bill Clinton eine Finanzierung von Häusern und Wohnungen erlaubt wurde, die alle Grenzen des seriösen Handels am Immobilienmarkt sprengte.

Unter dem Motto: „Jedem Amerikaner sein Haus" wurden Finanzierungen von über 100 % und mehr des Objektwertes erlaubt oder hingenommen. Daraus resultierte eine umfangreiche Überspekulation mit Finanzprodukten, die als Subprime-Kredite herumgereicht wurden. Es waren wertlose Schuldentitel mit hohen zugesagten Renditen, die sich nicht halten ließen.

Die engagiertesten Käufer waren ausgerechnet deutsche Banken und Lehman/Frankfurt war der größte Verteiler dieser Konstrukte in allen Varianten an deutsche Kleinanleger.

Die Insolvenz von Lehman/New York ist nur zu erwähnen. Sie war der Schlusspunkt einer weit überzogenen Finanzierung von Immobilien, der ein Ende gesetzt wurde. Die Fed reagierte sofort und richtig. Ein Plafond von 750 Mrd. $ stand allen US-Banken zur Verfügung, um die Liquidität des Marktes zu garantieren. Nur 270 Mrd. $ wurden kurzfristig in Anspruch genommen, um den Markt in der Waage zu halten. Größter Verlierer waren die deutschen Investoren.

Die drei Indizes in New York quittierten das Ganze mit einem stufenweisen Rückbau in den folgenden drei Monaten mit erneut 30 % als Schnitt. Der DAX schaffte das Doppelte.

Wir sind im Jahr 2020. Die seit der Finanzkrise grundsätzlich lockere geldpolitische Haltung der Fed entsprach im Wesentlichen dem Liquiditätsbedarf der amerikanischen Wirtschaft. Es gab keine Konstellation der Übertreibung, aber im Ansatz war erkennbar, dass der Sektor Soziale Medien und der sich darum bildende Markt eine Dynamik entwickelten, die schwer zu beurteilen war. Wer konnte sich vorstellen, dass Facebook und Google allein eine User-Zahl von etwa 5,6 Mrd. Menschen erreichen würden (worin allerdings Doppelzählungen enthalten sind)? Die weitere Besonderheit: 99 % des Umsatzes bzw. Gewinns dieser Firmen beruhen auf Werbung. Dieses Geschäftsmodell wurde Vorbild für alle anderen, gleichgültig in welchen Variationen, entweder ebenfalls via Werbung finanziert (Twitter) oder durch echte Kunden wie bei Netflix, Amazon und schließlich Disney unter dem Sammelbegriff Streaming.

Die Bewertung dieser Unternehmen erbrachte die ersten Billionäre. Apple wurde mit über 2,5 Billionen $ Marktwert das absolut teuerste Unternehmen der Welt. Amazon schaffte seine Karriere über die Nutzung des Internets in Vertrieb und Versand zum einen und dem Cloudbusiness auf gleicher Grundlage zum anderen. Internet/Online ist zur Stunde die erfolgreichste Sektorentwicklung einer Technologie in Größenordnungen, die für die größten Fünf zu einen Marktwert von über 8 Billionen $ führt - rund 23 % des größten Indexes der Welt, S&P 500, dessen Marktwert insgesamt über 35 Billionen $ erreicht und damit gut 57 % aller Börsen der Welt zusammen.

Die Pandemie wirkte als Beschleuniger, Autofans nennen so etwas den Turbo. Mit dem weltweiten Lockdown waren diese Geschäfte die weitaus profitabelsten aller Zeiten. Dafür gibt es keine Überbietung. Doch nun wird es spannend:

Nach der Pandemie beginnt die Normalisierung der Wirtschaft in allen Teilen und Sparten. Der Pandemie-Bonus muss herausgerechnet werden, wenn die Bewertung einigermaßen stimmen soll. Das ist ein Grundprinzip eines freien Marktes. Reduziert sich das Volumen um nur 25 %, sind 2 Billionen $ schon mal weg. Bei 30 % wären es gut 2,4 Billionen weniger. Diese Normalisierung wird sich nicht vermeiden lassen. Denn fatalerweise verfügt die Fed zwar immer über die nötige Liquidität, einen Einbruch aufzufangen, aber nicht über die Kraft, eine Normalisierung der Bewertungen effektiv zu verhindern. Darin liegt die Konsequenz der nächsten Monate/Jahre.

Die Rechnung dafür ist relativ einfach. Apple müsste in den kommenden Jahren jeweils 12 bis 15 % im Ergebnis zulegen, um sein aktuelles KGV von 29 zu rechtfertigen. Amazon benötigt gut 20 bis 25 % jährliches Plus im Gewinn, um sein KGV von über 40 zu erfüllen. Das wird schwer. Denn: Eine Fortführung der Politik billigen Geldes seitens der Fed lässt sich nicht rechtfertigen. Selbst eine sehr vorsichtige Politik, die Zinsen anzuheben, führt unweigerlich zu der immer gültigen Rechnung: Wo liegt der Barwert jeder Gewinnrechnung bei gleichzeitig steigenden Zinsen? Dafür gilt in den überwiegenden Fällen die Zeitspanne von drei oder vier Jahren. Es ist das Naturgesetz der Preisbildung für alle Assets, sowohl Anleihen wie Aktien und Immobilien. Dieses Rätsel ist zum Zeitpunkt dieser Niederschrift ungelöst.

Leistung allein genügt nicht.
Man muss auch jemanden finden, der sie anerkennt.
(Marcel Mart)

9

Unternehmen im Umbruch: Turnaround-Kandidaten für 2022

Georg Sures

Wer an der Börse unterwegs ist, hat als Anlagestrategien diverse Optionen zur Auswahl. Man kann als Anleger beispielweise in Wachstumswerte investieren oder sich eher defensive Substanzwerte ins Depot legen. Aktien können dabei aufgrund der Charttechnik oder von fundamentalen Kennziffern ausgewählt werden. Die Königsdisziplin der Aktienanlage ist aber sicher die Turnaround-Spekulation. Nirgendwo sonst im Aktienuniversum liegen Totalverlust oder dreistelliger Kursgewinn so nah beieinander. Auf den nachfolgenden Seiten möchte ich mit Blick auf 2021 drei Unternehmen in einer Turnaround-Situation vorstellen. Ein Unternehmen hatte ich schon im letzten Jahr im Wegweiser besprochen. Die anderen zwei Unternehmen sind Neuvorstellungen.

Eine Turnaround-Spekulation kann nicht unabhängig vom Geschehen auf dem Gesamtmarkt gesehen werden. Im vergangenen Jahr war Corona ein deutlich größerer Belastungsfaktor als in diesem Jahr. Die ab April schrittweise einsetzende Kurserholung hat viele Turnaround-Spekulationen begünstigt. Dieses Erholungspotenzial fällt im Herbst 2021 deutlich schwächer aus. Damit dürften 2021 und 2022 die Gegebenheiten des konkreten Einzelfalls noch stärker zum Tragen kommen. Allerdings gibt es im Herbst 2021 eine Reihe von globalen Belastungsfaktoren für die Börsen: Eine straffere Geldpolitik der US-Notenbank (Stichwort: Tapering), die zunehmende Inflation und die immer noch bestehende Gefahr durch aggressivere Mutationen von Corona wie die Delta-Variante. Zudem sind insbesondere die teils stark gestiegenen Technologietitel anfällig für Rücksetzer. Dazu kommen politische Risiken wie der Streit um die Anhebung der Schuldengrenze in den USA im Oktober 2021. Positive Einflussfaktoren wie das Ergebnis der Bundestagswahl im September sollten aber nicht verschwiegen werden. So bietet sich eine realistische Chance, den Investitionsstau der Merkel-Jahre endlich abzubauen.

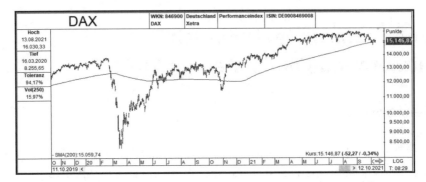

Nach dieser eher grundlegenden Einleitung ist es jetzt an der Zeit, einen Blick auf die konkreten Einzelfälle zu werfen. Unser erstes Beispiel zeigt dabei, dass es auch bei Turnaround-Spekulationen immer sinnvoll ist, über den Tellerrand der deutschen Börse hinauszuschauen.

Bombardier: Turnaround im Dauerzustand

Beim kanadischen Unternehmen Bombardier ist eine Turnaround-Situation quasi schon fester Bestandteil der Unternehmens-DNA. Das 1942 gegründete Unternehmen hatte zuerst Schneemobile produziert und expandierte ab 1970 in die Märkte für Luftfahrt und Bahntechnik. Die Familie Bombardier-Beaudoin hatte dabei in den 80er-Jahren eine Dual-Class-Aktienstruktur eingeführt, um sich dank ihrer mit 10-fachem Stimmrecht ausgestatteten A-Klasse-Aktien die Macht über das Unternehmen zu sichern.

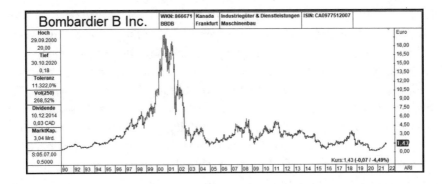

Anfang des Jahrtausends erreichte das Unternehmen seinen bisherigen Höhepunkt und Bombardiers B-Aktie (ISIN: CA0977512007) erklomm bei 20,20 € das immer noch gültige Allzeithoch.

Kurz vorher hatte Bombardier die Übernahme des deutschen Zugherstellers Adtranz angekündigt. Zugleich wandelten die Kanadier mit der neu geschaffenen Finanzierungstochter Bombardier Capital auf den Spuren von General Electric. Der US-Mischkonzern galt damals mit seiner Finanzsparte als unternehmerischer Trendsetter. Nach dem 11. September 2001 begann dann aufgrund der Schieflage bei der Finanzierungstochter für Bombardier der Turnaround, der bis heute andauert. Die einbrechenden Börsenkurse und die Schulden von Bombardier Capital machten eine umfassende Restrukturierung notwendig. Unternehmenspatriarch Laurent Beaudoin verpflichtete Paul Tellier als CEO. Tellier veräußerte die Sparte Recreational Products (Schneemobile und Motorfahrzeuge), die die Gründerfamilie auf eigene Rechnung übernahm und erfolgreich an die Börse brachte. 13 Monate später musste Tellier gehen, weil er die Dual-Class-Struktur abschaffen wollte. Zugleich gab es Pläne, mit einem neuen Passagierflugzeug (C-Serie) Boeing und Airbus Konkurrenz zu machen. Tellier sprach sich damals dagegen aus, da er nicht glaubte, dass sich Bombardier gegen die Marktmacht von Airbus und Boeing durchsetzen könnte. Diese wahren Worte stießen aber bei der Familie Beaudoin auf taube Ohren.

C-Serie bringt Bombardier an den Rand des Ruins

2015 hatten die Pläne für die C-Serie längst konkrete Gestalt angenommen. Ebenso klar war die strategische Überdehnung des zunehmend schwächer kapitalisierten Unternehmens: Bombardier war ein führender Hersteller von Bahntechnik, der auf Augenhöhe mit Siemens und Alstom agierte. Das Unternehmen war Marktführer bei Businessjets und produzierte zugleich kleinere Passagierflugzeuge unterhalb der vom Duopol Boeing und Airbus abgedeckten Marktsegmente. Mit der neuen C-Serie wollten die Kanadier den beiden großen Anbietern nun erstmals direkte Konkurrenz machen. Zusätzlich zu den Entwicklungskosten der C-Serie sollte 2015 gleichzeitig ein Investitionsprogramm für den neuen Learjet und die Entwicklung des neuen Highend-Businessjets Global 7500 geschultert werden.

Die Kosten für alle drei Projekte führten kurzfristig zu einem gefährlichen Liquiditätsengpass.

Der damalige CEO Pierre Beaudoin erhöhte kurzfristig das Kapital und verpflichtete Alain Bellemare als neuen CEO. Pierre Beaudoin selbst wechselte auf den Posten des Chairmans. Bis zum Ende seiner Amtszeit führte CEO Bellemare eine Reihe zunehmend schmerzhafterer Restrukturierungen durch. Das Learjet-Programm wurde gestrichen und alle Liquidität floss in die Entwicklung der neuen C-Serie. Zusätzlich wurden diverse Unternehmensteile zur Finanzierung des ehrgeizigen Projekts veräußert. Die Entwicklungskosten von über 6 Mrd. $ brachten den Konzern trotz aller Unterstützung durch die kanadische Regierung und die Provinz Quebec dennoch an den Rand des Ruins. Am Ende wurde die C-Serie, deren Modelle CS100 und CS300 technisch bei Komfort, Verbrauch und Lärmentwicklung echte Maßstäbe setzten, für läppische 600 Mio. $ an Airbus „verschenkt". Der Grund: Bombardier war inzwischen finanziell so ausgepowert, dass sich der Konzern die weitere Entwicklung nicht mehr leisten konnte. Bis Anfang 2021 wurde dann auch noch die kaputt gesparte Zugsparte für 5,3 Mrd. € an den französischen Wettbewerber Alstom verkauft. Bis Ende 2021 wird außerdem das nicht mehr profitable Learjet-Programm eingestellt. Da die Produktion von Flugzeugkomponenten (Sparte Aerostructures) ebenfalls verkauft wurde, ist Bombardier damit seit Anfang 2021 zu einem reinen Hersteller von Businessjets geschrumpft.

Auftritt Eric Martell

Im März 2020 ersetzte Pierre Beaudoin den glücklosen Alain Bellemare durch Éric Martel. Martel kam vom kanadischen Versorger Hydro-Québec und hatte zuvor schon in den Jahren 2002 bis 2015 für Bombardier gearbeitet. Die Voraussetzungen bei seinem Amtsantritt im April 2020 waren alles andere als günstig: Der Konzern hatte eine Schuldenlast von 10 Mrd. $ zu schultern, während der negative Cashflow permanent Liquidität aus dem Unternehmen absaugte. Mit dem Verkauf der Zugsparte gelang ein wichtiger Befreiungsschlag, um den Konzern vor der Pleite zu bewahren. Dank der Milliarden von Alstom senkten CEO Martel und der neuen Finanzvorstand Bart Demosky die Schulden auf 7,4 Mrd. $. Zugleich wurden die bestehenden Anleihen umgeschuldet, um die Zahlungsverpflichtungen zeitlich nach hinten zu verlagern. So erhält der Konzern mehr Luft, um mit seinem Hoffnungsträger Global 7500 in die Gewinnzone zu kommen.

Erstmals seit der Jahrtausendwende hat Bombardier damit kein Kamikazeprojekt oder eine angeschlagene Konzerntochter im Portfolio, sondern konzentriert sich ausschließlich auf das, was die Kanadier offensichtlich am besten können: Qualitativ hochwertige Businessjets herstellen. In diesem Markt deckt der Konzern nur noch die Mittelklasse (Challenger-Serie) und das Premiumsegment (Global-Serie) ab. Bombardiers neuer Businessjet Global 7500 (Listenpreis ab 73 Mio. $) ist derzeit das absolute Flaggschiff der exklusiven Branche. Der Luxus-Jet kommt mit einer Tankfüllung 14.260 km weit und befördert dabei seine bis zu 19 Passagiere im absoluten Wohlfühlambiente mit einer Geschwindigkeit von Mach 0,9. In Europa war der erste Kunde des Highend-Fliegers Ex-Rennfahrer und Luftfahrtunternehmer Niki Lauda. Anfang März stellte Martel seine neue Konzernstrategie vor. Um den Turnaround zu schaffen, sollen die Stückkosten beim Hauptumsatzbringer Global 7500 mit steigender Gesamtproduktion deutlich sinken. Zugleich soll das profitable Servicegeschäft bis 2025 auf einen Umsatzanteil von 27 % (aktuell 18 %) erweitert werden. 2022 will Bombardier so wieder einen positiven Cashflow erreichen. Das Ebitda (2020: 200 Mio. $) soll bis 2025 auf 1,5 Mrd. $ jährlich ansteigen, was einer Ebitda-Marge von komfortablen 20 % entsprechen würde. Der jährliche Free Cashflow soll dann bei 500 Mio. $ liegen. Zugleich will das Management bis 2025 die Verschuldung auf das dreifache Ebitda drücken, um wieder den Investment Grade zu erreichen. Die Zahlen für das zweite Quartal zeigen, dass Bombardier auf einem guten Weg ist. Der Quartalumsatz stieg um 25 % auf 1,52 Mrd. $, während das bereinigte Ebitda um 361 % auf 143 Mio. $ hochschnellte. Zugleich hob CEO Martel die Prognose für das laufende Jahr an und rechnet nun unter anderem mit einem bereinigten Ebitda von über 575 Mio. $ (vorher über 500 Mio. $).

Perspektive hellt sich weiter auf

Mitte September hat Bombardier in Montreal seinen neuen Super-Mid-Size-Businessjet Challenger 3500 vorgestellt, der eine Weiterentwicklung der Challenger 350 ist. Das neue Modell bietet eine überarbeitete Passagierkabine mit einer Reihe innovativer Funktionen. Dazu gehören die Steuerung von Beleuchtungs-, Temperatur- und Unterhaltungssystemen per Sprache, die ersten kabellosen Ladegeräte in der Kabine und ein 24-Zoll-4K-Display. Zugleich wurde der patentierte Nuage-Sitz, der den Passagieren besonders komfortable Langstreckenflüge ermöglicht, bei der Challenger 3500 erstmals in einen Mittelklasse-Businessjet eingebaut. Mit 3.400 nautischen Meilen (6.297 Kilometer) bietet die Challenger 3500 etwas mehr Reichweite als das Vorgängermodell. Die Reisegeschwindigkeit von 0,8 Mach blieb dagegen gleich. Die Inbetriebnahme der Challenger 3500 ist für die zweite Jahreshälfte von 2022 geplant.

Mit der Challenger 3500 dürfte Bombardier auch bei der internationalen Geschäftsluftfahrt-Messe NBAA-BACE in Las Vegas (12. bis 14. Oktober 2021) gepunktet haben. Der Markt für Businessjets (B&GA-Markt) hat weiter von der coronabedingten Schwäche der klassischen Passagierluftfahrt profitiert. So hat der Bombardier-Konkurrent Dassault zuletzt einen deutlich höheren Auftragseingang bei kleineren Businessjets verzeichnet. In der Oberklasse hat Bombardier im ersten Halbjahr ebenfalls steigende Auslieferungszahlen verbucht. So legten die Auslieferungen bei größeren Businessjets im ersten Halbjahr 2021 gegenüber dem Vorjahreszeitraum von 18 auf 33 Flieger zu. Zudem entwickelte sich der B&GA-Markt weiter positiv: So zog die Zahl der in Betrieb befindlichen Businessjets (Jet Utilization) in den USA und Europa deutlich an. Parallel sank die Zahl der zum Verkauf angebotenen gebrauchten Businessjets auf ein neues Tief.

Welches Potenzial hat Bombardier?

Nach der Vorstellung der Mittelfristziele im März hatte ich Bombardier für die Actien-Börse und den Frankfurter Börsenbrief zum Kauf empfohlen, Mitte September für den Bernecker Börsenkompass und das Kursziel mit Sicht auf zwei Jahre auf 2,60 € angehoben, da sich das Risiko in den letzten Monaten weiter reduziert hat. So ist die Bombardier-Aktie wieder in den kanadischen Leitindex TSX zurückgekehrt. Mit einem immer noch negativen Eigenkapital ist der Titel aber unverändert kein Investment für Witwen und Waisen. Ein weiterer Grund für einen Einstieg bei Bombardier ist der charttechnisch blitzsaubere Aufwärtstrend. Anleger sollten allerdings im Blick behalten, dass 2022 auch wirklich der angekündigte Break-even beim Cashflow erreicht wird.

Bayer: Kein Ende der Glyphosat-Misere in Sicht

Im Wegweiser 2021 hatten wir auch Bayer (ISIN: DE000BAY0017) als Turnaround-Spekulation vorgestellt. Das damalige Fazit im Herbst 2020 lautete: Wer bei Bayer auf einen Vergleich und einen erfolgreichen Turn-around spekulieren will, muss Geduld mitbringen. Unterhalb von 45 € kann eine erste Position eingegangen werden, wobei sich ein gestaffelter Einstieg empfiehlt. Falls Bayer ein erfolgreicher Vergleich gelingt, sollten anschlie-ßend auf Sicht von zwei Jahren aber Kurse von bis zu 70 € möglich sein.

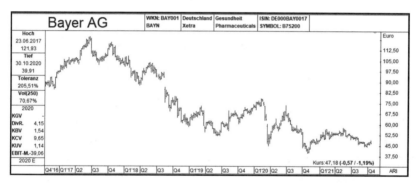

Die Übernahme von Monsanto sollte der große Coup sein, der Bayer nach vorne bringt. Bayer-Chef Werner Baumann hatte die 63 Mrd. $ schwere Übernahme gegen alle Widerstände durchgeboxt. Selbst Baumanns Vorgän-ger Marijn Dekkers soll vor der Übernahme gewarnt haben. Am 7. Juni 2018, dem Tag der offiziellen Übernahme von Monsanto, notierte die Bayer-Aktie bei 98,94 € (Xetra-Schlusskurs). Gemessen am aktuellen Kursniveau hat sich der Aktienkurs des DAX-Titels seitdem halbiert. Trotz aller bisherigen Ver-gleiche und der dafür notwendigen Milliarden ist bei den Glyphosat-Klagen immer noch kein Ende der juristischen Auseinandersetzungen abzusehen.

Die Ursache für die Misere von Bayer trägt den flotten Namen Round-up. Unter diesem Markennamen wird der glyphosathaltige Unkrautvernich-ter der Bayer-Tochter Monsanto verkauft, der im Verdacht steht, krebserregend zu sein. Eigentlich wollte Bayer-Chef Baumann schon längst einen Schlussstrich unter das Debakel gezogen haben, aber Ende Mai schmetterte US-Richter Vince Chhabria Bayers Vergleichsvorschlag zur Abwendung künftiger Glyphosat-Klagen ab. Mit einem Plan B will Bayer nun das Risiko künftiger Klagen minimieren. Angedacht ist unter anderem, dass Privatanwender nur noch eine Roundup-Version ohne Glyphosat erwerben können. Bei Analysten und Anlegern kam der Plan bisher aber nicht sonderlich gut an.

Bayer hilft es auch nicht weiter, dass die US-Umweltbehörde EPA den Einsatz von Glyphosat weiter für unbedenklich hält. Da die meisten US-Gerichte Roundup als krebserregend einstufen, stehen weiteren Klagen Tür und Tor offen. Im Juni wurde bereits eine neue Klage eingereicht, in der der Kläger Michael Langford die Verwendung von Roundup für seine Krebserkrankung verantwortlich macht. Bisher hat Bayer schon 11,6 Mrd. $ für Vergleiche aufgewendet. 95.000 der bisher 125.000 eingereichten Klagen wurden so per Vergleich beendet. Trotzdem bleibt Glyphosat eine offene Flanke für den DAX-Konzern und seine Kursentwicklung.

Inzwischen hat die Ratingagentur Moody's auf die eingetrübten Aussichten reagiert und das Rating von Bayer auf „Baa2" zurückgestuft, wobei der Ausblick aber von negativ auf stabil angehoben wurde. Als Begründung führte Moody's an, dass die Finanzziele für die Jahre 2021 bis 2024 hinter den Erwartungen zurückbleiben würden. Die unsichere Rechtslage, die Milliardenbelastungen aufgrund von Vergleichen und Restrukturierungen sowie der begrenzte Spielraum für Investitionen in die Pharmasparte wurden als weitere Ursachen für die Herabstufung genannt. Auch von anderer Seite gibt es eine Entlastung. So ist der Rückschlag von CureVac bei der Entwicklung eines Corona-Impfstoffs auch eine Schlappe für den Kooperationspartner Bayer.

Bayer-Aktie zum Discountpreis?

Auf dem aktuellen Kursniveau stellt sich dennoch die Frage, ob es den DAX-Titel zum Discountpreis gibt. Einige Argumente sprechen dafür: Die Dividende für 2020 lag trotz der Belastungen bei immerhin noch 2 € je Aktie. Der aktuelle Buchwert von 29,80 € (Quelle: FactSet) begrenzt das

Risiko nach unten. Für 2022 liegt das geschätzte Ergebnis je Aktie bei rund 6,07 €. Die Analysten von Goldman Sachs und Morgan Stanley stuften Bayer noch im September als Kauf mit Kurszielen von 71 bzw. 70 € ein. Auf der anderen Seite kann Bayer die jahrelange Talfahrt nur beenden, wenn unter die Glyphosat-Klagen ein verlässlicher Schlussstrich gezogen werden kann. Wer bei Bayer auf einen Turnaround spekulieren will, sollte deshalb unverändert viel Geduld mitbringen.

CureVac: Die Hoffnung stirbt zuletzt

Das Wettrennen bei der Entwicklung eines Corona-Impfstoffs der ersten Generation hat CureVac (ISIN: NL0015436031) verloren. Der Wirkstoff des Tübinger Biotechunternehmens wies eine deutlich schlechtere Schutzwirkung auf als die Vakzine von BioNTech, Moderna oder gar AstraZeneca. Hoffnungsträger ist inzwischen ein Corona-Impfstoff der zweiten Generation, den CureVac mit dem britischen Pharmakonzern GlaxoSmithKline (GSK) entwickelt. Dennoch fragen sich viele CureVac-Aktionäre, wann der Biotechtitel kurstechnisch die Trendwende schafft.

Laut CureVac hat der neue Impfstoffkandidat CV2CoV in präklinischen Tests mit Affen eine bessere Immunantwort und Schutzwirkung gezeigt. Es wurde festgestellt, dass CV2CoV im Vergleich zu CureVacs Impfstoffkandidaten der ersten Generation (CVnCoV) die angeborenen und adaptiven Immunantworten besser aktiviert. So erfolgt ein schnelleres Einsetzen der Immunantwort mit höheren Antikörperzahlen und einer stärkeren Aktivierung von B- und T-Gedächtniszellen. CV2CoV war zudem in der Lage, eine stärkere Antikörperneutralisierung aller ausgewählten Corona-Varianten zu erreichen, darunter die Beta-, Delta- und Lambda-Variante. Im Anschluss an die derzeitige präklinische Entwicklung von CV2CoV wird Curevac voraussichtlich im vierten Quartal 2021 eine klinische Phase-1-Studie mit freiwilligen Testpersonen starten. Die guten Studiendaten schoben nach der Veröffentlichung den ausgebombten Kurs von CureVac an. Die Notierung der Biotech-Aktie war nach dem Impfstoffdebakel im Juni bis auf unter 40 € abgestürzt. Eine Zwischenerholung bis auf gut 64 € ist inzwischen wieder Geschichte. Nach kurzfristigem Absturz auf unter 32 € hat sich der Kurs von CureVac Mitte Oktober bei knapp unterhalb von 40 € etwas stabilisiert.

Noch kein marktreifes Produkt

Mitte August präsentierte CureVac die Zahlen für das erste Halbjahr. Da das Unternehmen noch über kein marktreifes Produkt verfügt, sind die Zahlen aber nur bedingt aussagefähig. Der Umsatz sank in den ersten sechs Monaten gegenüber dem Vorjahreszeitraum um 14 % auf 32,4 Mio. €. Aufgrund der höheren Forschungs- und Entwicklungsaufwendungen stieg der operative Verlust binnen Jahresfrist von 26,4 auf 263,7 Mio. € an. Die leicht erhöhte Cashposition von 1,36 Mrd. € sichert den operativen Betrieb aber weiter komfortabel ab. Die Entwicklung von einem wissenschaftlich orientierten Biotech-Unternehmen zu einem kommerziellen Biopharma-Unternehmen will der Vorstand nun verstärkt forcieren. Dafür sollen auch die neu ernannten Vorstandsmitglieder Malte Greune (Chief Operation Officer) und Klaus Edvardsen (Chief Development Officer) sorgen.

Für CureVacs Corona-Impfstoff der ersten Generation mit seiner bescheidenen Schutzwirkung von 48 % wurde bei der Zahlenvorlage noch eine Zulassung angestrebt. Neben dem Corona-Impfstoff der zweiten Generation setzt CureVac die Hoffnungen vor allem auf die Wirkstoffe des eigenen Onkologie-Programms. Hier werden aktuell Teilnehmer für eine Phase-1-Studie angeworben.

Gehört Curevac ins Depot?

Die Hoffnung stirbt bekanntermaßen zuletzt. Fakt ist, dass die Konkurrenz auch bei den Corona-Impfstoffen der zweiten Generation ebenso hoch sein dürfte wie bei denen der ersten Generation. Daneben hat Cure-Vac noch einen Tollwut-Impfstoff und zwei Krebsimmuntherapien in der ersten (von drei) klinischen Testphasen. Alle weiteren Wirkstoffe befinden sich noch in früheren Entwicklungsphase. Insofern bleibt die CureVac-Aktie eine Wette auf eine glorreiche Zukunft des Unternehmens. Eine weitere Kurserholung ist kurzfristig nicht ausgeschlossen. Wer das reduzierte Kursniveau zum Einstieg nutzen will, sollte allerdings Geduld mitbringen. Aufgrund dieser Perspektive ist CureVac aus meiner Sicht aber (noch) keine wirklich empfehlenswerte Turnaround-Spekulation. Wer sich im Impfstoffmarkt positionieren will, sollte lieber an schwachen Tagen bei BioNTech einsteigen.

Nachtrag: Mitte Oktober 2021 hat CureVac offiziell die Produktion seines Corona-Impfstoffs der ersten Generation eingestellt. Wie das Unternehmen mitteilte, wird das Zulassungsverfahren bei der Europäischen Arzneimittel-Agentur (EMA) zurückgezogen. „Für das pandemische Produkt sind wir zu spät, das Zeitfenster hat sich geschlossen", begründete CureVac-Chef Franz-Werner Haas den Schritt. Der Aktienkurs von CureVac brach daraufhin kurzfristig bis auf unter 32 € ein. Auch wenn dieser neuerliche Kurseinbruch schnell ausgebügelt wurde, änderte das nichts an der oben ausgeführten Einschätzung zu CureVac.

Der Pessimist sieht in jeder Chance eine Bedrohung,
der Optimist in jeder Bedrohung eine Chance.
(Chinesische Volksweisheit)

10

Asset Allocation mit Anleihen

Carsten Müller

Es ist eine Binsenweisheit, dass man als Investor bei einem ernsthaften Engagement am Kapitalmarkt das Risiko streuen sollte. Frei nach dem Sprichwort: „Lege nie alle Eier in einen Korb." Vielen ist dieses grundlegende Konzept bereits bekannt, doch sollte man insbesondere vor dem Hintergrund eines nachhaltigen Vermögensaufbaus diese Risikostreuung nicht nur innerhalb einer Asset-Klasse vornehmen, sondern auch alle anderen zumindest in die Überlegungen einbeziehen.

Die Profis sprechen dann von einer sogenannten Asset Allocation, auf deutsch Vermögens-Allokation oder -Mix. Die Grundannahme hierbei ist, eine Kombination verschiedener Vermögenswerte wie Aktien, Anleihen, Rohstoffe oder Immobilien zu finden, die einerseits eine gewünschte Zielrendite erreichen können, andererseits innerhalb des entsprechenden Depots temporäre Schwächen der einen Asset-Klasse durch Stärken anderer zu kompensieren.

Um eine solche Asset Allocation sinnvoll vorzunehmen, müssen Sie sich als Anleger vorab natürlich einige Gedanken machen und Entscheidungen treffen. Wie schon angesprochen, geht es einerseits darum, welche Rendite Sie in welchem Zeitraum anstreben. Natürlich stellt sich auch die Frage, wie viel Kapital überhaupt vorhanden ist und wie dieses sich sinnvoll aufteilen lässt.

Letzteres findet schon eine praktische Beantwortung bei der Frage, in welchem Umfang man beispielsweise Immobilien, das sogenannte Betongold, mit einbeziehen kann, da dabei meist überproportional stark Kapital gebunden wird. Und natürlich steht auch immer die Frage im Raum, welches Risiko man zu tragen bereit bzw. auch in der Lage zu verkraften ist. Das alles sind Aspekte, die noch vor dem ersten Kauf eines Wertpapiers oder eines Assets gern im stillen Kämmerlein beantwortet werden sollten. Wenn Sie sich dann über Ihre Anlageziele im Klaren geworden sind, kann die Asset Allocation entsprechend umgesetzt werden.

Wobei man im Zeitablauf unterscheiden sollte zwischen einer sogenannten strategischen und einer taktischen Asset Allocation. Die strategische Vermögensaufteilung folgt den vorher definierten Zielen mit einer festgelegten Gewichtung der einzelnen Asset-Klassen. Demgegenüber folgt die taktische Asset Allocation eher den aktuellen Zuständen an den Kapitalmärkten und findet ihren Ausdruck letztlich dann in jeweiligen Unter- bzw. Über-Gewichtungen verschiedener Asset-Klassen, dies allerdings eben nur temporär angelegt.

Dabei befinden wir uns derzeit in einer klassischen Ausgangslage, die innerhalb einer taktischen Asset Allocation eine Übergewichtung vor allem von Aktien und Immobilien nahelegt. Gerade Aktien haben in den vergangenen Jahren aufgrund der massiven Bewertungsrally an generellem Gewicht auf den Kapitalmärkten gewonnen.

Hierzu ein paar Vergleichszahlen. Machten Aktien-Investments 2005 rund ein Viertel des gesamten Kapitalmarktes aus, lag der prozentuale Anteil Mitte 2021 bei geschätzt rund 45 % - und das bei einem stetig steigenden Gesamtvolumen der Kapitalmärkte. Damit bleiben Aktien grundsätzlich wohl die Favoriten der meisten Anleger. Doch sollte hier nicht vergessen werden, dass insbesondere auch vor dem Hintergrund einer nachhaltigen Rendite-Erreichung insbesondere die Assetklasse der Anleihen eine besondere Rolle spielt.

Um es gleich vorab zu betonen: Anleihen sollten für Anleger vor allem deshalb im Rahmen einer Asset Allocation interessant sein, weil sie so wunderbar berechenbar sind. Denn wenn man einmal das grundsätzliche Risiko ausklammert, dass natürlich ein Emittent bankrott gehen kann und damit die Anleihen möglicherweise ausfallen oder nur noch teilweise bedient werden, können Investoren schon beim Kauf einer Anleihe quasi auf die zehnte Nachkommastelle ausrechnen, was ihnen diese Anlage in einem vorher definierten Anlagezeitraum bringen wird.

Ungeachtet der Tatsache, dass während des Investmentzeitraums natürlich auch noch andere Risiken einwirken wie beispielsweise das Zinsänderungsrisiko, das Währungsrisiko und auch das Bonitätsänderungsrisiko. Diese Risiken müssen sicherlich beachtet werden, spielen allerdings nur dann eine gravierende Rolle, wenn man plant, sich vor der Fälligkeit der jeweiligen Anleihen von ihnen zu trennen.

Während also ein Investment und seine Erfolgschance in Anleihen mit Blick auf Endfälligkeit relativ gut zu prognostizieren sind, liegt die Hauptarbeit für Investoren vor allem bei der Analyse vor dem Kauf. Denn hier spielen makroökonomische Themen wie Zinsperspektiven und Inflationsaussichten eine Rolle. Außerdem sind Anleihen im Gegensatz zu Aktien deutlich weniger standardisiert. D. h., kaum eine Anleihe ist mit einer anderen direkt vergleichbar. Hier gibt es zwar gewisse Anhaltspunkte, aber diese müssen meist eben auch individuell abgearbeitet werden.

Wie sieht das nun in der Praxis aus? Für Privatanleger im Sinne von Kleinanlegern hat der Anleihenmarkt in den vergangenen Jahren erhebliche Hürden aufgebaut. Dies als Resultat einer schärferen Regulierung. Dabei hatte man zwar im Blick, die Verbraucher, sprich die kleinen Investoren, besser zu schützen. Doch wie es oftmals bei politisch angestoßenen Gesetzgebungen der Fall ist, wurde hier das sprichwörtliche Kind mit dem Bade ausgeschüttet. Denn viele Emittenten sind in den vergangenen Jahren dazu übergegangen, nur noch große Stückelungen ab 100.000 Euro bzw. auch Dollar bei ihren Anleihe-Emissionen anzubieten. In solchen Größenordnungen entfallen nämlich verschiedene Prospektpflichten, die bei kleineren Stückelungen im Bereich von üblicherweise 1.000 Euro oder 2.000 Dollar gefordert werden.

Das hat am Ende das Angebot von Direktinvestments für Kleinanleger extrem ausgedünnt. Mit manch negativem Nebeneffekt. Exemplarisch dafür ist das deutsche Segment der Mittelstandsbonds, das in diese regulatorische Lücke stoßen wollte, aber in den Jahren seit seiner Lancierung 2010 leider oftmals durch zum Teil spektakuläre Pleiten negativ auffiel und heute zwar noch aktiv ist, aber in der Wahrnehmung am Markt eher Nebensache bleibt.

Wenn Anleger also einerseits Anleihen nutzen sollen, um im Rahmen einer strategischen Asset Allocation ihre entsprechenden Zielrenditen zu erreichen, vielleicht auch unter dem Aspekt regelmäßiger Einkommen (in diesem Fall durch Zinszahlungen), andererseits allerdings auf ein deutlich eingeschränktes Angebot treffen, ist die Aufgabe von Analyse und Investment-Entscheidung entsprechend erschwert. Hinzu kommt auch ganz aktuell die Perspektive einer Zinswende.

Kurzgefasst: Die Notenbanken kommen aus einer historisch einmaligen Situation, wobei man der amerikanischen Fed sicherlich zugestehen kann, die größte Erfahrung damit zu haben, Trendwenden relativ marktschonend zu gestalten. Die EZB hat zwar nun schon ein paar Jahre auf dem Buckel, zeigt sich aber immer mehr politisch beeinflusst, was ihre Handlungsweisen zumindest teilweise unter Vorbehalt stellt.

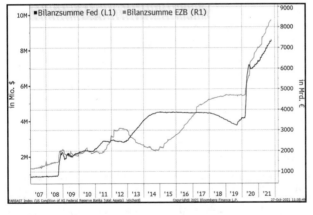

Herausforderung Nummer 1 für beide ist, die vorangegangenen Billionen-schweren Anleihenkäufe zu stoppen. Auch hier ist die US-Notebank Taktgeber, wobei sie von der Bilanzsumme her relativ vergleichbar ist mit der EZB. Diese wird wohl hier mit gehörigem zeitlichem Abstand folgen. Das konnte man schon im direkten Vergleich der Bilanzsummen sehen, als die Fed von 2014 bis 2019 bemüht war, eine Stabilisierung zu schaffen mit letztendlicher Rückführung, während es bei der EZB auch aufgrund der Euro-Krise im gleichen Zeitraum munter nach oben ging. Ansätze einer Stabilisierung wurden dann durch die beginnende Coronakrise zunichtegemacht.

Vor diesem Hintergrund ist doch anzunehmen, dass nach dem sogenannten Tapering als zweiter Schritt eine tatsächliche Zinswende kommt, zuerst in den USA und mit wohl deutlicher Verzögerung in der Euro-Zone. Indes: Das ist inzwischen schon fast erschöpfend kommuniziert, trotz fehlenden Termins.

Das Entscheidende ist dabei, dass sich die Märkte schon vorab darauf einstellen können, wie entsprechende Tendenzen beispielsweise in der Rendite der US-Staatsanleihen (Treasuries) oder bei entsprechenden Zins-Prognosen zeigen. Das Ganze geschieht vorerst ohne größere Marktverwerfungen. Was darauf hoffen lässt, dass bei der tatsächlichen Zinswende der wie auch immer geartete „Schrecken" nur sehr kurzfristig ausfallen wird. Aber natürlich gilt auch: In einem Szenario steigender Zinsen bzw. Marktrenditen stehen die derzeit notierten Anleihen unter neuem Bewertungsdruck. Dabei gilt theoretisch als Faustformel, dass in einem perspektivischen Szenario steigender Zinsen natürlich vor allem länger laufende Anleihen belastet werden. Denn dann werden neue Emissionen, die mit höheren Kupons erscheinen müssten, entsprechend präferiert.

Daraus ergibt sich eine Investmentstrategie, die aus meiner Sicht auf drei Säulen stehen sollte:

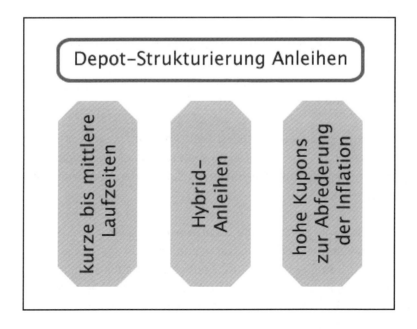

Säule 1: Der Fokus auf kürzere bis mittlere Endfälligkeiten. Dadurch dürften Investoren zum einen das Zinsänderungsrisiko abschwächen, andererseits ausreichend flexibel bleiben, um bei einem Zinserhöhungsszenario dann aktiv zu wechseln bzw. neue Anlagen zu tätigen.

Säule 2: Hybrid-Anleihen könnten eine Renaissance erleben. Hier noch ein paar erklärende Worte dazu: Normalerweise werden sogenannte Hybrid-Anleihen erst einmal mit einem festen Zinssatz emittiert. Dieser wird für einen Zeitraum von meist 5 bis 7 Jahren festgeschrieben. Danach lassen sich die Emittenten üblicherweise die Möglichkeit einräumen, die Anleihe erstmals zu kündigen. Dies auch deshalb, weil nach der Festzins-Phase dann eine variable Verzinsung erfolgt. Diese wird meist alle viertel, halbe oder ganze Jahre nach einem vorher fest definierten Schlüssel angepasst. Meist geht es dabei um einen festgesetzten Spread von X Basispunkten über einen Referenzzins, bislang oftmals der Euribor (Interbanken-Zins) oder vergleichbare Zins-Indizes.

Der Vorteil für Anleger: In einem Szenario steigender Zinsen würde natürlich dann die variable Verzinsung mitziehen und negative Einflüsse aus den meist sehr langen Laufzeiten dieser Anleihen dämpfen oder sogar komplett kompensieren.

Säule 3: Anleihen mit hohen Renditen bzw. Realverzinsung mit einer relativen Nähe zum Nennwert bzw. darunter. In letzterem Fall ergeben sich mit Blick auf die entsprechende Laufzeit oder den Kündigungstermin Kursgewinn-Chancen.

Ausgehend von diesen Investment-Ansätzen haben wir unsere Bond-Listen durchforstet und möchten an dieser Stelle einige Anleihen kurz vorstellen, die eine oder mehrere Säulen dieser skizzierten Anlagestrategie bedienen könnten.

Die genannte erste Säule sehen wir derzeit vor allem durch drei attraktive Anleihen bedient. Alle drei haben Endlaufzeiten zwischen vier und fünf Jahren. Dabei gibt es auch vorzeitige Kündigungstermine, wobei wir die Wahrscheinlichkeit, dass es hier zu einer Kündigung kommt, für eher unwahrscheinlich halten, zumindest für zwei von den Bonds.

Der erste interessante Bond kommt von Bombardier mit einer Laufzeit bis 2025 und einer aktuellen (bei Redaktionsschluss) Fälligkeitsrendite von 6,4 %. Die Story von Bombardier kennen die meisten Leser sicher schon aus unseren anderen Briefen. Hier geht es um eine ganz klassische Comeback-Story, nachdem der kanadische Flugzeug- und ehemalige Zug-Hersteller sowohl das Zug-Geschäft als auch die Mittelstrecken-Jets vom Typ CSeries verkauft hat. Mittlerweile steht man als fokussierter Business-Jet-Anbieter da und arbeitet sich langsam aus der Talsohle heraus. Natürlich mit einem entsprechend hohen Anlagerisiko, wie auch die aktuellen Ratings zeigen. Aber als Beimischung höchst interessant.

Das gilt auch für eine bis 2026 laufende Anleihe des Fahrdienstleisters Uber Technologies. Dieser hat sich inzwischen vom reinen Fahrdienstleister zum Anbieter verschiedener Dienstleistungen entwickelt, insbesondere über Uber Eats zum Essenslieferant. Technologie-Werte sind insgesamt im Bondmarkt noch eher selten, zeigen allerdings immer wieder recht anspruchsvolle Kupons und auch bewährte Entwicklungen. Hier sollte man sicherlich auf die entsprechenden Kündigungstermine achten, die mit Vorlauf von 30 Tagen möglich sind. Aber wir rechnen angesichts der noch hohen Call-Kurse eher mit einer weiteren Aktivität des Emittenten.

Der dritte im Bunde ist Atento. Mit diesem Namen dürften wohl die wenigsten etwas anfangen können, deshalb in gebotener Kürze: Das Unternehmen gehört zu den führenden CRM-Dienstleistern in Südamerika mit Aktivitäten inzwischen auch in den USA und Spanien sowie teilweise Afrika. Atento unterstützt seine Firmenkunden quasi als Intermediär bei deren Verbindungen zu den Endkunden. Das schließt das übliche Call-Center mit ein, umfasst heutzutage allerdings noch weitaus mehr Services, insbesondere über digitale Kanäle. Dabei macht das Unternehmen rund 1,5 Milliarden Dollar Jahresumsatz.

NAME	ISIN	Kupon	Fälligk. Art	Fälligkeit	Moody's Rating	CCY	Stücke- lung
BOMBARDIER INC	USC10602BA41	7,500%	CALLABLE	15.03.2025	Caa1	USD	2(+1)
UBER TECHNOLOGIE	USU9029YAB66	8,000%	CALLABLE	01.11.2026	B3	USD	2(+1)
ATENTO LUXCO 1 S	USL0427PAD89	8,000%	CALLABLE	10.02.2026	Ba3	USD	2(+1)

Die zweite Säule bezog sich auf Hybrid-Anleihen. Hier sehen wir drei Firmen als besonders interessant an. Zum einen die österreichische OMV. Hier ist sicher bekannt, dass man sich auch an Nord Stream 2, der Erdgasleitung von Gazprom, beteiligt hatte und entsprechend beispielsweise von Amerika angefeindet wurde. Aber man hat ein sehr starkes Aktionariat hinter sich.

So liegen 31,5 % bei Österreich selbst, weitere 24,9 % bei den Vereinigten Arabischen Emiraten. Die ausstehende Hybrid-Anleihe ist regelmäßig zu 100 % kündbar. Hier sind auch schon die nächsten Kuponveränderungen bekannt. Anfang Dezember wird der Kupon angepasst auf einen Spread von 4,942 % über dem Euro-5-Jahres-Swap, der derzeit bei - 0,058 % steht. Allerdings ist die Tendenz deutlich zunehmend.

Eine zweite interessante Hybrid-Anleihe bietet General Electric an. Hier steht Mitte Dezember die nächste Kupon-Anpassung bevor. Geschätzt könnte es auf einen Kupon für das nächste Frühjahr von rund 3,45 % hinauslaufen. Das Spannende an dieser Anleihe ist vor allem, dass sie auch noch unter pari, also unterhalb des Nennwertes notiert.

Die dritte Anleihe, die aussichtsreich erscheint, kommt von Südzucker. Natürlich ist bekannt, dass Südzucker durchaus operative Probleme hat. Doch das spielt bei der Anleihe eine eher untergeordnete Rolle. Hier ist wichtig, dass es zwar eine vierteljährliche Kündigungsmöglichkeit gibt, aber auch entsprechende Zinsanpassungen. Die Nächste steht Ende des Jahres auf dem Programm. Aktuell würden wir hier bei dem neuen Kupon auf einen Wert rund um 3,56 % tippen. Und auch hier speist sich die Attraktivität einer möglichen Anlage insbesondere aus dem deutlichen Kurs unter pari.

NAME	ISIN	Kupon	Fälligk. Art	Moody's Rating	CCY	Stücke lung
OMV AG	XS1294342792	5,250%	PERP/CALL	Baa2	EUR	1(+1)
GEN ELECTRIC CO	US369604BQ57	3,446%	PERP/CALL	Baa3	USD	1(+1)
SUDZUCKER INT	XS0222524372	2,557%	PERP/CALL	B2	EUR	1(+1)

Letztlich geht es dann in der dritten Säule noch um Anleihen, die generell eine relativ hohe Rendite mit überschaubarem Kursrisiko liefern. Das ist sicherlich etwas schwieriger zu greifen. Aber auch hier gibt es drei potenziell interessante Anbieter. Zum einen die Kreuzfahrt-Reederei Carnival mit einer Anleihe mit Laufzeit bis 2028 und einer aktuellen Fälligkeitsrendite von 5,5 %. Auch hier besteht die Story auf einer Wiederaufnahme des regulären Reiseverkehrs. Carnival ist zwar aktuell noch finanziell ziemlich beansprucht, hat allerdings die letzten anderthalb bis zwei Jahre gezeigt, dass man genügend Flexibilität aufbringt, um seinen Verpflichtungen nachzukommen.

Ein absoluter Dauerläufer ist Ford Motor. Die Anleihe, die ich im Visier habe, ist zwar vom Kurswert extrem hoch, zeigte allerdings in den letzten Jahren immer wieder erhebliche Stärke. Was auch nicht wundert, liefert der Bond doch mit 9,98 % Jahreszins ein absolut attraktives Angebot. Die aktuelle Rendite auf Fälligkeit mit 5,4 % kann sich allerdings sehen lassen.

Und als Dritter im Bunde: Deutsche Lufthansa. Sie ist ebenfalls mit einem Langläufer am Start, der aktuell leicht unter pari notiert. Es besteht die erste Kündigungsmöglichkeit 2026, wobei wir eine hohe Wahrscheinlichkeit einräumen, dass dieser Call dann auch gezogen wird. Aktuelle Endfälligkeits-Rendite 4,8 %.

NAME	ISIN	Rang der Anleihe	Coupon	Fälligkeit	S&P Rating	CCY	Stücke-lung
CARNIVAL CORP	US143658AH53	Sr Unsecured	6,650%	15.01.2028	B-	USD	1(+1)
FORD MOTOR CO	US345370BW93	Sr Unsecured	9,980%	15.02.2047	BB+	USD	1(+1)
DT LUFTHANSA AG	XS1271836600	Jr Subordinated	4,382%	12.08.2075	CC	EUR	1(+1)

Fazit: Auch wenn durch die Marktgegebenheiten der letzten Jahre das Angebot für Anleihen-Privatanleger deutlich ausgedünnt wurde, so findet man trotz Niedrigzinsphase immer noch interessante Bonds, die sich höchstwahrscheinlich auch in einem neuen Zinserhöhungsszenario vorerst gut schlagen dürften. Damit wäre dann entsprechend vor dem Hinblick einer individuell definierten Ziel-Rendite der Anleihenbereich im Rahmen einer Asset Allocation sehr gut organisierbar.

Hoffnung ist wie Zucker im Tee:
Sie ist zwar klein, aber sie versüßt alles.
(Konfuzius)

11

Mit Private Equity Geld verdienen

Volker Schulz

Wie lukrativ Private Equity ist, zeigt ein prominentes Beispiel aus Deutschland. Permira hatte TeamViewer 2014 für rund 870 Mio. € gekauft. Permira setzte dafür 400 Mio. € Eigenkapital ein. 2019 erfolgte das IPO. Nach dem IPO gab es noch die eine oder andere Platzierung über die Börse. Bis zum Herbst 2021 lag der Rückfluss bei 5,5 Mrd. €. Zum Zeitpunkt dieser Niederschrift betrug der Anteil an TeamViewer noch knapp unter 20 %, was einem Wert von rd. 1 Mrd. € entsprach. So wurden innerhalb von sieben Jahren aus 400 Mio. € Eigenkapital insgesamt 6,5 Mrd. €. Das ist Private Equity. Daran beteiligt zu sein, klingt gut. Wie macht man das?

Der Dammbruch der Notenbanken 2020 wirkt noch lange nach. Die Dimensionen müssen Sie sich immer wieder klarmachen. Während die Geldmenge der USA, der Eurozone, Japans, Großbritanniens und Chinas im „Normaljahr" 2019 um 1,92 Bio. $ stieg, waren es im ersten Halbjahr 2021 fast 2,2 Bio. $. Atemberaubend war aber der Sprung 2020 um knapp 20 Bio. $ oder 62 %. Dieses Geld schwappt an den Finanzmärkten hin und her. In solch einem Umfeld nimmt das M&A-Geschehen Fahrt auf.

Allein im August 2021 wurden laut dem Datenanbieter Refinitiv weltweit Deals in Höhe von 500 Mrd. $ verkündet. In den ersten acht Monaten des Jahres 2021 waren es 3,9 Bio. $ und Private Equity mischt ganz vorne mit, wie nebenstehende Grafik unterlegt.

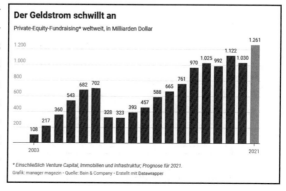

Der Geldstrom schwillt an

Private-Equity-Fundraising* weltweit, in Milliarden Dollar

*Einschließlich Venture Capital, Immobilien und Infrastruktur; Prognose für 2021.
Grafik: manager magazin · Quelle: Bain & Company · Erstellt mit Datawrapper

Was bedeutet Private Equity? Private Equity ist eine Form der Beteiligung an Unternehmen, die in der Regel nicht an einer Börse notiert sind. Natürlich gibt es Ausnahmen. Das Kapital für Private Equity-Beteiligungen kommt von institutionellen Anlegern sowie vermögenden Personen und kann in folgenden Bereichen eingesetzt werden:

- Finanzierung von Start-ups, die neue Produkte und Technologien entwickeln (Venture Capital)
- Finanzierung von organischem Wachstum und Akquisitionen
- Verbesserung der Bilanzstruktur von Unternehmen in Sondersituationen (Special Situations)

In der Regel werden diese Investitionen von geschlossenen Private Equity-Fonds in der Rechtsform einer Limited Partnership (Personengesellschaft) getätigt, deren Laufzeit auf zehn bis zwölf Jahre begrenzt ist. Ein Beteiligungsmanager errichtet eine entsprechende Fondsstruktur und die Anleger zahlen über einen Zeitraum von vier bis sechs Jahren schrittweise die von ihnen getätigte Kapitalzusage ein. Private Equity-Manager suchen sodann Unternehmen mit Wertsteigerungspotenzial, um dieses durch den Einsatz von frischem Kapital am Ende zu heben. Ein Private Equity-Fonds investiert durchschnittlich in acht bis zwölf Portfoliounternehmen, wobei das investierte Kapital im Anschluss an einen Verkauf an die Anleger zurückgezahlt wird.

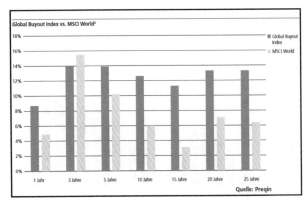

Global Buyout Index vs. MSCI World[2]

Quelle: Preqin

Auf lange Sicht belegen historische Daten, dass die Renditen historisch um rund ein Drittel bis zu 50 % höher liegen als in der Anlage von börsennotiertem Eigenkapital. Eine Korrelation zu kurzfristigen Börsenbewegungen gibt es kaum. Private Equity bietet den Zugang zu nicht börsennotierten Unternehmen, deren Management wesentlich flexibler reagieren kann als das eines börsennotierten Unternehmens. Dazu kommt: Die Interessen der Private Equity-Manager entsprechen den Interessen der Anleger. Das liegt in der Natur der Sache. Entscheidend im Private Equity-Geschäft:

Die Investoren - also z. B. große Pensionsfonds, Staatsfonds, Vermögensverwalter oder einfach „Superreiche" quer über den Globus - zahlen pro Fonds, den die Private Equity-Häuser auflegen, eine jährliche Managementgebühr in Höhe von 1,5 bis 2 %. Auch hier gibt es Ausreißer nach oben oder nach unten. Damit deckt Private Equity seine Betriebskosten (Büromieten, Transaktionskosten oder Gehälter, die ähnlich hoch liegen wie bei Investmentbankern). Dann wird es interessant. Das Zauberwort heißt „Carried Interest". Sobald die Einlagen in einen Fonds zuzüglich z. B. 8 % Rendite („Hurdle Rate") an die Investoren zurückgezahlt sind, ist der Fonds „im Carry". Sämtliche Gewinne, die darüber hinausgehen, fließen nur noch zu 80 % (nur ein Beispiel für viele Ausgestaltungen) an die Geldgeber. 20 % gehen an das Private Equity-Unternehmen. Daraus resultiert für die Zielobjekte Shareholder-Value in Reinkultur - um auf das Beispiel „TeamViewer" zu Beginn des Artikels zurückzukommen. Allerdings möchte ich ebenso klarstellen:

Auch Private Equity, wenn auch eher selten, ist keine Insolvenz-freie Zone. Vor zwei Jahren kassierte z. B. KKR mit dem US-Ölförderer Samson eine Pleite. Das Unternehmen lief wegen niedriger Ölpreise in die Insolvenz. Um die Rendite des entsprechenden Fonds war es schnell geschehen. Das sind jedoch Ausnahmen und eine breite Streuung sichert die Risiken grundlegend ab. Fakt ist:

Viele der großen Buy-out-Fonds haben eine riesige Warteliste potenzieller Investoren, die bereit sind, zwischen 5 und 20 Mio. $ für eine Fonds-Beteiligung hinzulegen und dann rund zehn Jahre auf das Kapital zu verzichten. Unter einem siebenstelligen Betrag ist der direkte Einstieg in den Sektor kaum zu vollziehen. Dabei verspricht allein die Logik, dass solche Investments, wenn sie denn breit gestreut sind, langfristig eine überdurchschnittliche Rendite aufweisen. Denn: Private Equity hat die Expertise dafür, unterbewertete Unternehmen aufzukaufen, um sie im Anschluss noch wertvoller zu machen. Sich daran zu beteiligen, ist eine sinnvolle Option und rechtfertigt - meiner Meinung nach - einen Portfolioanteil von 10 bis 20 %. Aber wie lässt sich dies für einen durchschnittlichen Investor bewerkstelligen?

Die Börse liefert die Option. Zum einen sind viele dieser Private Equity-Häuser börsengelistet. Zum anderen besteht die Möglichkeit, via ETF langfristig in diese Unternehmen zu investieren. Beginnen wir mit einem ETF, der auch im Aktionärsbrief seit Sommer 2020 in unserem Allround Portfolio eine wichtige Rolle spielt:

Mit dem iShares Listed Private Equity ETF (WKN: A0M M0N) decken Sie den Private Equity-Sektor breit gestreut ab. Der ETF investiert in börsennotierte Private Equity-Unternehmen aus Nordamerika, Europa und dem asiatisch-pazifischen Raum, die an Börsen von Industrieländern gehandelt werden. Die Gesamtkostenquote liegt bei 0,75 % bei halbjährlicher Ausschüttung. Ende September bestand der ETF aus 71 Positionen, wobei das Rebalancing-Intervall halbjährlich stattfindet. Nebenstehend die 10 größten Positionen Ende September.

Regional betrachtet nehmen die USA einen Anteil von

Ticker	ISIN	Name ⦿	Sektor	Marktwert	Gewichtung (%)
BAM.A	CA1125851040	BROOKFIELD ASSET MANAGEMENT INC CL	Financials	USD 75.130.758	7,39
BX	US09260D1072	BLACKSTONE INC	Financials	USD 73.983.105	7,28
KKR	US48251W1045	KKR AND CO INC	Financials	USD 70.133.614	6,90
PGHN	CH0024608827	PARTNERS GROUP HOLDING AG	Financials	USD 69.828.179	6,87
III	GB00B1YW4409	3I GROUP PLC	Financials	USD 63.872.150	6,28
ARCC	US04010L1035	ARES CAPITAL CORP	Financials	USD 43.299.015	4,26
ICP	GB00BYT1DJ19	INTERMEDIATE CAPITAL GROUP PLC	Financials	USD 37.152.584	3,66
FSK	US3026352068	FS KKR CAPITAL CORP	Financials	USD 37.104.237	3,65
APO	US03768E1055	APOLLO GLOBAL MANAGEMENT INC CLASS	Financials	USD 36.618.841	3,60
ORCC	US69121K1043	OWL ROCK CAPITAL CORP	Financials	USD 33.890.257	3,33

rd. 50 % in der Portfolioallokation ein, gefolgt von Großbritannien mit 14 %, Kanada mit 11 % und der Schweiz mit knapp 7 %. Ohne Zweifel eignet sich solch ein ETF für jedes gut diversifizierte Portfolio, wobei ich aber auch betone, dass der langfristige Horizont entscheidend ist. Diesen ETF ziehe ich sämtlichen Einzelpositionen vor. Gleichwohl möchte ich Ihnen drei Titel aus dem Private Equity-Universum vorstellen, die ich neben anderen als interessant einstufe.

APOLLO GLOBAL MA-NAGEMENT (WKN: A2P RK2): Das Unternehmen wurde 1990 gegründet und ist mit 472 Mrd. $ Assets under Management (AuM) eine der größten Adressen. Die AuMs von Apollo sind seit dem Börsengang

im Jahr 2011 mit einer beachtlichen CAGR-Rate von 21 % gewachsen und die gebührenbezogenen Fees sind mit der gleichen Rate mitgestiegen. Ein KGV von 15 für 2022 ist wenig anspruchsvoll. 3,3 % Dividendenrendite runden das Bild ab.

PARTNERS GROUP (WKN: A0J JY6): Der Investmentanbieter besetzt eine wachstumsträchtige Nische. Er vermittelt und betreut Unternehmensbeteiligungen, Firmendarlehen und Infrastrukturen. Diese alternativen Anlageformen werfen

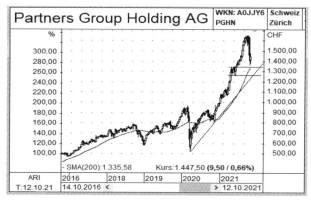

ergiebige Fixgebühren ab. Hinzu kommen erfolgsabhängige Honorare, wenn

Partners Group für die Anlagekunden Überrendite erzielt. Im Rahmen ihres bereits vierten Private Equity-Buyout-Programms wurden im September Kapitalzusagen in Höhe von insgesamt 15 Mrd. $ gemacht. Das Geld soll in Technologie-, Gesundheits- und Konsumgüterunternehmen investiert werden. Längerfristig stimmt die Richtung: Die verwalteten Vermögen als Basis für künftige Performance Fees sind von 109 Mrd. $ Ende 2020 auf insgesamt 118,3 Mrd. $ im ersten Halbjahr 2021 gewachsen.

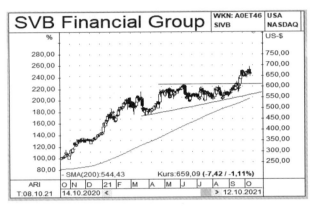

SVB FINANCIAL (WKN: AOE T46): Die Silicon Valley Bank als entscheidende Tochter der SVB ist nicht der typische Private Equity-Investor, hängt aber eng am Erfolg des gesamten Sektors. Die Bank ist der Finanzier von Hightech-Unternehmen und Start-ups als Vermittler von Eigenkapital, Venture Debt und Wachstumsfinanzierungen. Darüber hinaus vergibt die Bank Kreditrahmen für Venture-Capital- bzw. Private Equity-Unternehmen, um Kapitalzusagen besser zu steuern und auf Marktentwicklungen zu reagieren. Brummt das weltweite Private Equity-Geschäft, brummen auch die Geschäfte von SVB Financial. Merken Sie sich diesen Namen. Hohes zweistelliges Wachstum gibt es hier für ein KGV von 20.

Fazit: 2020 haben die globalen Notenbanken über 20 Bio. $ in die Märkte gepumpt. Daraus resultiert Anlagenotstand. Das betrifft insbesondere auch Private Equity. Zum einen steigen Zuflüsse in den Sektor, zum anderen die Bewertungen von Assets, die bereits in den Portfolios dieser Unternehmen liegen und für den Exit bereitstehen. Diese Kombination gleicht einer Goldgrube. Darüber hinaus bringt Private Equity auf lange Sicht attraktive Überrenditen. Daran zu partizipieren, ist die logische Konsequenz.

12

Dividendenwerte im Fokus: So entkommen Sie der Nullzinsfalle!

Georg Sures

Auch 2021 ist kein leichtes Jahr für sicherheitsorientierte Anleger. Auf der einen Seite belässt die EZB den Leitzins weiter auf 0 % und die Rendite für Bundesanleihen liegt im Negativbereich. Auf der anderen Seite knabbert die Inflation still und heimlich an den schlechtverzinsten Sparguthaben oder Tagesgeldkonten. Im August stieg die Geldentwertung in Deutschland auf 3,9 %. Während die EZB hier noch versucht, die steigende Inflation als vorübergehende Entwicklung kleinzureden, müssen die Anleger nur einen Blick auf die alltägliche Preisentwicklung werfen, um zu erkennen, wohin die Reise geht.

Zugleich bietet die gesetzliche Rente immer weniger Absicherung für das Alter. 82 % der gesetzlich versicherten Rentnerinnen und Rentner in Deutschland erhalten im Alter weniger als 1.500 € monatlich. Dies ergab sich aus einer Antwort des Bundesarbeitsministeriums auf eine Anfrage der Bundestagsfraktion der Linken. Wer dagegen sein Arbeitsleben als Beamter im Staatsdienst verbracht hat, erhält in 95 % der Fälle eine Pension oberhalb dieses Betrages. Das Bundesarbeitsministerium erklärt diese massive Diskrepanz unter anderem damit, dass in die Statistik auch Renten eingingen, die etwa aufgrund von geringen Beschäftigungszeiten sehr niedrig ausfielen. Beamte dagegen weisen in der Regel eine Erwerbsbiografie ohne größere Unterbrechungen auf.

Generell können Beamte damit im Gegensatz zu normalen Angestellten und Arbeitern im Alter ein deutlich höheres Versorgungsniveau genießen. Die logische Konsequenz wäre, eine funktionierende private Altersvorsorge zu etablieren, die als kapitalgedeckte Zusatzversicherung die gesetzliche Rente aufstockt. Die deutsche Politik hat bisher aber nur komplizierte Lösungen wie die Riester-Rente geschaffen, die der Finanzindustrie mehr dienen als dem Sparer. Wer zudem als aktiver Anleger aus seinem schon versteuerten Einkommen für die Altersvorsorge in Aktien, Fonds oder Anleihen investiert, muss auf seine Erträge noch eine Kapitalertragssteuer von 25 % zahlen. Und die Begehrlichkeiten wachsen noch: So wollen die Grünen Dividenden und Zinsen auch noch mit Sozialbeiträgen belegen.

Schweden setzt Maßstäbe

Dabei geht es in Sachen privater Altersvorsorge auch anders, wie das Beispiel Schweden zeigt. In dem skandinavischen Land ist die zusätzliche private Altersvorsorge per Gesetz vorgeschrieben. Ähnlich wie in Deutschland basiert das schwedische Rentensystem auf drei Säulen: 16 % des Bruttogehalts schwedischer Arbeitnehmer fließen in die staatliche Rentenkasse. Daneben existieren wie in der Bundesrepublik Betriebsrenten, die Tjänstepensionen, in die auch der Arbeitgeber einzahlt. Als dritte Säule gibt es eine verpflichtende private Altersvorsorge: 2,5 % ihres Gehalts müssen schwedische Arbeitnehmer in eine kapitalgedeckte private Absicherung fürs Alter stecken. Dieses Geld wird allerdings nicht in komplizierte Vorsorgeprodukte à la Riester investiert, sondern in erster Linie in Aktien.

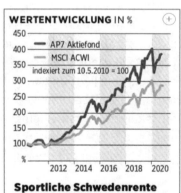

WERTENTWICKLUNG IN % ⊕
AP7 Aktiefond
MSCI ACWI
indexiert zum 10.5.2010 = 100
450 400 350 300 250 200 150 100
%
2012 2014 2016 2018 2020

Sportliche Schwedenrente
Mit einer passiven, globalen Anlagestrategie und einer gehebelten Investitionsquote hängt der AP7 Aktiefond den Index MSCI All Country World klar ab.

Quelle: Euro am Sonntag

Dabei können schwedische Arbeitnehmer unter mehr als 800 Fonds für die private Vorsorge wählen. Wer sich nicht mit dem Thema auseinandersetzen will, zahlt automatisch in den staatlichen Altersvorsorgefonds AP7 ein. Diese Lösung nutzen fast 90 Prozent der schwedischen Arbeitnehmer. Dieser Fonds wurde vom Staat aufgelegt, um die private Zusatzabsicherung möglichst einfach zu halten. Der AP7 legt die Gelder der Kunden bis zu deren 55. Lebensjahr in Aktien an. Anschließend findet eine Umschichtung in sicherere Anlagen statt, zum Beispiel hin zu Anleihen. Bisher hat der AP7 seine schwedischen Anleger nicht enttäuscht und den MSCI All Country World als Benchmark klar abgehängt.

Wer aber nicht das Glück hat, als Schwede auf die Welt gekommen zu sein oder als Beamter für den Staat zu arbeiten, muss privat vorsorgen. Wer dabei als Anleger Wege aus der Nullzinsfalle sucht, muss sich fast zwangsläufig mit Aktien beschäftigen. Insbesondere Dividendentitel bieten hier die Chance auf Renditen von 3 % oder höher. Dazu kommt in vielen Fällen noch ein langfristiges Kurssteigerungspotenzial. Diese Option auf stetige Einkommenszuflüsse durch ein Investment in Dividendenaktien ist als Trend in den letzten Jahren vielfach aufgegriffen worden. Die einen Experten bezeichnen es gerne als passives Einkommen, während die Bewegung der Frugalisten mithilfe von ertragsstarken Aktien oder ETFs ihren Anhängern schon den frühzeitigen, sorgenfreien Ausstieg aus dem Erwerbsleben verspricht. Egal, ob man jetzt schon mit vierzig den Ausstieg in die selbstfinanzierte Rente anstrebt oder einfach nur ein relativ sicheres Zusatzeinkommen erzielen will, in beiden Fällen ist ein Portfolio aus Aktien mit einer stabilen, hohen Ausschüttung eine attraktive Option. Natürlich kann man als Anleger auch in entsprechende ETFs mit Dividendentiteln investieren. Die Anlage in Aktien bietet aktiven Anlegern aber die Möglichkeit, ihr Portfolio an Dividendentiteln maßgeschneidert zusammenzustellen.

In der Redaktion des Bernecker Börsenkompass haben wir 2021 diesen Trend aufgegriffen und in einer losen Serie ausgesuchte Dividendentitel vorgestellt. Bevor ich Ihnen diese Titel in kompakter Form vorstelle, möchte ich noch kurz die Kriterien für die Auswahl unserer Dividendenaktien erläutern.

Dividendenrendite ist nicht alles

Eine hohe Dividendenrendite sollte bei der Auswahl von Dividendenaktien nicht das alleinige Kriterium sein. Ebenso wichtig ist, dass die Ausschüttungen stabil sind und damit auch in schwächeren Jahren zumindest gehalten werden. Insofern war das Corona-Jahr 2020 ein Lackmustest für die Qualität von Dividendentiteln. Die Unternehmen, die 2020 ihre Ausschüttung nicht gekürzt oder gar gestrichen haben, dürften auch in Zukunft mit stabilen Ausschüttungen punkten. Die Ausschüttungen sollten dabei auch vom Unternehmen „verdient" werden, also aus den Gewinnen oder dem Cashflow bezahlt werden. Unternehmen, die für ihre Ausschüttung einen Großteil ihres Gewinns verwenden oder sogar die Substanz angreifen müssen, gefährden auf Dauer ihr Geschäftsmodell. Unternehmen, die operativ dagegen hohe und steigende Gewinne generieren, bieten die besten Chancen auf steigende Ausschüttungen und eine langfristig positive Kursperformance. Bestes Beispiel hierfür ist der Schweizer Dauerbrenner Nestlé. Insofern sind Anleger gut beraten, bei der Suche nach Dividendentiteln auch über den deutschen Tellerrand hinauszuschauen.

Die nachfolgende Aufstellung von ausgewählten Dividendenwerten sollte vor allem als Anregung für an diesem Thema interessierte Anleger gesehen werden. Die eigene Recherche und Überlegung können solche Vorschläge aber niemals ersetzen.

BASF: Dividendenwert mit zyklischem Geschäftsmodell

Als globaler Markführer in der Chemiebranche gehört BASF (ISIN: DE-000BASF111) zum exklusiven Kreis der großen deutschen Industrieunternehmen. Für viele Anleger gilt BASF als solides, aber auch ein wenig langweiliges DAX-Schwergewicht. Zugleich ist der Chemiekonzern aber bei aller operativen Stärke auch in einer zyklischen Branche unterwegs. Die letzten Jahre waren deshalb für die Aktionäre und die Führungsriege von BASF ein echter Härtetest. Seit März 2020 sind der Kurs und das operative Geschäft wieder auf Erholungskurs. Die Performance als Dividendenwert ist dabei deutlich stabiler als das zyklische Geschäftsmodell von BASF, wie auch das Corona-Jahr 2020 zeigte.

Im Januar 2018 notierte BASF bei fast 100 € in der Spitze. Anschließend setzte aber die Konjunkturflaute mit voller Wucht ein. Sie betraf nicht nur die Chemiebranche, sondern unter anderem auch die Autoindustrie, die traditionell zu den wichtigsten Kundenbranchen des Chemieriesen gehört. BASF-Chef Martin Brudermüller reagiert mit Kosteneinsparungen auf die Krise, ohne aber das Rad zu sehr zu überdrehen. Im Frühjahr des vergangenen Jahres verschärfte Corona die Lage noch einmal deutlich. Im März 2020 erreichte der Kurs von BASF mit gut 37 € seinen absoluten Tiefpunkt. Anschließend setzte die Kurserholung ein. Parallel verbesserte sich die Nachfragesituation in der Chemieindustrie.

Operativ läuft das Geschäft von BASF wieder auf Hochtouren. Anfang Juli hob der Vorstand aufgrund der kräftigen Zuwächse bei Umsatz und Ergebnis die Prognose für das laufende Jahr deutlich an. Der Umsatz soll jetzt zwischen 74 und 77 Mrd. € liegen (zuvor 68 bis 71 Mrd. €). Beim bereinigten Ebit liegt die Guidance für 2021 nun bei 7 bis 7,5 Mrd. € (zuvor 5 bis 5,8 Mrd. €). Das zeigte sich auch bei den Q2-Zahlen, die der Konzern Ende Juli vorlegte. Der Umsatz stieg im zweiten Quartal um fast 56 % auf 19,8 Mrd. €. Das bereinigte Ebit lag bei 2,4 Mrd. € und verzehnfachte sich damit gegenüber dem allerdings sehr schwachen Vorjahresquartal. Angeschoben wurde die positive Entwicklung durch höhere Verkaufspreise und Absatzmengen. Die Dynamik dieser operativen Erholung wurde dabei von den Analysten deutlich unterschätzt. Sie hatten im Schnitt einen Umsatz von 17,2 Mrd. € und ein bereinigtes Ebit von 2 Mrd. € erwartet.

BASF gilt als solider Substanzwert. Das KGV für 2021 beläuft sich aktuell auf rund 10,7, während die Schätzung für das Ergebnis je Aktie bei 5,95 € liegt (Quelle: FactSet). Wenn die Chemiekonjunktur wieder anzieht, dürfte mit Blick auf das kommende Jahr die seit März 2021 schwächelnde Kurserholung wieder Fahrt aufnehmen. Dann könnte auch die Marke von 100 €, an der BASF zuletzt im Januar 2018 gekratzt hat, wieder in Schlagweite kommen. Dividendenjäger können das Kursniveau nutzen, um eine Position bei BASF aufzubauen. Generell sollten starke Kurseinbrüche wie zuletzt im

März 2020 für Zukäufe genutzt werden. Der Chemiekonzern hat dabei trotz der Belastungen durch Corona die Ausschüttung in den letzten beiden Jahren bei 3,30 € konstant gehalten. Die Dividende wurde seit 2011 (2,20 € je Aktie) um 50 % gesteigert, wobei sich die aktuelle Dividendenrendite auf über 5 % beläuft.

BAT setzt in Sachen Dividendenrendite Maßstäbe

Die Zigarettenindustrie ist in den letzten Jahrzehnten stark in Verruf geraten. Obwohl der zugrunde liegende Gesamtmarkt langsam schrumpft, können die dort vertretenen Unternehmen immer noch satte Gewinne einfahren. Zugleich bauen die Unternehmen der Branche ihr Geschäft massiv um, damit es zukunftsfähig wird. Trotz dieser Anstrengungen können sich die Aktionäre der großen Zigarettenkonzerne an stabilen und üppigen Ausschüttungen erfreuen.

British American Tobacco (ISIN: GB0002875804), kurz BAT, ist einer der größten Zigarettenhersteller der Welt. Zur Unternehmensgruppe gehören über 200 Zigarettenmarken wie beispielsweise Dunhill, Kent, Lucky Strike, Pall Mall, Gauloises Blondes oder HB. Darüber hinaus werden auch Zigarren, Pfeifentabak, Feinschnitttabak zum Selberdrehen, Kau- oder Schnupftabak hergestellt. BAT wurde 1902 gegründet und produziert in 44 Fabriken in 41 Ländern weltweit. Der Hauptsitz des Unternehmens ist in London. Die letzte große Akquisition war die Übernahme des US-Konkurrenten Reynolds (Topmarken: Camel, Winston und Salem) im Juli 2017 für 49,4 Mrd. $. Durch diese Transaktion konnte sich BAT endgültig in der Riege der weltweit größten börsennotierten Tabakhersteller etablieren.

Die großen Tabakkonzerne gelten traditionell als verlässliche Dividendenzahler, obwohl das klassische Geschäft mit dem blauen Dunst seit Jahren auf dem Rückzug ist. Umfassende Rauch- und Werbeverbote, Aufklärungskampagnen und die steigende Tabaksteuer lassen die Zahl der Raucher kontinuierlich sinken. In Deutschland griffen im Jahr 2000 rund 17,5 Mio. Konsumenten täglich zur Zigarette. Laut einer Prognose der WHO soll sich die Zahl der täglichen Raucher in Deutschland bis 2025 auf 12,8 Mio. reduzieren, was einem Rückgang von knapp 27 % seit 2000 entspricht. Die Tabakindustrie hat auf diesen Trend schon reagiert und baut das Geschäft mit weniger gefährlichen Tabak- und Nikotinprodukten wie E-Zigaretten, Vaporizern, Kautabak oder Lutschbonbons mit Nikotin aus. Dieses Neu-Geschäft (inklusive des traditionellen Kautabaks) erreichte bei BAT 2020 einen Umsatzanteil von 10 % (2,6 Mrd. Pfund). 90 % des Konzernumsatzes (25,8 Mrd. Pfund) erzielte BAT dagegen immer noch mit klassischen Tabakprodukten.

Wie bei jeder Transformation eines Geschäftsmodells muss auch BAT das profitable Altgeschäft so lange fortführen, bis es nicht mehr geht. Auf der anderen Seite bauen alle Tabakhersteller ihr Neugeschäft mit weniger gesundheitsschädlichen Produkten aus. Im Prinzip läuft das ähnlich ab wie die Umstellung auf die Elektromobilität bei den Autoherstellern. Man sollte als Anleger auch im Blick behalten, dass der Staat nicht auf die Tabaksteuer verzichten will und kann. In Deutschland lag die Tabaksteuer 2020 mit einem Aufkommen von rund 14,3 Mrd. € auf dem Niveau der Grunderwerbsteuer. Insofern wird der Staat das klassische Tabakgeschäft weiter dulden. Trotz des schrumpfenden Umsatzes sprudeln die Gewinne der Tabakhersteller.

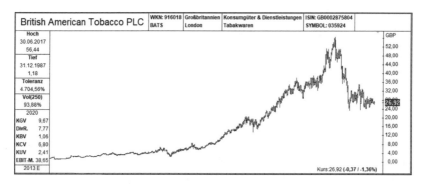

BAT verzeichnete 2020 einen Umsatzrückgang um 0,4 %, während das Ergebnis je Aktie um 12 % zulegte. Bei einem KGV von 8,3 liegt die Dividendenrendite von BAT bei über 8 % für 2021. Damit setzt BAT unter den Dividendenwerten echte Maßstäbe! Die Ausschüttung steigt dabei langfristig. Sie lag 2018 bei 2,03 Pfund je Aktie und dürfte bis 2023 auf 2,50 Pfund ansteigen (Schätzung FactSet). Zwei weitere Pluspunkte: Die Dividende wird vierteljährlich gezahlt und in Großbritannien fällt keine Quellensteuer an, weshalb die Ausschüttung von BAT steuertechnisch einer deutschen Dividende gleichgestellt ist. Wir sehen BAT vor allem als Alternative zu einer verzinslichen Anleihe. Wer als Anleger auf stabile und hohe Ausschüttungen Wert legt, sollte schwache Phasen (wie aktuell) zum Positionsaufbau nutzen und dann möglichst länger dabeibleiben.

Nestlé schmückt jedes Depot

„Good Food, Good Life" lautet das Motto des Schweizer Lebensmittelkonzerns Nestlé (ISIN: CH0038863350). Mit 2.000 Marken ist das 1866 gegründete Unternehmen mit dem Hauptsitz in Vevey am Genfer See in 186 Ländern weltweit präsent. Das Produktportfolio umfasst Cerealien, Müsli, Erfrischungsgetränke (Vittel, Sanpellegrino), Kaffee (Nescafé, Nespresso), Tee, Kakao, Milchprodukte, Babynahrung, medizinische Ernährung, Tiefkühlnahrung, Produkte für die Küche (Maggi, Buitoni) und Großverbraucher sowie Eiscreme, Schokolade, Süßwaren (After Eight, Kitkat) und Tiernahrung. Mit insgesamt 273.000 Mitarbeitern erzielte Nestlé 2020 einen Umsatz von 84,3 Mrd. CHF und einen Nettogewinn von 12,2 Mrd. CHF. Den Nettofinanzverbindlichkeiten von 31,3 Mrd. CHF stand dabei ein Free Cashflow von 10,2 Mrd. CHF gegenüber. Seit seinem Amtsantritt als CEO hat der Ex-Fresenius-Chef Ulf Mark Schneider den Supertanker Nestlé auf Erfolgskurs gehalten. Sein Vorgänger Paul Bulcke hatte Schneider im Jahr 2017 verpflichtet und fungiert seitdem als Chairman von Nestlé.

Die fundamentale Qualität von Nestlé zeigt sich auch beim Ergebnis je Aktie und der Ausschüttung. 2020 lag das Ergebnis je Aktie bei 4,23 CHF und einer Ausschüttung von 2,75 CHF. Die Schweizer haben damit ihre Dividende komplett aus den erwirtschafteten Gewinnen gezahlt. Die Dividende je Aktie ist von 0,023 CHF im Jahr 1959 bis auf 2,75 CHF im Jahr 2020 gestiegen, ein Zuwachs von 11.856 %. Im gleichen Zeitraum legte der Jahresschlusskurs der Nestlé-Aktie (Registered Shares) von 1,36 CHF auf 104,26 CHF zu, was ein Kursplus von 7.566 % ergibt (Quelle: www.Nestlé.com/investors/sharesadrsbonds/dividends). Insofern liefert die Nestlé-Aktie bei der Entwicklung der Dividende und des Kurses eine überzeugende Langfristperformance ab.

Damit ist der eher defensive Konsumgütertitel eine der wenigen Aktien, bei der die Strategie „Buy and hold" auch heute noch funktioniert. Auf der anderen Seite ist Nestlé mit einer Markkapitalisierung von rund 320 Mrd. CHF und dem robusten Geschäftsmodell kein Wert, der mit schnellen Kurssprüngen glänzt. Wer als langfristig orientierter Anleger aber eine stabile Ankeraktie für sein Depot sucht, ist bei Nestlé gut aufgehoben. Diese Qualität erweist sich auch in eher schwierigen Marktphasen als Pluspunkt. Beim Corona-Crash im vergangenen Jahr brach der Aktienkurs von Mitte Februar bis Mitte März von 110 CHF auf gut 83 CHF in der Spitze ein. Bis Ende März gelang der Aktie aber bereits die Rückkehr über die Marke von 100 CHF.

Fazit: Sie sind ein Anleger, der langfristig orientiert ist und Wert auf eine stabile Ausschüttung legt? Zugleich suchen Sie ein Qualitätsunternehmen, das über ein krisenfestes Geschäftsmodell verfügt und in einer stabilen Währung wie dem Schweizer Franken notiert? In diesem Fall sollten Sie auf jeden Fall bei Nestlé zugreifen und ihre Position dann je nach Marktlage sukzessive aufstocken.

Münchener Rück punktet mit stabiler Performance

Das Corona-Jahr 2020 war ein echter Härtetest für Dividendenwerte. Viele Unternehmen strichen ihre Ausschüttung, um die Liquidität zu sichern. Der Rückversicherungskonzern Münchener Rück (ISIN: DE0008430026) hielt dagegen die Dividende im Vergleich zum Vorjahr stabil. Die Münchener Rück wurde 1880 gegründet und kann damit auf eine lange und erfolgreiche Unternehmensgeschichte zurückblicken. Der DAX-Konzern ist der weltgrößte Rückversicherer. 2009 erfolgte deshalb auch die offizielle Umbenennung auf den international gängigeren Namen Munich Re. Neben dem Rückversicherungsgeschäft ist der Konzern operativ noch in der Erstversicherung (Ergo) und in der Vermögensverwaltung (MEAG) präsent. 2020 lagen die Bruttoprämien in der Rückversicherung bei 37,3 Mrd. €, während der Erstversicherer Ergo auf Beitragseinnahmen von 17,6 Mrd. € kam. Die Konzerntochter MEAG verwaltet ein Vermögen von 336 Mrd. €. Im Corona-Jahr 2020 kam der Konzern bei Bruttoprämien von 54,9 Mrd. € auf ein operatives Ergebnis von rund 1,99 Mrd. € (2019: 3,43 Mrd. €). Trotz der Belastungen durch die Pandemie lag die Dividende mit 9,80 € je Aktie dabei auf Vorjahresniveau.

Die im August vorgelegten Q2-Zahlen bestätigten die positive Tendenz im operativen Geschäft. Die gebuchten Bruttobeiträge stiegen im Vergleich zum Vorjahresquartal um 14,2 % auf 14,6 Mrd. €. Das operative Ergebnis verdoppelte sich auf 1,55 Mrd. € (Q2 2020: 0,76 Mrd. €). Unter dem Strich legte das Ergebnis je Aktie um satte 90,6 % auf 7,89 € zu. Trotz der Belastungen durch die Flutkatastrophe und Corona im laufenden Jahr bestätigte Vorstandschef Joachim Wenning das Gewinnziel von 2,8 Mrd. € für 2021. Die Prognose für die Beitragseinnahmen wurde um 1,5 Mrd. € auf 58 Mrd. € angehoben. Zudem bestätigte sich bei der jüngsten Erneuerungsrunde der Versicherungsverträge der Trend steigender Versicherungsprämien.

Die Schätzung für das Ergebnis je Aktie beläuft sich laut FactSet für 2021 auf 19,81 € (2020: 8,63 €). Das 2021er-KGV liegt bei 12, während eine Ausschüttung je Aktie von 10,42 € prognostiziert wird. Die Ausschüttung hat sich dabei im Zeitraum von 2005 bis 2020 von 3,80 € auf 9,80 € je Aktie erhöht. In Sachen Dividendenstabilität ist damit bei der Münchener Rück alles im grünen Bereich. Kurstechnisch kommt der DAX-Titel auf eine 10-Jahres-Performance von + 197 %.

Damit ist der Wert geradezu prädestiniert für langfristig orientierte Anleger, die neben einer steigenden Ausschüttung auch eine ansprechende Kursperformance erzielen wollen. Auf der anderen Seite kann der Versicherungstitel aber nicht mit der Kursdynamik von Wachstumstiteln wie Amazon oder BioNTech mithalten. Wer bei der Münchener Rück einsteigen will, sollte konsequent schwache Phasen zum Positionsaufbau nutzen. Insbesondere massive Kurseinbrüche wie zuletzt im März 2020 sind hier hervorragende Gelegenheiten, um solche längerfristigen Positionen auf- und auszubauen.

An der Börse sind 2 mal 2 niemals 4,
sondern 5 minus 1. Man muss nur die Nerven haben,
das minus 1 auszuhalten.
(André Kostolany)

13

Kryptowährungen

Felix J. Krekel

Geht es um den Bitcoin, so könnten die Meinungen kaum diametraler ausfallen. Prominenten Kritikern wie Warren Buffett und zuletzt Otmar Issing stehen Bitcoin-Maximalisten wie Michael J. Saylor, Chef von MicroStrategy, und Jack Dorsey, CEO von Twitter und Square entgegen. Dabei könnte man allein in der Tatsache, dass sich immer wieder prominente Persönlichkeiten mit entsprechenden Warnungen zu Wort melden, durchaus den Beweis für die Substanz des Bitcoin sehen. Seit unter dem Pseudonym Satoshi Nakamoto im Oktober 2008 das White-Paper erschienen, hat es der Bitcoin zu globaler Bekanntheit und einer Marktkapitalisierung von über 1 Billion USD geschafft. Dabei ist der Bitcoin kein Unternehmen mit einer eigenen Marketing-Abteilung und entsprechenden Mitteln. Der Erfolg beruht auf seiner Akzeptanz, auf dem Glauben seiner Anhänger an seinen Nutzen, seine Werthaltigkeit. Das stereotyp vorgetragene Argument, der Bitcoin hätte keinen eigentlichen Wert, besteht er doch nur aus Bits and Bytes, greift zu kurz. Nicht anders, als den Wert einer USD-Note oder eines Euro-Scheins an dessen Papierwert festmachen zu wollen. Was aber ist es dann, das immer mehr Menschen ihr Vermögen Bitcoin anvertrauen lässt?

Ein Blick in die Geschichte des Geldes scheint hier hilfreich. Immer wieder kam es zu Innovationen, die zu Wohlstand und Macht führten. Der sagenumwobene Lydier-König Krösus gilt als Erfinder der Münze. Seine Idee, eine allgemein anerkannte Legierung aus Gold und Silber in Umlauf zu bringen, vereinfachte den Austausch von Waren und wurde daher schnell von den griechischen Stadtstaaten übernommen. Gleichzeitig war auf diese Weise die Versuchung geboren, den Wert des Geldes zu verwässern. Der bekannte Biss auf die Münze ist das passende Sinnbild. Kaiser Nero begann, den Edelmetallgehalt der damals gängigen Münzen zu reduzieren. Was in kleinen Schritten begann, führte unter Aurelian dazu, dass inzwischen aus derselben Menge Silber immer mehr Münzen geprägt wurden. Die Folge waren steigende Preise, Eingriffe in den Handel und am Ende der Niedergang des Römischen Reiches. Die Geschichte hat sich bis heute in unterschiedlichen Formen viele Male wiederholt. Immer wieder haben sich Herrscher und Machthaber dazu verleiten lassen, Geld auf die eine oder andere Art zu vermehren. Immer wieder mit dem gleichen Ergebnis: Inflation. Es muss daher nicht verwundern, wenn Menschen versuchen, ihr Vermögen zu schützen. Zu oft wurden sie durch eine zügellose Ausgabenpolitik um ihr Erspartes gebracht. Gold hat diese Funktion über Jahrhunderte erfüllt, ist aber eben nicht beliebig vermehrbar.

Satoshi Nakamoto hat in dem sogenannten „Genesis Block" der Bitcoin-Blockchain - mit Verweis auf den am 3. Januar 2009 in der Times erschienenen Artikel „Schatzkanzler kurz davor, ein zweites Rettungspaket für die Banken zu schnüren" - seine Motivation verewigt. Mit dem Bitcoin wurde ein Zahlungsmittel ins Leben gerufen, das sich jeder Einflussnahme durch Menschen entzieht. In dem unveränderlichen Code ist nicht nur die maximale Stückzahl von 21 Mio. Bitcoins, sondern auch die Geschwindigkeit, mit der diese „ausgegeben" werden, unveränderlich festgeschrieben. Aktuell sind knapp 19 Mio. im Umlauf. Jährlich kommen momentan rund 330.000 und damit knapp 2 % hinzu. Da alle 4 Jahre die Zahl der neu hinzukommenden Bitcoins im Wege eines sogenannten Halvings um die Hälfte reduziert wird, wird das Wachstum 2024 auf unter 1 % sinken. Damit wird es unter das von Gold fallen. Oder anders ausgedrückt: Der Bitcoin wird dann härter als Gold sein.

Doch Knappheit allein kann den Erfolg des Bitcoin nicht hinreichend erklären. Um diesen zu verstehen, ist es hilfreich, sich mit den Grundzügen der Technologie vertraut zu machen. Konzept und Funktionsweise der Blockchain werden im Folgenden in Grundzügen am Beispiel des Bitcoin, der mit Abstand bekanntesten Blockchain-Anwendung, beispielhaft dargestellt.

Der Bitcoin ist als Zahlungsmittel konzipiert, mit dem Nutzer weltweit - ohne Einschaltung eines Intermediärs - Zahlungen direkt aneinander leisten können (sogenannte Peer to Peer/P2P-Zahlungen). Dabei dient die BTC-Blockchain als Datenspeicher aller jemals durchgeführten Bitcoin-Transaktionen. Auf diese Weise wird sichergestellt, dass ein Nutzer nur dann über Bitcoins verfügen kann, wenn der Blockchain bekannt ist, dass er sie auch erworben und noch nicht anderweitig verfügt hat. Um dies zu garantieren, ist es erforderlich, die Transaktionsdaten gleichzeitig einsehbar und unabänderlich zu speichern. Anders als in den vorherrschenden Systemen werden die Daten nicht zentral gespeichert. Vielmehr besitzt jeder Knoten im Bitcoin-Netzwerk eine vollständige Kopie dieser Datei und damit aller bisherigen Transkationen. Am besten lässt sich dies mit dem Hauptbuch eines Buchhaltungssystems vergleichen. Kommt es zum Ausfall von einem oder mehreren Knoten, funktioniert das Netzwerk dank seiner dezentralen Architektur trotzdem weiter. Ein Vorteil, den selbst das hochgesicherte TARGET2-Zahlungssystem der EZB oder die elektronischen Zahlungssysteme des Federal Reserve-Systems nicht bieten können, wie die Vorfälle im November 2020 respektive Ende April 2021 beispielhaft belegen.

Wie aber wird im Bitcoin-Netzwerk ein Zahlungsvorgang abgewickelt und sichergestellt, dass dieser im Nachhinein nicht abgeändert werden kann? Will Peter an Paula 0,1 Bitcoin übertragen, so wird die Transaktion nur dann vom Netzwerk akzeptiert und in diesem verteilt, wenn Peter auch über 0,1 Bitcoin verfügt. Unveränderlich festgeschrieben ist die Transaktion aber erst, wenn sie Eingang in einen Block gefunden hat und dieser an das Ende der Blockchain angehängt wurde. Jeder Block verfügt über ein bestimmtes Datenvolumen und kann daher nur eine bestimmte Anzahl an Transaktion aufnehmen. Die Daten jedes einzelnen Zahlungsvorgangs werden „gehasht". Dieser Prozess ordnet jeder bestimmten Information einen bestimmten, aus Zahlen und Buchstaben bestehenden Hashwert zu. Das Bitcoin-Netzwerk nutzt hierfür die sogenannte SHA Hashfunktion (secure hash algorithm/sicherer Hash-Algorithmus).

An der Spitze des Datenbaums steht die sogenannte Merkle Root (siehe Abbildung auf der folgenden Seite), die zusammen mit dem Hashwert des aktuell letzten Blocks der Blockchain und einigen weiteren Daten den Hashwert des neu anzufügenden Blocks ergibt.

Hierzu zählt der Schwierigkeitsgrad, der bestimmt, wie viele Nullen am Anfang des Block-Hashwertes stehen müssen und immer dann erhöht

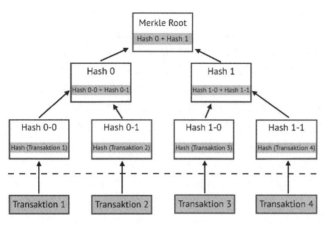

Schema eines Merkle Tree. [Anna Neovesky / Julius Peinelt 2018,
aufbauend auf Hash Tree von Becky In: bitcoinwiki 2018. CC BY 4.0.]

oder verringert wird, wenn die durchschnittliche Zeit für das Finden dieses Werts von dem Zielwert 10 Minuten abweicht. Gefunden wird der Block-Hashwert, indem eine in diesen eingehende Zahl (die sogenannte Nounce) so lange geändert wird, bis der sich ergebende Hashwert die durch den Schwierigkeitsgrad vorgegebene Zahl an anfänglichen Nullen enthält. Gelöst wird diese Aufgabe durch die Miner, die hierfür mit neuen Bitcoins für ihren Einsatz an Rechenleistung und Energie entlohnt werden. Dabei sinkt deren Vergütung im Wege des sogenannten Halvings um die Hälfte. Dazu kommt es alle 210.000 Blöcke und damit ca. alle 4 Jahre. Beim nächsten Halving, das für das zweite Quartal 2024 erwartet wird, sinkt die Vergütung von aktuell 6,25 Bitcoin je Block auf 3,125. Durch den Einbezug des Hashwerts des jeweiligen Vorblocks erreicht die Blockchain ihren zweiten großen Vorteil - die Unveränderlichkeit der in ihr gespeicherten Daten. Denn wollte man nur eine der in einem Block enthaltenen Transaktionen nachträglich ändern, müsste für diesen und damit auch für alle folgenden Blöcke ein neuer Hashwert errechnet werden. Damit verbunden wäre nicht nur ein enormer Rechenaufwand, sondern gleichzeitig müsste auch die Mehrheit der Netzwerkknoten die Änderung übernehmen. Ein bisher einmaliger Vorgang. Auf diese Weise wird eine zentrale Stelle, der alle Nutzer vertrauen müssen, nicht länger benötigt.

Während Investoren im Bitcoin heute in erster Linie einen Inflationsschutz und Wertspeicher sehen, eröffnet die Ethereum-Blockchain mit ihrer nach Marktkapitalisierung zweitgrößten Kryptowährung Ether dank sogenannter Smart Contracts völlig neue Anwendungsmöglichkeiten und

Geschäftsmodelle. Über eine „wenn - dann"-Struktur wird es mit diesen schlauen Verträgen möglich, Geschäftsprozesse vollständig zu automatisieren. Vorausgesetzt, die Vertragsbedingungen lassen sich in maschinenlesbaren Anweisungen abbilden. Ein konkretes Beispiel wäre - das Vorhandensein eines digitalen Schlosses vorausgesetzt - die Wohnungsübergabe oder der Zugang zu einem Hotelzimmer. Mit Erfüllung der im Mietvertrag geregelten Verpflichtungen des Mieters respektive Zahlung des Übernachtungspreises und Ausfüllen des Meldescheins würde dieser automatisch und unwiderruflich zu Beginn des Mietzeitraums/des Aufenthalts Zugang zu der Wohnung/ dem gebuchten Hotelzimmer erhalten.

CoinGecko.com listet inzwischen nahezu 10.000 Kryptowährungen, hinter denen unterschiedlichste Anwendungen stehen. Dabei gilt es zu berücksichtigen, dass viele der dort gelisteten Coins auf anderen Blockchains, allen voran Ethereum, laufen. Deren relativ niedrige Verarbeitungskapazität führt zu hohen Transaktionsgebühren, was wiederum Herausforderer wie Solana oder Polkadot unterstützt. Anwendungsentwicklern steht mit EOS eine Blockchain zur Verfügung, die immense Transaktionszahlen bei extrem niedrigen Kosten verarbeiten kann. So unterschiedlich die verschiedenen Blockchains auch konzipiert sind - gemeinsam ist ihnen das von Ethereum-Gründer Vitalik Buterin geprägte Blockchain-Trilemma: Demzufolge können Entwickler beim Aufbau von Blockchains höchstens zwei der drei Hauptprobleme (Dezentralisierung, Sicherheit, Skalierbarkeit) und das meist nur auf Kosten des Dritten lösen.

Ähnlich schnell wie der Anstieg der Zahl der Kryptowährungen entwickelt sich die Blockchain-Technologie weiter. Eine hinter dieser zurückhängende Regulierung ist daher wenig verwunderlich. Gleichwohl lässt sich erkennen, dass ein generelles Verbot von Bitcoin & Co. wenig wahrscheinlich ist. Zu groß wären die sich hieraus ergebenden wirtschaftlichen Nachteile im globalen Wettbewerb. Zudem wachsen die Kryptobranche und die traditionelle Finanzwelt täglich weiter zusammen. Als Meilensteine seien für die USA der Börsengang der Kryptobörse Coinbase und die kürzlich erfolgte Zulassung eines ersten Bitcoin-ETFs genannt. In Deutschland ist es bestimmten Spezialfonds seit dem 1. Juli 2021 erlaubt, bis zu 20 % ihres Anlagevermögens in Kryptoassets zu investieren. In der Schweiz fordert eine Bürgerinitiative, die Schweizer Nationalbank solle künftig in die Lage versetzt werden, ihre Reserven auch in Bitcoin & Co. halten zu dürfen. Mit El Salvador hat gar ein erstes Land den Bitcoin zum gesetzlichen Zahlungsmittel erklärt. Für weitere Länder wird mit diesem Schritt gerechnet. Auch wenn grundsätzlich mit zunehmender Regulierung die Rechtssicherheit wächst, darf nicht aus dem Blick verloren werden, dass entsprechende Eingriffe geeignet sind, die Kurse an den Kryptomärkten nachhaltig zu beeinflussen, wie das Beispiel des Mining-Verbots in China jüngst gezeigt hat. Fakt ist: Die Adaption der Blockchain-Technologie Bitcoin & Co. schreitet trotz bestehender Risiken und der hohen Volatilität kontinuierlich voran. So bietet der Zahlungsanbieter PayPal seinen US-Kunden die Möglichkeit, Kryptowährungen zu erwerben und mit ihnen zu bezahlen. Im Schweizer Kanton Zug kann man seine Steuerschulden bis zu einem Betrag von 100.000 CHF in Bitcoin begleichen. Aber auch die Versicherungsbranche beginnt, sich Kryptowährungen gegenüber zu öffnen. Die AXA bietet ihren Schweizer Kunden die Möglichkeit, Beitragszahlungen in Bitcoin vorzunehmen. In den USA ist mit der MassMutual ein großer Versicherer dem Beispiel von MicroStrategy und Tesla gefolgt und investiert in Bitcoin. Um vollständige Transparenz einer Leder-Lieferkette sicherzustellen, gab der Nobelkarossenhersteller Jaguar jüngst bekannt, hierzu auf die Blockchain-Technologie zu setzen. Parallel dazu wächst die Zahl der Menschen, die Bitcoin oder Ethereum halten, kontinuierlich.

Wer von den Chancen und Potenzialen der Blockchain-Technologie profitieren will und bereit ist, die überdurchschnittlichen Kursschwankungen der Kryptowährungen in Kauf zu nehmen, dem eröffnet sich ein bunter Strauß an Investitionsmöglichkeiten. Auf der Hand liegt der direkte Erwerb von Bitcoin & Co. Hier bietet der deutsche Marktplatz bitcoin.de eine einfache und unkomplizierte Möglichkeit, die ersten Coins zu erwerben. Allerdings ist das Angebot dort auf wenige Währungen begrenzt. Ist der Aufbau eines breit diversifizierten Portfolios geplant, empfiehlt sich die Registrierung bei einer der großen Kryptobörsen wie Coinbase, Kraken oder Binance. Hier kann es jedochzu Einschränkungen bei der Einzahlung von FIAT(=physischen)-Währungen kommen. So akzeptiert Binance aktuell nur Kreditkartenzahlungen, die jedoch mit 1,8 % Gebühr belegt werden. Umgehen lässt sich diese Problematik, indem man auf bitcoin.de erworbene Kryptowährungen an einen bei einer Kryptobörse geführten Account überträgt.

Ein direktes Investment in Kryptowährungen ist unmittelbar mit dem zugehörigen Transaktions- und Verwahrrisiko verbunden. Ein Fehler bei der Durchführung einer Transaktion kann zum Totalverlust des Investments führen, denn es gibt keinen Mittelsmann und keine zentrale Einheit, die einen Vorgang stornieren oder rückabwickeln könnten. Will man die eigenen Positionen möglichst sicher verwahren, ist es zwingend erforderlich, sich mit den verschiedenen Aufbewahrungsmöglichkeiten (sogenannten Wallets) auseinanderzusetzen. Genutzt werden diese, um in ihnen die für den Zugang zu den eigenen Coins benötigen Codes, die „private keys", zu speichern. In der Kryptowelt gilt: „Not your keys, not your coins". Kurzum: Wer ganz sicher gehen will, muss sich um die Verwahrung selbst kümmern und sollte erworbene Positionen nicht auf Börsenkonten belassen, sind diese doch Angriffen von Hackern ausgesetzt. Größtmögliche Sicherheit bieten hier Cold Wallets, kleine Hardware-Produkte wie der Ledger Nano X oder das Trezor Model T. Im Netz finden sich zahlreiche Informationen zur Installation und Nutzung entsprechender Anwendungen.

Angesichts der enormen Schwankungen, unter denen sich die Kurse der Kryptowährungen entwickelt haben, stellt sich zudem die Frage nach dem richtigen Timing für einen Einstieg. Wer sein Risiko in diesem Punkt reduzieren will, der wird gegebenenfalls bei coindex fündig. Das Unternehmen bietet mit seinen Sparplänen eine Alternative an, bei der der Kunde die Vorteile des Cost Averaging für sich nutzt. Zur Auswahl stehen einzelne Kryptowährungen sowie ein Index. Darüber hinaus kann die Sparrate nach individuellen Vorgaben auf einzelne Währungen verteilt werden. Ein weiterer Vorteil hier: Die Verwahrung erfolgt beim Bankhaus von der Heydt.

Als gänzlich unkompliziert erweist sich der Handel in den verschiedenen, von Finanzdienstleistern entwickelten Anlageprodukten. Ist man ausschließlich an der Wertentwicklung von Bitcoin & Ethereum interessiert, ist man mit dem Kauf entsprechender Partizipationszertifikate gut beraten. Anbieter sind hier Vontobel, 21shares, VanEck oder XBT Provider. Seit Mitte 2020 steht mit dem „BTCetc - ETC Group Physical Bitcoin ETP" auch ein Exchange Traded Product als weiteres Anlagevehikel zur Auswahl. Besonderheit hierbei: Käufer können sich die zur Besicherung physisch hinterlegten Bitcoins ausliefern lassen.

Darüber hinaus besteht die Möglichkeit, auf das reichhaltige CFD-Angebot verschiedener Broker zurückzugreifen. Wem die hohe Volatilität im Kryptobereich noch nicht ausreichend ist, kann hier seinen Einsatz durch die Wahl eines entsprechenden Hebels zusätzlich leveragen. Die von den Brokern veröffentlichten Verlustquoten privater Anleger im Handel mit diesen Produkten lassen einen Einstieg zumindest überdenkenswert erscheinen. Wer sich von der Aussicht auf höhere Renditen leiten lässt, könnte bei börsennotierten Beteiligungsgesellschaften fündig werden, die sich auf Investments in Krypto- und Blockchain-Technologie und damit deren wirtschaftliche Potenziale fokussiert haben. Anders als Privatinvestoren haben diese die Möglichkeit, sehr früh in aussichtsreiche Unternehmen und Projekte zu investieren. Bei positiver Entwicklung liegen gigantische Renditen von mehreren tausend Prozent durchaus im Bereich des Möglichen.

Gleichermaßen muss man sich im Klaren sein, dass nicht alle getätigten Investments zum Erfolg führen. Abschreibungen und Verluste sind und bleiben Bestandteil im Venture Capital-Geschäft. Da man aber über die Aktie in ein breit diversifiziertes Portfolio investiert, sollten diese überkompensiert werden können. Zudem dürfen Anleger eine vergleichsweise geringere Volatilität erwarten. Denn anders als bei Kryptowährungen gibt es für die erworbenen Beteiligungen keine sich täglich ändernden Marktpreise. Über den zukünftigen Anlageerfolg entscheidet neben der allgemeinen Marktentwicklung vor allem die Qualität des Managers, dessen Netzwerk und Investmentprozess.

Wer vom Potenzial der Blockchain-Technologie überzeugt ist und einen zumindest mittelfristigen Anlagehorizont mitbringt, dem empfiehlt sich ein Blick auf Aktien wie die von Advanced Blockchain, coinIX oder Tokentus. Tradingorientierte Aktienfans setzen auf die Bitcoin Group, um von den Kursschwankungen am Kryptomarkt zu profitieren. Die Aktie weist aufgrund des großen Eigenbestands an Kryptowährungen eine hohe Korrelation mit dem Bitcoinkurs auf. Per Ende August lag die Summe aus liquiden Mitteln und dem Wert des Coinbestands um 7 % über der Marktkapitalisierung. Oder anders ausgedrückt: Über die Aktie kaufte man Bitcoin & Co. mit einem entsprechenden Abschlag. Die profitable Kryptowährungsplattform Bitcoin.de gibt es umsonst dazu.

Angesichts der Vielzahl der zur Verfügung stehenden Investitionsvehikel mag bei der Anlageentscheidung ein Blick auf die steuerliche Behandlung helfen. Denn im Gegensatz zu Wertpapiergeschäften, die grundsätzlich der Abgeltungssteuer unterworfen sind, können mit Kryptowährungen erzielte Kursgewinne steuerfrei vereinnahmt werden. Vorausgesetzt, sie wurden länger als ein Jahr gehalten - je nach Einschätzung der weiteren Entwicklung am Kryptomarkt ein mehr oder weniger gewichtiges Kaufargument. Dabei gilt: Wer den Steuervorteil nutzen will, muss nicht nur die großen Schwankungen aushalten können, sondern sich auch mit den unterschiedlichen Verwahrformen auseinandersetzen.

Bei aller Kritik an Bitcoin & Co. - berechtigt oder unberechtigt - besteht hinsichtlich der Potenziale, die die Blockchain-Technologie bietet, Einigkeit. Ob es zu weiteren Kursanstiegen kommt, kann nicht mit Sicherheit vorhergesagt werden. Fest steht jedoch: Im Rückblick war es immer falsch, nicht investiert zu haben. Und wer angesichts anhaltender Gelddruckorgien der Notenbanken und des schleichenden Einstiegs in die Staatsfinanzierung sein Portfolio gegen Inflation absichern möchte, wird feststellen, Bitcoin hält bisher, was Gold seit jeher verspricht.

Schildkröten können dir mehr über den Weg erzählen als Hasen.
(Chines. Volksweisheit)

14

Vermögensverwalter: Wollen alle „ESG"?

Helmut Gellermann

Wer es gewohnt ist, beim eigenen Vermögen eigene Entscheidungen zu treffen, achtet trotzdem auf Vermögensverwalter. Sofern sie börsennotiert sind oder Fonds auflegen, ergeben sich gute Anlagechancen. Eine größer werdende Rolle spielen auch hier Nachhaltigkeits- bzw. ESG-Kriterien.

Bei der „Finanzportfolioverwaltung" (so der gesetzliche Begriff) geht es um den gewinnorientierten Umgang mit Finanzmitteln im Auftrag und auf fremde Rechnung. Der Auftraggeber setzt bestimmte Vorgaben, je nach Höhe der betreuten Summe aber nur in stark standardisierter Form.

Wer sein Vermögen verwalten lassen möchte, kann sich prinzipiell an jede Bank wenden. Oder er wird Kunde eines Spezialisten, von denen sich in Deutschland mehr als 300 im Verband unabhängiger Vermögensverwalter VuV (Sitz: Frankfurt) zusammengeschlossen haben.

Unser Interesse gilt insbesondere den Fonds, die solche Vermögensverwalter auflegen. Über den Kauf von Fondsanteilen besteht die Möglichkeit, vom Können des Verwalters zu profitieren, ohne sein direkter Kunde zu werden.

Unser erstes Beispiel sind Produkte aus dem Hause Flossbach von Storch (FvS). Gegründet 1999, mehr als 280 Beschäftigte, betreutes Vermögen mehr als 75 Mrd. €. Wir haben den 2007 aufgelegten Aktienfonds FvS SICAV - Multiple Opportunities R (ISIN: LU0323578657) ausgewählt. Er zählt in Sachen ESG zur Kategorie nach „Artikel 6" (Erläuterung folgt).

Aktien bilden den Hauptbestandteil des Fonds. Auch eine Anlage in Anleihen oder Edelmetallen ist vorgesehen. Für den Zeitraum von fünf Jahren werden + 35,3 % als Ergebnis angezeigt, das gesamte Fondsvolumen liegt bei 24,7 Mrd. €. Größte Einzelpositionen zum Stichtag 30.09.2021 waren Alphabet (4,7 %), Nestlé (3,7 %), Berkshire Hathaway (3,2 %), Unilever (2,9 %), 3M (3,0 %) und Facebook (2,6 %).

Laut Fondsprospekt befand sich unter den größten 10 Einzelpositionen allein Pinterest (2,4 %) als eine leicht weniger bekannte Beimischung. Deutsche Werte lagen (laut Halbjahresbericht zum 31. März) bei rund 10 % mit einem soliden Mix aus 11 Titeln von Adidas bis United Internet. Die Emerging Markets waren mit einer Aktie aus Indien vertreten (Housing Development Finance) und auf China entfielen 2,3 % (Alibaba Group). Ende September waren 80,9 % des Fondvermögens in Aktien und 10,1 % in Edelmetallen angelegt.

Eine Zwischenbemerkung darf nicht fehlen: Beim Investieren in diesen oder in andere Fonds empfiehlt es sich, die Ausgabeaufschläge bis zu 5 % durch Wahl des passenden Brokers zu umgehen. In Zeiten des Informationsüberflusses ist der Ausgabeaufschlag eine verzichtbare Tradition.

Unser obiges Beispiel ist eine wohlüberlegte Zusammenstellung. Bei einer Kostenquote von 1,6 % p. a. stellt sich aber auch die Frage, ob man sich aus dem umfangreichen ETF-Angebot am Markt mit geringerer Kostenquote bedienen möchte. Auch bei der Auswahl von ETFs kann man auf die Dienste von Vermögensverwaltern zurückgreifen, wie sich gleich noch zeigt.

Das Produkt der Kölner Finanzadresse FvS führt uns zur Frage nach den heute verlangten Nachhaltigkeitskriterien für solche Kapitalanlagen. Dafür sind verschiedene Begriffe im Umlauf, etwa: „Ethische" Kriterien oder „SRI" (Social Responsible Investing) oder SDG (Sustainable Development Goals). Es ist sinnvoll, sich anfangs auf eines dieser Nachhaltigkeitskonzepte zu konzentrieren. Wir wählen die zurzeit gängigste Buchstabenfolge „ESG".

Das Thema Nachhaltigkeit ist zwar stark in Mode, aber alles andere als neu. Einen wichtigen Impuls gab z. B. der 1987 erschienene „Brundtland-Bericht" der Kommission für Umwelt und Entwicklung der Vereinten Nationen (UN). Dieser Bericht (mit dem offiziellen Titel „Our Common Future") und seine Medienwirkung machten den Begriff der nachhaltigen Entwicklung einer breiten Öffentlichkeit bekannt. Auch „ökologische Gerechtigkeit" oder „Generationengerechtigkeit" wurde schon 1987 propagiert. Insofern handelt es sich tatsächlich bei diesen Forderungen um „alte Hüte".

Zwei Jahre später entschied die UN, eine Konferenz zu Fragen von Umwelt und Entwicklung einzuberufen. Mit dem Start 1992 in Rio begann eine ganze Abfolge internationaler Großtagungen. Die Politiker und Umweltexperten erarbeiteten zunächst die „Agenda 21". Heute stehen Klimaziele unter dem allseits bekannten Code „Paris 2050" im Hauptfokus.

Der Begriff der Nachhaltigkeit wurde zum festen Bestandteil in der Wirtschaft inklusive Finanzsektor, geriet aber im Laufe der Jahre in den Verdacht, nur noch als Floskel missbraucht zu werden. Parallel zur Abnutzung des Begriffs wurde seine Notwendigkeit für die Weltöffentlichkeit immer deutlicher sichtbar. Sie benötigte aber neue Impulse. Dafür sorgten inzwischen eingetretene ökologische Kippeffekte sowie der Themenaufgriff durch die junge Generation, erneut mit hoher Anfangsenergie. Seit Jahren tätige Organisationen wie Greenpeace oder Robin Wood werden von neuen Formen wie Fridays for Future und Extinction Rebellion fast überrollt.

Durch konkretere Ansätze wurde der Begriff der Nachhaltigkeit neu geschärft. Zurzeit im Vordergrund stehen die ESG-Kriterien: Environmental, Social, Governance. Es geht um Fragen der Umwelt (Environment), Beachtung von Menschenrechten, Vermeidung von Kinderarbeit und andere soziale Folgen (Social) sowie um gute Unternehmensführung (Governance) inklusive Korruptionsbekämpfung und Transparenz. Für die Finanzbranche:

Seit dem 10. März 2021 müssen EU-weit die Offenlegungspflichten im Finanzdienstleistungssektor (SFDR, Sustainable Finance Disclosure Regulation) umgesetzt sein. Das bedeutet konkret für Fondsgesellschaften, dass ihre Produkte in drei Klassen der ESG-Erfüllung einzustufen sind:

Die niedrigste Klassifizierung nach Artikel 6 verpflichtet die Fondsgesellschaft dazu, eine Erklärung zu den Nachhaltigkeitsrisiken abzugeben als Abschätzung, ob und wie stark diese Risiken den Wert des Portfolios beeinträchtigen können. Andernfalls ist zu erläutern, warum Nachhaltigkeitsrisiken für den Fonds als nicht relevant erachtet werden. Die Klassifizierung lediglich nach Artikel 6 signalisiert vereinfacht ausgedrückt: ESG-Kriterien werden nicht oder in einem zu geringen Maß angewendet.

Investmentprodukte gemäß Artikel 8 sind „hellgrün". Die Kriterien dazu lauten: Investments in besonders schädliche Sektoren werden ausgeschlossen. Die Fondsgesellschaft sucht aktiv nach Investitionsmöglichkeiten in Unternehmen, die ökologischen und sozialen Nutzen stiften. Dies ist aber nicht das Kernziel.

Artikel 9 ist etwas strenger, farblich „dunkelgrün": Für den Fonds werden außerdem messbare Nachhaltigkeitsziele gesetzt sowie aktiv verfolgt. Die Ziele stehen im Mittelpunkt der strategischen Aktivitäten des Fonds.

Für die Praxis ergibt sich, dass jeder Fonds (ob Aktien-, Renten- oder Mischfonds) mindestens in die Kategorie nach Artikel 6 fällt. Die dafür verlangten Erklärungen zu den Nachhaltigkeitsrisiken machen mitunter den Eindruck, aus Standardfloskeln zusammengesetzt zu sein.

Das typische Produkt nach Artikel 8 ist ein ETF auf einen Standard-Index, aus dem z. B. Rüstungsunternehmen oder Tabakkonzerne herausgefiltert wurden. Für Artikel 9 können sich durchaus auch ETFs qualifizieren. Idealtypisch für „Dunkelgrün" sind aber aktive Fonds, die komplett ohne Bezug zu irgendeinem Index gemanagt werden. Wichtig für das Verständnis:

Es ist durchaus möglich, dass zwei Fonds sich bezüglich ihres Inhalts (Einzelpositionen) sehr stark ähneln, obwohl sie (zu Recht) verschiedenen ESG-Kategorien nach SFDR zugeordnet sind.

Zu diesem Regelwerk der EU hat sich der oben genannte Vermögensverwalter Flossbach von Storch dezidiert geäußert und damit eine Diskussion ausgelöst. Die Position der Kölner von Anfang 2021 in Kurzform:

Nachhaltigkeit ist für FvS ein „fester Bestandteil des Anlageprozesses" sowie „Bestandteil unserer Unternehmens-DNA". Man versteht darunter ein Handeln nach den Prinzipien „dauerhaft, beständig, zukunftsfähig". Man bekennt sich ausdrücklich zu den UN-Prinzipien für verantwortliches Investieren. Die Politik, so FvS, stehe aktuell vor der schwierigen Aufgabe, ausreichend hohe Anreize für die Vermeidung von CO_2-Emissionen zu setzen. Mit einer wirksam hohen CO_2-Abgabe würde sie starke Verteuerungen (Autos, Heizung, Flüge) auslösen, damit aber auch starken Unmut der Wähler auf sich ziehen. Die aus Politikersicht bequemere Alternative: Gesetzliche Zwangsetablierung von ESG-Kriterien für jede Investitionsentscheidung, an der Banken und ähnliche Stellen beteiligt sind. So versuche die Politik aus Angst vor Mandatsverlust, „den Schwarzen Peter weiterzureichen. Deshalb wurde die Finanzbranche in Europa dazu auserkoren, das Klima zu retten".

In diesem Zusammenhang legt der Kölner Vermögensverwalter den Finger in eine europäische Wunde. Während die Atomenergie vor allem in Frankreich als ein Beitrag zur Klimarettung und als nachhaltig gilt, ist insbesondere Deutschland in anderer Richtung unterwegs. Wie soll dies in einem einheitlichen ESG-Regelwerk auf Ebene der EU gelöst werden?

Zumindest für spezialisierte ESG-Ratingagenturen werde sich eine gute Geschäftsgrundlage entwickeln. Da nur solche Stellen, wenn überhaupt jemand, in der Lage sein werden, die komplexen Bewertungsmaßstäbe anzuwenden und für jedes Unternehmen einen ESG-Score zu ermitteln.

So weit die Zusammenfassung der FvS-Position. Wichtig: Auch die SFDR-Kritiker aus Köln erkennen an, dass die Nachhaltigkeit bei einer Anlageentscheidung generell zu beachten ist. In wenigstens einem Punkt darf man ihnen beipflichten: Es sollte nicht so weit kommen, sich allein auf ESG-Scores zu verlassen, die eine dritte Stelle ermittelt. Ein Nebenaspekt ist, dass der SFDR-Zusammenhang zu einer Vermehrung des bürokratischen Aufwands führt. Hier sollten Branche wie Politik sensibel dafür sein, dass die Verhältnismäßigkeit gewahrt bleibt.

Eine implizite Gegenposition in Sachen ESG/SFDR nimmt ein anderes VuV-Mitglied ein. Es ist die 2014 gegründete Münchener Scalable Capital.

Als digitale Vermögensverwaltung stellt Scalable das automatisierte Investieren per ETF in den Fokus. Inklusive einer Möglichkeit, den Schwerpunkt auf solche Exchange Trades Funds zu setzen, die gemäß ESG-Kriterien aufgelegt wurden. Dies darf man als Stellungnahme pro SFDR werten.

Die Mindestanlagesumme bei Scalable beträgt 10.000 €, mehr als 170.000 Depots werden von den Münchenern betreut. Im Teil-Angebot „technologiebasierte Vermögensverwaltung" trifft Scalable eine rigide ETF-Vorauswahl. Diese wird regelmäßig überprüft und ggf. geändert. Ein interessanter Fintech-Ansatz, den wir ebenfalls weiterhin beobachten werden.

Nun zu einer französischen Finanzadresse: Carmignac (seit 1989) versteht sich ebenfalls als Vermögensverwalter. Die Assets under Management betragen 41 Mrd. €, von 290 Beschäftigten sind 53 als Fondsmanager und Analysten tätig. Carmignac ist familiengeführt; man verweist auf ein Eigenkapital in Höhe von mehr als 2 Mrd. €.

Hier steht der Begriff „Verantwortliches Investieren" im Mittelpunkt: „Im Anlageprozess all unserer Fonds ist eine ESG-Analyse enthalten." Außerdem legen die Franzosen Wert darauf, aktive Anleger zu sein, d. h. in einen (fordernden) Dialog mit den Portfolio-Unternehmen zu treten. Mit dem Ziel, „Unternehmen zur Verbesserung ihrer Unternehmensführung, ihres ökologischen Fußabdrucks und ihrer Personalwirtschaft zu bewegen".

In einer „bewusst begrenzten Fondspalette" greift Carmignac elf seiner Aktienfonds heraus. Gut zu unserem Thema passt der „Green Gold" (ISIN: LU0164455502) mit einer Performance von + 29 % in fünf Jahren. Der „nachhaltige Aktien-Themenfonds" besteht seit 2003, entspricht dem UCITS-Standard und hat ein Volumen von 359 Mio. € erreicht.

Die größte Position ist Microsoft mit 8,9 % vor SunRun (7,1 %), Samsung Electronics (5,1 %), Sunova Energy (5,1 %) und Vestas Wind Systems (3,8 %). Investiert wird in „innovative Unternehmen", die sich „aktiv mit dem Klimaschutz befassen oder dazu beitragen". Jedem genannten Einzeltitel ist ein ESG-Rating (zwischen AAA und CCC) zugeordnet. Außerdem wird die CO_2-Emissionsintensität des gesamten Fonds ausgewiesen: Auf je 1

Mio. $ Umsatz entfallen aktuell 356 Tonnen CO2-Emissionen, ermittelt mit Daten von S&P Truecost. In der Klassifizierung nach der Offenlegungsverordnung SFDR zählt der Gold Green zur höchsten Klasse nach Artikel 9. Die laufenden Kosten werden mit

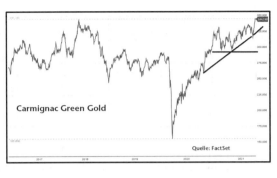

1,79 % beziffert. Hinzu kommt eine Performancegebühr auf eine überdurchschnittlich positive Wertentwicklung gegenüber dem Referenzindikator.

Was die Nutzung von ESG-Daten und -Ratings betrifft, darf man Carmignac als einen Pionier bezeichnen. Auch die Franzosen verlassen sich nicht allein auf solche Daten und betonen, sich auf „durch Menschenverstand getriebene Erfahrung" zu stützen. Die ausgewogene Anlagephilosophie zeigt sich in der Kommentierung von Detailfragen, etwa der Rolle von Öl- und Gasunternehmen für das Erreichen von Klimazielen:

„Würde man heute die Öl- und Gasversorgung abschalten, löste das ganz erhebliche soziale Probleme aus, die die breite Öffentlichkeit aktuell übersieht und ignoriert. ... Einen Sektor als schlecht oder schmutzig zu bezeichnen, zeugt anscheinend von Naivität und Falschinformationen. Daher ist unser bevorzugter Ansatz, eine Übergangslösung zu finden, die zu einem besseren Ergebnis führt, das alle einschließt". So weit zu Carmignac. Bevor wir uns noch weitere auf Nachhaltigkeit ausgerichtete Vermögensverwalter ansehen, zunächst zu zwei weiteren ESG-Orientierungshilfen.

Prinzipiell sollten alle Online-Börsenportale ESG-Informationen zur Verfügung stellen. Wir greifen www.fondsweb.com heraus. Einstufungen nach den SFDR-Kriterien (Artikel 6, 8 und 9), sofern vorhanden, werden dort angezeigt. Hinzu kommen das „ISS ESG Fund Rating" (1 bis 5 Sterne) und die Climetrics-Bewertungsskala (1 bis 5 Blätter).

ISS steht in diesem Fall für Institutional Shareholder Services. Der Aktionärsberater mit Sitz in den USA gehört seit Februar 2021 mehrheitlich der Deutschen Börse, die mit dem Zukauf ausdrücklich „ihr starkes Engagement im Nachhaltigkeitssegment" und ihre „ESG-Wachstumsstrategie" unterstrichen hat. Wichtig ist, dass ISS weiterhin eigenständig bleibt. Das Hauptgeschäft von ISS ist die thematische Beratung von Aktionären zur Ausübung von Stimmrechten (Proxy-Voting-Research), diesen Markt beherrscht ISS mit einem Anteil von rund 60 %.

In der Datenbank von Fondsweb kommt außerdem, sofern vorhanden, die Bewertungsskala von Climetrics mit 1 bis 5 „Blättern" hinzu. Dies ist ein Rating durch das Carbon Disclosure Projekt (CDP). Diese Non-Profit-Organisation wurde im Jahr 2000 in London gegründet. CDP bewertet speziell die Klimarisiken und -chancen von Einzelunternehmen bzw. Fonds. Nun zu einer weiteren ESG-Informationsquelle:

Auch das Nachhaltigkeitsportal der Börse Frankfurt zeigt einen standardisierten Überblick über Fonds und ETFs gemäß ESG-Merkmalen. Konzernmutter Deutsche Börse bekennt sich auch damit klar zur Einbeziehung von Nachhaltigkeitskriterien in das gesamte Finanzwesen. Im Oktober 2021 listet das Portal 162 nachhaltige Fonds und separat 393 ESG-ETFs auf. Definitionsgemäß sind sie entweder hellgrün oder dunkelgrün, fallen also unter die Artikel 8 und 9 nach SFDR. Die Mehrzahl unterliegt Artikel 8. Die Suche nach Top-ETFs auf diesem Portal führt uns zu folgendem Resultat:

Die Nummer 1 der aufgeführten dunkelgrünen ETFs (nach Artikel 9) erzielte + 15,98 % im Sechsmonatszeitraum. Es ist der Franklin S&P 500 Paris Aligned Climate UCITS ETF (ISIN: IE00BMDPBZ72).

Dieser Fonds investiert auf Basis eines eingeschränkten Index S&P 500, die wichtige weitere Bedingung ist eine hohe Marktkapitalisierung. In den Top 10 Holdings erscheinen somit bekannte Adressen: Alphabet, Apple, Microsoft, Nvidia, Visa, Mastercard, Bank of America, JPMorgan Chase sowie United Healthcare Group. Mancher Investor ist mit einer solchen Zusammenstellung nicht zufrieden, weil er Investments in Unternehmen wünscht, die sich direkt in Sachen Photovoltaik, Windkraft, Energiespeicherung usw. engagieren. Dazu kommen wir gleich noch. Gerade der gezeigte ETF von Franklin zeigt aber, dass auf Basis vergleichsweise herkömmlicher Unternehmen dennoch die SFDR-Richtlinien erfüllbar sind. Daraus entsteht eine interessante Möglichkeit, Investoren sanft an das Thema heranzuführen, die dem Zusammenhang vielleicht etwas reserviert gegenüberstehen.

Nun noch zur Bewertung des Nachhaltigkeitsportals der Frankfurter Börse. Auch dieses Angebot ist eine gute, übersichtliche Informationsquelle und Suchhilfe. Es dürfte künftig noch um die eine oder andere Selektionsmöglichkeit erweitert werden.

Beim ESG-Thema darf die Entwicklung bei der DWS Group nicht unerwähnt bleiben. Die seit 2018 börsengehandelte Fondstochter der Deutschen Bank geriet 2021 in den Verdacht, „Greenwashing" zu betreiben.

In November 2020 hatte DWS-Chef Asoka Wöhrmann angekündigt, ESG werde auf smarte Art und Weise zum Kern der Unternehmensstrategie gemacht. Monate später warf die zwischenzeitliche ESG-Verantwortliche der DWS ihrem Ex-Arbeitgeber vor, die Nachhaltigkeitskriterien weniger streng zu beachten als öffentlich dargestellt. Dies beinhaltete auch den Vorwurf, sich zu sehr auf extern zugekaufte Daten zu verlassen (deren Problematik etwa im Fall Wirecard deutlich wurde). DWS widersprach den Vorwürfen, eine letzte Klärung blieb bisher aus. Die Auseinandersetzung führte dazu, dass DWS sich an der Börse schlagartig von 8,2 auf 7,2 Mrd. € verbilligte.

Um die Vorwürfe gegen DWS aus der Welt zu schaffen, wird es auch auf die Klärung durch die deutsche BaFin und die US-Aufsichtsbehörde SEC ankommen. Sollte man auf ein Comeback der DWS setzen?

Bei der DWS Group (3.350 Beschäftigte) wurden Mitte 2021 Assets under Management in Höhe von 859 Mrd. € betreut. Anfang 2020 waren es erst 767 Mrd. €. Steigende Aktienkurse trugen 2020 mit + 3,1 % zum Anstieg des verwalteten Vermögens bei (erstes Halbjahr 2021: + 4,4 %). Wichtigste Erlösquelle sind Managementgebühren, die sich auf ca. 2,8 % p. a. des verwalteten Vermögens belaufen. Die Chancen der DWS-Aktie hängen auch davon ab, wie die Tochter der Deutschen Bank ihre eigene Governance weiterentwickelt. Kommen dazu neue Signale, wird DWS Group ein Kauf.

Bis hierhin sollte deutlich geworden sein, welche Probleme auch regelgebundenes Investieren gemäß gesetzlicher ESG-Kriterien mit sich bringen kann. Auf EU-Ebene wird SFDR weiterentwickelt, dafür liefert gerade auch der DWS-Zusammenhang einige Hinweise. Es versteht sich, dass die „Szene" verschiedener Öko-Investment-Siegel in dieser Skizze nicht vollständig dargestellt werden konnte. Auch manches Detail wie die Einschätzung der Kaskade von CO_2-Folgewirkungen (Scope 1 bis 3) wird in 2022 noch redaktionell vertieft.

Die Vermögensverwalter als wichtige Antreiber in Sachen ESG bleiben bei uns im Fokus, insbesondere BlackRock. Der weltweit größte Vermögensverwalter ist außerdem das Standardbeispiel für mögliche Investments in die Aktie des Konzerns als auch in seine Fonds bzw. ETFs.

Dies gibt es in übersichtlicher und vor allem von Beginn an sehr konsequenter Form auch in Deutschland: Die Umweltbank aus Nürnberg ist zu nennen und ebenso die Vermögensberatung Ökoworld aus Hilden bei Düsseldorf. Ohne auf gesetzliche Vorgaben zu warten, begann dort 1996 die Fondstochter mit dem Aufbau von Portfolios nach ethisch-ökologischen Kriterien. Der Branchenpionier verwaltet in seinen verschiedenen aktiven Investmentfonds (keine ETFs) heute deutlich mehr als 3 Mrd. €.

15

Biotechnologie: Mehr als Corona - Wo die Zukunftstrends sind

Carsten Müller

In der Rückschau dürften die beiden letzten Jahre als das Gesellenstück der Biotechnologie-Branche gelten. Denn in Rekordzeit schafften gleich mehrere Firmen aus diesem Sektor die Entwicklung neuer Impfstoffe gegen die Covid-19-Pandemie. Natürlich wird das von nicht wenigen sehr kritisch gesehen, da bislang geltende Ablaufpläne für die Entwicklung neuer Therapien über den Haufen geworfen wurden.

Dennoch: Ausgehend von der Tatsache, dass an grundlegenden Technologien wie Vektor und mRNA bereits seit vielen Jahren geforscht wurde, haben hier die beteiligten Unternehmen wie letztlich auch die gesamte Branche ihre Leistungsfähigkeit unter Beweis stellen können.

Aber das Thema Biotechnologie hat natürlich weitaus mehr zu bieten als nur die aktuelle Bekämpfung der Corona-Pandemie. Denn sie soll letztlich helfen, die tatsächlichen Geißeln der Menschheit, insbesondere die klassischen Zivilisationskrankheiten wie Herz- und Kreislauferkrankungen, Krebs und Diabetes in den Griff zu bekommen. Doch das ist letztlich nur ein Teilbereich der Biotechnologie.

Denn die moderne Biotechnologie umfasst weitaus mehr Anwendungsgebiete als nur den medizinischen Sektor. So wird unterschieden zwischen der sogenannten roten, grünen und weißen Biotechnologie. Rot steht hierbei für (Human-)Medizin, das Grün für landwirtschaftliche Anwendungen und weiß für industrielle Einsatzgebiete.

Bevor wir hier auf die aktuelle Situation kommen, sollte durchaus auch noch einmal der Blick in die Vergangenheit geworfen werden, um abschätzen zu können, welche Innovations-Dynamik hier vorzufinden ist. Vor 46 Jahren wurde mit der erstmaligen Vorstellung des Prinzips zur Herstellung monoklonaler Antikörper quasi die Geburtsstunde der Biotechnologie eingeläutet. 1976 ging mit Genentech, heutzutage zur Schweizer Roche AG gehörend, das erste Biotech-Unternehmen an den Start, damals mit der Produktion eines Wachstumshormons.

Weitere historische Highlights waren 1998 die erstmalige Kultivierung von embryonalen Stammzellen im Labor wie auch die Entzifferung des Humangenoms Anfang der 2000er-Jahre. 2007 wurde erstmals das sogenannte CRISPR/Cas9-System vorgestellt, mit dem es möglich ist, DNA-Stränge gezielt zu schneiden und neu zusammenzusetzen.

Aus diesen Anfängen und Weiterentwicklungen hat sich inzwischen ein globaler Markt entwickelt, der in diesem Jahr erstmals die Schallmauer von 1 Billion Dollar Marktvolumen durchbrechen könnte. Prognosen wie beispielsweise von Grand View Research gehen davon aus, dass der Biotechmarkt bis 2028 auf fast 2,5 Billionen Dollar wachsen könnte, was einer jährlichen Wachstumsrate von knapp 16 % entsprechen würde.

Die Impulse für das Wachstum kommen dabei insbesondere von der Tatsache, dass inzwischen in den USA vier von 10 durch die US-Arzneimittelbehörde FDA zugelassenen neuen Medikamenten biotechnologischen Ursprung haben. Dabei liegt ein besonderes Augenmerk auf sogenannten Orphan Drugs, die über schnellere Zulassungsverfahren in den Markt kommen können, weil sie sehr spezielle Krankheiten, meist mit eher geringem Marktvolumen, adressieren. Außerdem gibt es immer mehr biotechnologische Therapien, die einen hohen Individualisierungsgrad bei der Patientenbehandlung aufweisen.

Dabei zeigt sich auch immer mehr, dass die Biotechnologie eine der klassischen Konvergenz-Branchen ist. Was bedeutet das? Sie ist eine Schnittstellen-Wissenschaft, die neben dem medizinischen Aspekt auch immer stärker andere technologische Trends und Innovationen für sich nutzbar macht. Sie steht dabei geradezu unter Zugzwang, denn je tiefer die neuen Therapieansätze in die menschliche Natur eindringen und je individualisierter die Therapien werden, umso größere Datenmengen müssen verarbeitet werden, um letztlich bereits im Laborstadium entsprechend aussichtsreiche Produktkandidaten zu identifizieren. Das ist inzwischen nur noch teilweise mit menschlichen Fertigkeiten zu fassen. Es ist gerade die Biotechnologie, wo inzwischen immer stärker auch Ansätze der Künstlichen Intelligenz bzw. der Big Data-Anwendungen eingesetzt werden.

Damit haben wir auch schon zwei Trends genannt, die nicht nur aktuell in der Biotechnologie eine Rolle spielen, sondern in den nächsten Jahren erhebliches Wachstumspotenzial haben. Im Folgenden die aus unserer Sicht wichtigsten Trends in diesem Bereich.

Künstliche Intelligenz (Artificial Intelligence)

Künstliche Intelligenz (KI oder AI) gilt derzeit als wichtigste Einflussgröße in der Biotech-Forschung. Hierbei geht es vor allem auch um das Thema Maschinenlernen bzw. sogenanntes „Tiefes Lernen" (Deep Learning), das demografische Aspekte, die Medikamenten-Entdeckung und externe Umweltfaktoren betrifft. Letztlich wird Künstliche Intelligenz nach heutigem Erwartungsstand die Art und Weise revolutionieren, wie neue Therapien entdeckt werden können.

Bereits jetzt gibt es dafür bereits eine ganze Reihe von Beispielen, unter anderem in der Krebsforschung. Und wenn es jetzt schon nach einigen Marktexperten ginge, würde die Künstliche Intelligenz womöglich in Zukunft komplett die menschliche Forschungsarbeit ablösen können. Schon jetzt hat die Künstliche Intelligenz den größten Einfluss auf die Pharmaforschung. Der Branchendienst StartUs Insight hat diesbezüglich im Rahmen der aktuellen Top 10-Trends der KI eine Einflussgröße von rund 26 % zugebilligt.

Dabei könnte der Bereich Künstliche Intelligenz in der Pharmaforschung bis 2024 auf rund 1,4 Milliarden Dollar Volumen wachsen, das entspricht mehr als einer Verfünffachung - und dies gegenüber dem Jahr 2019 mit einer erwarteten durchschnittlichen jährlichen Wachstumsrate von über 40 %.

Big Data

Die Biotech-Forschung funktioniert heutzutage im Wesentlichen und vor allem auch über enorme Datenmengen aus den verschiedenen Quellen. Dies betrifft nicht nur die direkte Erforschung von möglichen Therapiekandidaten, sondern es geht dabei auch um Daten, die beispielsweise aus Sensoren gesammelt werden oder im Zusammenhang mit Geräten aus dem Internet der Dinge.

Die Datenmengen erfüllen dabei nicht nur die Aufgabe, letztlich Forschungsergebnisse zu erlangen, sondern sind inzwischen insgesamt auch ein Vermögenswert für die jeweiligen Unternehmen, quasi auch als Tauschwert im Rahmen von Kooperationen mit größeren Firmen.

Auch hier sind letztlich überdurchschnittlich hohe Wachstumsraten zu erwarten. Für den gesamten Big Data Market global wird damit gerechnet, dass dieser bis 2022 ein Volumen von rund 230 Milliarden Dollar erreichen kann mit einer jährlichen Wachstumsrate von 10,6 %. Zwar stehen uns derzeit keine separaten Zahlen für den Biotech-Big Data Market zur Verfügung. Hier gibt es allerdings einige Schätzungen, die eher in Richtung von 30 % jährlichem Wachstum gehen.

Gene Editing

Wie schon angeführt, gehört die sogenannte Gen-Schere zu den großen Errungenschaften der Biotechnologie in den letzten Jahrzehnten. Das alles ist verknüpft mit dem Begriff CRISPR/Cas9. Eine kurze Erklärung dazu: Dabei geht es darum, über den präzisen Einsatz von bestimmten Enzymen DNA-Stränge zu teilen. Über diesen Weg können dann kranke oder irgendwie andersartig schadhafte Gensequenzen aus dem Strang herausgeschnitten werden oder auch zusätzliche Sequenzen eingefügt werden.

Die Gen-Schere oder Gene Editing findet dabei ihren Einsatz sowohl in der Humanmedizin als auch beispielsweise in der Landwirtschaft zur gezielten und schnelleren Züchtung neuer Pflanzen. Im Bereich Humanmedizin ist diese Technologie nicht gänzlich unumstritten, da sie gezielt in das

Erbgut eingreifen kann, was bei Bedenkenträgern die Sorge auslöst, dass hier Designer-Menschen geschaffen werden können.

Das ist sicherlich nicht ganz von der Hand zu weisen. Aber genauso gilt auch, dass über die Genschere bislang nicht therapierbare genetische Erkrankungen behandelt werden könnten - und das in einem hohen Maß an Individualisierung.

Der Bedarf dafür scheint enorm. So wird damit gerechnet, dass der Gene Editing-Markt weltweit von rund 3,8 Milliarden Dollar in 2019 auf 10 Milliarden Dollar 2026 mit einer jährlichen Wachstumsrate von knapp 15 % wachsen kann. Natürlich dürfte angesichts der möglichen Anwendungsgebiete hier in den kommenden Jahren auch einer Beschleunigung des Wachstums möglich sein.

Gen-Sequenzierung

Die Gen-Sequenzierung ist das wohl eindrucksvollste Beispiel für den technologischen Fortschritt. Als 2003 das Projekt zur Identifizierung des Human-Genoms startete, wurden bis zum Erfolg zweieinhalb Jahre gebraucht mit Kosten von rund 3 Milliarden Euro. 2007 kündigte der Molekularbiologe und Nobelpreisträger James Dewey Wat-

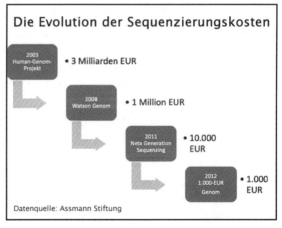

Die Evolution der Sequenzierungskosten

2003 Human-Genom-Projekt • 3 Milliarden EUR

2008 Watson Genom • 1 Million EUR

2011 Netx Generation Sequenzing • 10.000 EUR

2012 1.000-EUR Genom • 1.000 EUR

Datenquelle: Assmann Stiftung

son an, sein eigenes Genom sequenzieren zu wollen. Das kostete nur noch 1 Million Dollar. Mit dem technologischen Fortschritt bei der Sequenzierung fielen die Preise pro Genom extrem. Heutzutage kostet solch eine Sequenzierung nicht einmal mehr 100 Dollar und ist in wenigen Stunden erledigt.

Das hat erhebliche Ressourcen freigesetzt, um schnell und kostengünstig neue diagnostische Ansätze zu entwickeln und in der Praxis umzusetzen. Auch hier geht es inzwischen um einen hohen Grad an Individualisierung beim Patienten.

Entsprechend stark sind die Wachstumsaussichten. Der sogenannte Next Generation Sequencing Market hatte im vergangenen Jahr ein Marktvolumen von rund 5,8 Milliarden Dollar. Er soll bis 2027 auf über 22 Milliarden Dollar zulegen können, eine durchschnittliche jährliche Wachstumsrate von über 21 %.

Präzisionsmedizin

Die Präzisionsmedizin ist auf Basis der schon genannten Trends eher ein Querschnittstrend, der, wie schon mehrfach angesprochen, die Fortschritte sowohl in der Gen-Bearbeitung als auch in der Sequenzierung dafür nutzt, individualisierte Behandlungsstrategien zu entwerfen, anzuwenden und zu überwachen. Wobei wir auch hier zunehmend die Schnittstelle zu anderen Technologiebereichen wie Hard-und Software haben, mit deren Hilfe die entsprechenden Behandlungsansätze geplant und überwacht werden können.

Die weiteren Wachstumsaussichten sind sehr robust. So könnte bis 2024 ein jährliches Wachstum von rund 12 % möglich sein. Längerfristig bis 2030 wird von einem Volumen im Bereich von rund 740 Milliarden Dollar ausgegangen. Das entspricht einer jährlichen Wachstumsrate von gut 12 %.

Und sonst noch?

Damit sind die fünf größten und wichtigsten Trends innerhalb der Biotechnologie beschrieben. Aber es gibt natürlich noch weitere mit zum Teil erheblichen Wachstumsmöglichkeiten. Dabei geht hauptsächlich um Möglichkeiten der Reproduktion geschädigter Gene, Zellen oder Organe. Hier kann man die Trends wie Tissue Engineering, übersetzt Gewebeersatz, und Bio-Printing, die gezielte Herstellung (Drucken) von Produkten aus bio-basierten oder biologischen Materialien, zusammenfassen.

Außerdem gibt es die Trends Bio-Manufacturing und Synthetic Biology, mit denen einerseits Bio-Materialien als Ausgangsbasis für verschiedene

Produkte, beispielsweise im Lebensmittelbereich oder bei Spezialchemie, genutzt werden, andererseits über synthetische Materialien eine höhere Standardisierung von biologischen Produkten erreicht werden soll.

Den Abschluss bilden die sogenannten Microfluidics. Hier weist schon der Name darauf hin, dass es eine Verbindung zur Halbleitertechnologie gibt. Denn mit Microfluidics sollen Kombinationen von diagnostischen Systemen auf Halbleitern bis hin zu simulierten Organen auf Halbleitern erreicht werden.

Alles auf dem Tisch

Um es noch einmal zusammenzufassen: Der Biotechnologie stehen inzwischen diagnostische und therapeutische Systeme und Techniken zur Verfügung, um mit einem sehr breiten Ansatz die großen Zivilisationskrankheiten mit sehr individualisierten Therapien zu behandeln. Dabei wird in einigen Methoden natürlich immer noch Neuland beschritten, Stichwort Gen-Schere. Aber angesichts der demografischen Entwicklung insbesondere in der westlichen Welt, aber natürlich auch in den Schwellenländern und Emerging Markets, dürfte der Bedarf an entsprechenden Therapien in den kommenden Jahren und Jahrzehnten stetig zunehmen.

Wobei man auch sehen muss: Die Biotechnologie bleibt ein Sektor, der über ein sehr ausgeprägtes Risikoprofil verfügt. Denn auch wenn sprichwörtlich alle Werkzeuge auf dem Tisch liegen, ist das natürlich noch keine Garantie dafür, dass die entsprechenden Biotech-Firmen bei ihren Forschungen und Entwicklungen tatsächlich Erfolg haben bzw. diesen letztlich dann am Ende kommerzialisieren können. Wobei immer wieder daran erinnert werden sollte, dass übliche Zeiträume von der Entdeckung eines Therapie- bzw. Medikamenten-Kandidaten bis hin zu seiner tatsächlichen Markteinführung eher zwischen 7 bis 10 Jahren liegen.

Kurzer Exkurs zu den Corona-Impfstoffen

In diesem Zusammenhang gleich noch der Seitenblick auf die bekannten Impfstoffkandidaten. Denn auch hier sind ja mehrere Biotech-Firmen beteiligt gewesen bzw. sind es immer noch. Hier stellt sich die Frage, welche tatsächlichen Wachstumsaussichten diese Firmen mit ihren Impfstoffen haben. Das dürfte wohl vor allem aktuell vom politischen Rahmen, der durch die jeweiligen Regierungen gesetzt wurde und wird, beeinflusst werden.

Wobei man hier in gewisser Weise einen Seitenblick auf die jährlichen Grippe-Mittel werfen kann. Die sind ein robustes Geschäft für die beteiligten Pharmafirmen, verdienen aber keinen übermäßigen Bewertungsaufschlag, wie es jetzt bei den Corona-Impfstoffherstellern der Fall ist. Dass diese beginnen, insbesondere mit der mRNA-Technologie nun auch andere Therapiegebiete wie beispielsweise Krebs in Angriff zu nehmen, ist somit folgerichtig. Aber wir würden uns schon sehr wundern, wenn diese neuen Entwicklungen sich dann nicht wieder in das übliche Forschungsschema einpassen, also noch etliche Jahre vor sich haben, ehe sie vielleicht an den Markt kommen.

Eine Investment-Strategie

Welche Investmentstrategie bietet sich insgesamt für den Biotech-Sektor an? Hier ist nach wie vor eine Kombination aus marktbreitem Ansatz und komplementär dazu ausgewählten Einzel-Engagements empfehlenswert. Für die marktbreite Lösung bieten sich verschiedene ETFs an, wie üblich hauptsächlich aus Amerika. Allerdings sollte man dabei genau darauf achten, welchen Basis-Index man auswählt und ob dieser zur persönlichen Risikoneigung passt. Exemplarisch dafür stehen hier die beiden Sektor-Indizes Nasdaq Biotechnology Index und S&P Biotechnology Select Industry Index.

Während der Nasdaq Biotechnology Index mit 268 Mitgliedern etwas breiter aufgestellt ist, kommt der S&P Biotechnology Select auf 195 Mitglieder. Das ist allerdings nicht das entscheidende Kriterium. Wichtiger ist wohl, dass im Nasdaq Biotechnology Index beispielsweise auch klassische Pharmafirmen mit einbezogen werden. Natürlich findet man im Nasdaq auch die Impfstoff-Hersteller wie BioNTech oder Novavax. Diese sind im S&P Biotechnology Select überraschenderweise nicht zu finden. Hier geht es in der Zusammenstellung tatsächlich um ein echtes Pure Play, also ein stark fokussierter Index auf klassische forschende, teilweise auch schon vermarktende Biotech-Unternehmen.

Das Interessante daran ist letztlich der Performancevergleich. In der kurzfristigen Betrachtung seit März/April 2021 hatte der Nasdaq Biotechnology Index aufgrund der

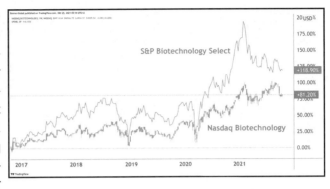

enormen Einflussgrößen durch die Impfstoffhersteller die Nase vorn. Legt man einen längeren Betrachtungszeitraum an, beispielsweise fünf Jahre, führt der S&P Select deutlich, per Fertigstellung dieses Beitrags rund 40 Prozentpunkte, in der Spitze zeitweise fast 90 Prozentpunkte.

Dass sich der Performanceunterschied inzwischen wieder angenähert hat, zeigt das Risiko. Denn bei den „normalen" Biotech-Firmen besteht natürlich auch immer wieder die Möglichkeit, dass es zu Verzögerungen und damit zu deutlichen Kursrückgängen kommt. Ein Index kann das zwar in gewisser Weise abfangen, aber eben nicht gänzlich.

Dennoch halten wir an dieser Stelle den S&P Biotechnology Select mit Blick auf einen längerfristigen Anlagehorizont für den interessanteren Index. Dazu gibt es auch spezielle ETF-Lösungen wie beispielsweise den SPDR S&P Biotech ETF.

Und wie sieht es mit einzelnen Aktien aus? Hier kann man sicherlich vor allem einen Rat geben: Konzentrieren Sie sich eher auf die Firmen, die in ihrer Forschungspipeline schon relativ weit fortgeschritten sind (ab klinischer Studienphase 2/3). Wir würden hierbei auch darauf achten, dass es einen Mix von Firmen gibt, die einerseits über eine gewisse Vermarktungs-Pipeline verfügen. Denn diese können Forschungsrückschläge besser verkraften. Ein-Produkt-Unternehmen sind zwar hinsichtlich ihrer möglichen Gewinnpotenziale wesentlich spannender, aber eben auch deutlich rückschlagsgefährdeter. Insofern sollten diese nur das sprichwörtliche Salz in der Suppe sein.

Es gibt nichts, was so verheerend ist wie ein rationales
Anlageverhalten in einer irrationalen Welt.
(John Tempelton)

16

Digitalisierung verändert den Gesundheitssektor nachhaltig

Carsten Müller

Die Zukunft der medizinischen Versorgung ist digital. Das ist eine der Lehren, die Märkte und Verbraucher nicht zuletzt aus der Corona-Pandemie gezogen haben. Dabei gab es Telemedizin, eHealth und ähnliche Begrifflichkeiten bereits vor der Pandemie. Doch erst Corona hat hier viele schon mögliche Lösungen einer breiteren Bevölkerung wie auch Ärzten nähergebracht.

Mit dem Ergebnis, dass ein Trend in Gang gesetzt wurde, der in den nächsten Jahren und voraussichtlich auch Jahrzehnten an Dynamik und Breite gewinnen wird. Wobei man allerdings nicht außer Acht lassen sollte, dass es noch einige Hürden zu meistern gibt.

Die Grundlage für einen zukünftigen Siegeszug von Telemedizin/ eHealth wird natürlich als Erstes in den Technologien selbst gelegt. Der technische Fortschritt hat hier inzwischen anwendbare IT-Systeme, Hard- und Software-Anwendungen hervorgebracht, die in der Lage sind, wichtige Dienstleistungen abzudecken. Dies ist auch der Ansatz einer Gruppe von Unternehmen in diesem Sektor, den Infrastruktur-Dienstleistern.

Weitere Treiber der Entwicklung sind zunehmend veränderte regulatorische Rahmenbedingungen. Exemplarisch dafür stehen die USA, wo der Patient Protection and Affordable Care Act eine Umstrukturierung der privaten Medicare-, Medicaid- und Versicherungsprogramme angestoßen hat. Kernstück dabei sind die sogenannten EHR (Electronic Health Record), also elektronische Patientenakten. Mit ihnen soll die Dateninteroperabilität verbessert werden. Mit der Folge, dass auch im amerikanischen Gesundheitswesen insgesamt eine stärkere Nachfrage nach eHealth-Lösungen stattfand und noch stattfindet. Allerdings:

Man sollte nicht übersehen, dass eHealth sowohl von Verbraucher- als auch von Medizinerseite immer noch relativ viel Misstrauen oder Zögern entgegengebracht wird. Durchaus nachvollziehbar. Die Patienten beklagen, dass die menschliche Komponente in der Behandlung möglicherweise verschwindet oder stark eingeschränkt wird. Darüber hinaus gibt es auch immer wieder Sorgen um die Datensicherheit. Aus Medizinersicht fühlt man sich mitunter verunsichert, weil schlicht das technologische Know-how fehlt und man nur zusätzliche Arbeiten mit der Erstellung und Pflege neuer IT-Systeme fürchtet. Manche gehen dann letzten Endes auch so weit, dass sie eHealth nur einen begrenzten oder gleich gar keinen klinischen Nutzen zusprechen.

Dennoch: Der Markt wächst zunehmend dynamisch. Was vor allem daran liegt, dass die eHealth-Lösungen derzeit vorrangig in ambulanten medizinischen Einrichtungen eingeführt und genutzt werden. Entsprechende Projekte rund um den Globus kann man in der einschlägigen Fachliteratur nachlesen. Für den Gesamtmarkt könnte das auch ein recht günstiger Weg sein, da dadurch Patienten und Mediziner im überschaubaren Rahmen in Kontakt mit den neuen IT-Lösungen und Dienstleistungen treten und diese sich davon ausgehend dann auch im klinischen Bereich verbreiten.

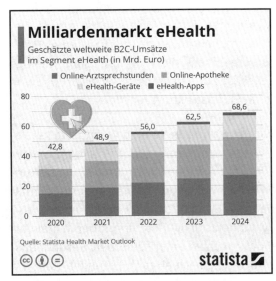

Welches Potenzial steckt nun im eHealth-Markt? Für den gesamten globalen eHealth-Markt haben die Analysten von Markets-andMarkets ein Volumen von knapp 70 Milliarden Dollar geschätzt. Bis 2025 soll der Markt dann auf rund 194 Milliarden Dollar wachsen können, was einer durchschnittlichen jährlichen Wachstumsrate von 22,8 % entsprechen würde. Als Wachstumstreiber gelten hier einerseits die Regierungen, die insbesondere unter Kosten- und Effizienz-Aspekten eHealth in der Gesamtheit und in speziellen Projekten (zum Beispiel auch das E-Rezept in Deutschland) vorantreiben wollen.

Außerdem ist abzusehen, dass Emerging Markets und Schwellenländer eHealth quasi als Quantensprung zu einer besseren Gesundheitsversorgung nutzen könnten. Denn es ist wenig sinnvoll, hier erst klassische Strukturen im Gesundheitswesen aufzubauen, wenn man das gleich dezentral und mobil implementieren könnte.

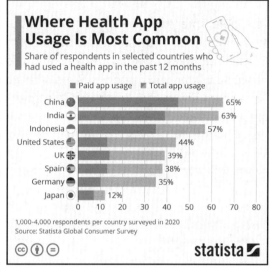

Where Health App Usage Is Most Common

Share of respondents in selected countries who had used a health app in the past 12 months

■ Paid app usage ■ Total app usage

Country	%
China	65%
India	63%
Indonesia	57%
United States	44%
UK	39%
Spain	38%
Germany	35%
Japan	12%

1,000-4,000 respondents per country surveyed in 2020
Source: Statista Global Consumer Survey

statista

Wobei auch festzustellen ist: Insbesondere der Siegeszug der Cloud öffnet auch für eHealth eine Vielzahl neuer und verbesserter Anwendungen, allerdings mit einem großen Manko. Denn die Eintrittshürden für Dienstanbieter werden dadurch immer geringer. D. h. nichts anderes, als dass insgesamt der Markt wohl relativ fragmentiert bleiben wird. Ein großes Fragezeichen steht dabei hinter möglichen Ambitionen der großen Internet-Konzerne, für die es natürlich ein Leichtes wäre, ebenfalls Telemedizin-Angebote zu strukturieren und anzubieten.

Zwischenfazit: eHealth/Telemedizin ist ein wichtiges Wachstumsthema in der Gesundheitsversorgung. Regierungen und Unternehmen planen und führen sehr viel durch, um die Akzeptanz bei Medizinern und Patienten zu erhöhen. Aber es bleiben Herausforderungen, die insbesondere auch technischer Natur sind. So gilt vor allem neben der nötigen Funktionalität die Frage der Datensicherheit als Top-Priorität. Wenn hier allerdings die richtigen Lösungen gefunden werden, wartet ein sehr hohes Wachstumspotenzial.

Im Folgenden noch der Blick auf einige Market-Player, die durch ihr Geschäftsmodell als aussichtsreich gelten.

Cerner Corporation

Die amerikanische Cerner ist so etwas wie der Hecht im eHealth-Teich. Bereits seit 40 Jahren ist das Unternehmen als IT-Dienstleister im Gesundheitswesen unterwegs. Neben Krankenhäusern und Arztpraxen gehören auch Krankenkassen und Bundesbehörden zum Kundenkreis. Das Unternehmen entwickelt, liefert und implementiert unter anderem Informationssysteme und Hardware, übernimmt auch Schulungen, die Fernwartung und Abrechnung von Gesundheitsleistungen.

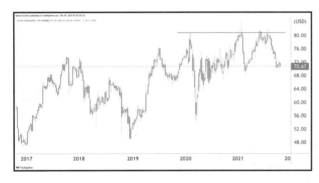

In den vergangenen Jahren hat Cerner dabei eine Phase der Neupositionierung durchlaufen. Im Mittelpunkt stand und steht das Ziel, insbesondere Software-Anwendungen auf Cloud-Plattformen zur Verfügung zu stellen. Cerner ist gleichfalls sehr aktiv beim Projekt der elektronischen Patientenakte, wo auch das Thema Künstliche Intelligenz mit hineinspielt. Bislang machte das Unternehmen einen Jahresumsatz von 5,5 bis 5,8 Milliarden Dollar. Im kommenden Jahr könnte man erstmals die Marke von 6 Milliarden Dollar überwinden. Dabei wird die Aktie von Cerner noch relativ normal mit einem KGV von unter 22 für das Jahr 2021 bewertet.

Teladoc Health

Hierbei handelt es sich um einen der renommiertesten Anbieter virtueller Pflege und Expertenwissen. Das umfasst telemedizinische Dienstleistungen, medizinische Gutachten, Analysen und verschiedene Plattform-Dienste. Dabei bietet das Unternehmen seine Dienstleistungen sowohl

Angestellten als auch Unternehmen im Rahmen von Gesundheitsplänen an. Natürlich gehören auch Kliniken etc. zum Kundenkreis.

Dabei zeigt Teladoc ein äußerst dynamisches Wachstum. Im Geschäftsjahr 2021 könnte sich der Umsatz fast verdoppelt haben, nachdem schon im Vorjahr eine knappe Verdoppelung möglich 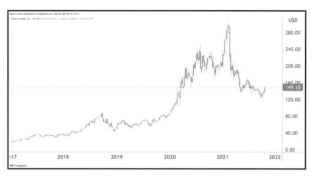 war. Für das kommende Jahr wird immerhin noch mit einem Umsatzplus von gut 25 % gerechnet. Allerdings weist die Firma immer noch tiefrote Zahlen aus, die wohl erst 2024 beendet werden könnten, dann allerdings mit einem sehr hohen Wachstumsmomentum. Wichtig wäre, dass das Unternehmen - wie derzeit prognostiziert - im Geschäftsjahr 2021 erstmals einen operativen Gewinn machen kann.

Compugroup Medical

Auch ein deutsches Unternehmen findet sich unter den eHealth/Telemedizin-Aktien - Compugroup Medical. Das Unternehmen stellt Informationssysteme für Arztpraxen und Apotheken zur Verfügung sowie Software zum Einsatz in Kliniken bis hin zur schon angesprochenen elektronischen Patientenakte. Zuletzt war ein besonderes Wachstumsthema die Einführung der Telematikinfrastruktur in Deutschland, an die sich alle Arztpraxen anbinden mussten. Die Telematikinfrastruktur soll dabei die sichere und schnelle Kommunikation zwischen Ärzten, Psychotherapeuten, Krankenhäusern und anderen ermöglichen.

Darauf aufbauend wurde inzwischen auch die Nutzung von KIM (Kommunikation im Medizinwesen) verpflichtend. Für diesen Kommunikationsdienst steht Compugroup unter anderem als Anbieter im Markt zur Verfügung. Wir sind uns sehr sicher, dass weitere Projekte im Rahmen der

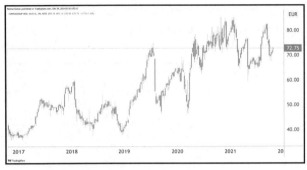

Telematikinfrastruktur folgen werden.

Das spiegelt sich letztlich auch in den Prognosen von Compugroup Medical wider. Das Unternehmen hatte im September 2021 erstmals mittelfristige Ziele bekannt gegeben. Dabei strebt man bis 2025 eine Ebitda-Rendite von ca. 27 % an. Zwischen 2021 bis 2025 will man dabei jährlich um 5 % im Umsatz wachsen.

Fazit: Natürlich gibt es noch eine ganze Reihe anderer Unternehmen, die sich mit eHealth/Telemedizin-Lösungen beschäftigen. Auch das Thema Sicherheit kann man entsprechend in Verbindung bringen. Hier sind dann allerdings eher taktische Dispositionen gefragt, da das generelle Trendthema noch sehr jung ist und sich der Markt diesbezüglich noch in der Ausgestaltung befindet. D. h.: Es werden auch neue Wettbewerber auftreten, andere werden verschwinden, es wird zu Konsolidierungen kommen. Alles in allem also eine Branche bzw. ein Sektor, der noch sehr stark in Bewegung ist. Mit etwas Flexibilität dürften allerdings Engagements auch unter längerfristigen Aspekten aussichtsreich sein.

17

Die Nebengewächse

Hans A. Bernecker

Zu jeder Börsenperiode gehören die Hauptgewächse im Garten des Kapitalmarktes: Aktien und Anleihen als liquide neben Immobilien als illiquide Assets. Sie sind wie der stämmige Baum, um den herum sich unterschiedliche Nebengewächse entwickeln, deren Entstehung so ähnlich verläuft wie in einem wilden Garten, in dem kein ordnender Gärtner frühzeitig darauf achtet, sie zu beschneiden. Das lässt sich der Reihe nach recht gut nachvollziehen.

Entscheidend in diesen Fällen ist, um bei unserem Bild zu bleiben, die Bewässerung aller Pflanzen und/oder ihre Stimulierung mit geeigneten Düngemitteln bzw. ihre Begrenzung durch den Einsatz von Pestiziden.

Die ungeheure Geldmenge, die in den letzten 20 Jahren von den Notenbanken und Staaten produziert wurde, ist hinreichend bekannt und viel diskutiert. Die beste Leitlinie dafür ist die Entwicklung der Bilanzsummen der großen Notenbanken.

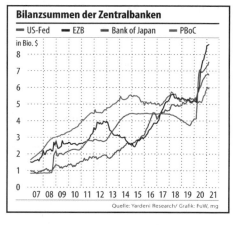

Bilanzsummen der Zentralbanken

— US-Fed — EZB — Bank of Japan — PBoC

in Bio. $

07 08 09 10 11 12 13 14 15 16 17 18 19 20 21

Quelle: Yardeni Research/ Grafik: FuW, mg

Es begann bereits Anfang der 80er-Jahre damit, dass die bis dahin ausgeuferten Entwicklungen in den Kerndaten der Inflation und den Zinsen zu erheblichen Verzerrungen führten, die mit der berühmten Zinswende ab 1981 zu einer völlig anderen Bewertung führten. Im Grundsatz gilt: Sinkende Zinsen und sinkende Inflation begünstigen grundsätzlich Investments mit Qualität. Da die Geldmengensteuerung bescheidener ausfiel, ergab sich ein sehr zuverlässiger Markttrend in der ganzen Breite, aber mit relativ wenig Besonderheiten.

Gold spielt stets eine Sonderrolle. Die einen orientieren den Goldpreis an den genannten Daten Inflation und Zins, die anderen an politischen Risiken, gleichgültig wo und wie, und die Dritten nehmen die alten Ägypter zum Vorbild, die zu den ersten Goldliebhabern gehörten. Der Goldtrend der letzten 20 Jahre ist deshalb ebenso interessant zu verfolgen wie schwer zu interpretieren.

Warum der Goldpreis von 250 Dollar je Unze auf knapp 2.000 Dollar kontinuierlich gestiegen ist, weiß bis heute niemand zu erklären. Als bestes Argument gelten wohl die umfangreichen Käufe der Chinesen, nachdem diese infolge ihres Importbooms riesige Überschüsse erwirtschafteten, die entweder in Dollar oder Gold bzw. Euro anzulegen waren und noch sind.

Dem anschließenden deutlichen Rückgang des Goldpreises kann ebenso wenig mit schlüssigen Argumenten beigekommen werden. Am wahr-

scheinlichsten ist die Erklärung, dass mit dem zügigen Aufbau von Währungsreserven in vielen Ländern auch Investments in Aktien die interessanteste Alternative darstellten.

Ein direkter Zusammenhang zwischen Aktien und Gold lässt sich ebenfalls nicht solide begründen. Auch der aktuelle Vergleich der letzten Jahre führt nicht weiter. Während Aktien neue Rekorde erreichten, tut sich Gold als Trend sehr schwer. Lediglich die Deutschen bleiben bis zur Stunde die nachhaltig solidesten Investoren von Gold und sind zum Jahreswechsel 2021/22 in Summe der größte Goldinvestor der Welt: ca. 9.300 Tonnen.

Mit der zitierten Wende in der amerikanischen Geldpolitik ab 1981/82 unter einem neuen Präsidenten mit einer anderen Steuerpolitik veränderte sich das grundsätzliche Verhalten der Fed am amerikanischen Markt und infolgedessen auch schrittweise im Umfeld der EZB. Die Steuerung der Geldmenge wurde eines der wichtigsten Instrumente mit nachhaltiger Wirkung. Beszogen auf den Aktienmarkt:

Nicht Direktinvestments in Aktien, sondern Wetten auf die Kursentwicklung von Aktien ohne Wert wurden das neue Spiel. Damit war der Optionsschein geboren. Dieses Instrument war schon früher üblich und bekannt, aber nun setzte ein wahrer Boom ein. Für die Deutschen ergab dies völlig neue Perspektiven. Von ca. 1982 bis 1987 erhöhte sich das gehandelte Volumen von Optionsscheinen auf deutsche Aktien auf Größenordnungen, die über dem Marktwert des ganzen DAX & Co. lagen, damals gerechnet im FAZ-Index.

Am 19. Oktober 1987 war die Party dann allerdings vorbei. Nach dem berühmten Crash in New York mit einem Tagesverlust von 20 % und dem deutschen Äquivalent in der gleichen Größenordnung waren sämtliche Optionsscheine innerhalb von 20 Minuten 0 D-Mark wert. Damit war das erste Nebengewächs einer Hausse ausgerupft. Es dauerte mehrere Jahre, bis sich im Zuge der neuen Hausse ab 1995 bis 2000 eine ähnliche, aber bedeutend geringere Optionsscheinwelle aufbaute. Die Ursache lag vor allem im sogenannten Dotcom-Hype mit umfangreichen Hebelprodukten nach dem gleichen Prinzip.

Das Ende dieser Story lief weniger dramatisch, aber deutlich, wenn man sich den TecDAX anschaut, der eine Fortsetzung des Neuen Markt-Index darstellt.

Die gesamte Baisse führte zwar, gemessen an den Indizes, zu einer ungeheuren prozentualen Wertvernichtung, aber weniger in den Volumina. Betroffen war davon vor allem der schwere DAX mit einem Gesamtverlust von 2000 bis 2003 über rund 65 %. Doch real wurde weniger Geld von denen verloren, die schlicht und einfach das Desaster nach 9/11 und dem Irak-Krieg aussitzen konnten.

Die Periode der ultraleichten Geldpolitik setzte in vollem Umfang nach der Finanzkrise ein. Darüber ist an anderer Stelle bereits etliches gesagt und geschrieben worden. Das interessanteste Produkt wurde eine neue Kreation: Eine Art Ersatzwährung - der Bitcoin. Mittlerweile gibt es mehrere Varianten und die Kryptowährungen wurden inzwischen zu einem festen Bestandteil der Finanzspekulation. Sie liegen ähnlich wie Aktien und andere Produkte wie Jetons auf dem Spieltisch. Umfangreiche Studien und theoretische Überlegungen hierzu gehören zum Standardrepertoire einer jeden Publikation, denn tatsächlich sind Kryptowährungen ein theoretisches Produkt. Auf dem Gebiet der Finanzen sicherlich das Intelligenteste, was es bislang gab, aber beruhend auf mathematischen Kombinationen und bar jeder ökonomischen Grundlage.

Der Marktwert aller Kryptowährunegn lässt sich nicht genau feststellen, ist aber zu schätzen.

Damit steht fest, dass der Bitcoin und seine Varianten ein Medium darstellen, in dem tatsächlich gespielt werden kann. Und zwar so lange und so echt, wie es Käufer und Verkäufer gibt. Deren Motive mögen unterschiedlich aussehen, aber wo es einen Markt gibt, wird auch gespielt. Wo gespielt wird, wird Geld gewonnen und verloren. Damit ist der Kreis rund.

Auch Notenbanken müssen sich mit diesem Phänomen beschäftigen. Was eine Währung werden will, wie es Bitcoin-Jünger erwarten und verlangen, muss entweder eine ökonomische Grundlage haben oder als Währung akzeptiert werden. Daran mangelt es.

Eine Währung wird erst dann eine solche, wenn sie von allen Subjekten der Wirtschaft als Zahlungsmittel akzeptiert wird. Schon viele Zahlungsmittel versuchten in der Vergangenheit, eine Währung zu werden, was nie gelang. Die klugen Römer, die in Sachen Finanzen richtig überlegt hatten, führten deshalb in ihrem gesamten Weltreich keine einheitliche Währung ein, sondern lieferten nur mit dem Denar ein brauchbares Währungssystem, das neben den Währungen in den jeweiligen Ländern galt, die römisch kontrolliert waren. Nie wäre es möglich gewesen, von Syrien über Italien, Gallien und bis Britannien eine Einheitswährung zu etablieren, die alleingültig war.

Das Weltwährungssystem gilt nach den Vereinbarungen von Bretton Woods als weitgehend etabliert. Wer nicht dazugehören will, ist ein Verlierer. Wer sich den Regeln beugt und ihnen folgt, sitzt am gemeinsamen Tisch für Waren und Währungen. Macht es Sinn oder ist es eine Gefahr, eine Zweitwährung aufzubauen?

Es liegt weder im politischen noch im wirtschaftlichen Interesse, eine solche Strategie zu verfolgen. Dafür ist es eine immens interessante Bühne für alle Finanztransaktionen, die möglichst dem öffentlichen Interesse entzogen werden sollen. Denn Transaktionen im jetzigen System der Kryptowährungen sind ideale Kanäle für umfangreiche Schwarzgeldtransaktionen zwischen allen Subjekten der Wirtschaft inklusive Staaten.

Ohne die Superliquidität der Geldschwemme wären der Aufbau und die Karriere der Kryptowährungen wohl nicht gelungen. Das ist nicht genau zu beweisen, aber anzunehmen. Nur die überaus hohe Liquidität, die zu bewältigen war, bietet den Garten, in dem sich solche Gewächse dynamisch entwickeln können. Und wenn die Geldmenge abnimmt und der Boden etwas trockener wird, was dann?

Ob Bitcoin & Co. verschwinden, ist fragwürdig. Es ist zu verlockend, neben den üblichen Geldkanälen eine Alternative zu suchen oder aufzubauen. Voraussichtlich bleibt anzunehmen, dass Kryptowährungen mithin eine brauchbare Spielwiese bleiben, die hinreichend genutzt werden kann.

Zu jeder Hausse an den Aktienmärkten gehört eine besondere Begleiterscheinung mit Pfiff. Die jüngsten zwei Ereignisse der letzten 20 Jahre sind ein gutes Beispiel dafür.

Die Deutsche Börse Frankfurt nutzte Mitte der 90er-Jahre den Zeichnungsboom für Deutsche Telekom mit immerhin 12 Millionen neuen Aktionären, um diesen Neulingen eine besondere Spielwiese zu bieten, die sich Neuer Markt nannte. Jeder, der wollte oder konnte bzw. die Fantasie mitbrachte, sich daran zu beteiligen, war eingeladen. Ohne die übliche Beachtung der Emissionsvorschriften war jede Firma in der Lage, sozusagen freihändig Präsentationen zu veranstalten und Anlegern anzubieten, sich an ihr zu beteiligen. Dazu gehört in der Regel die Begleitung durch eine Bank, die die Schlüssigkeit und die Nachweisbarkeit der Geschäftsidee des jeweiligen Emittenten halbwegs prüfte.

Jeder, der eine Idee sowie Sinn für Public Relations hatte, war in der Lage, auf diese Weise seinen Plan freihändig zu verkaufen. Emissionserlöse in zweistelligen und teilweise dreistelligen Millionen D-Mark-Beträgen waren möglich.

Der Verlauf dieses Neuen Marktes erschließt sich am besten aus dem dafür extra kreierten Index NEMAX.

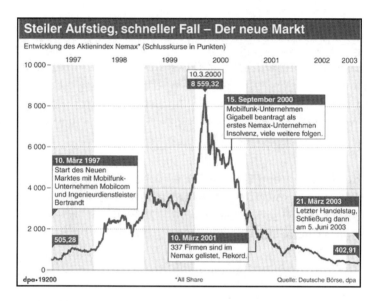

Der absolute Star wurde EM.TV. Aus einer kleinen Firma für die Vermarktung von TV-Rechten entwickelten die Brüder Haffa eine umfangreiche Story mit angesagten Beteiligungen der Formel 1 und daraus entstehenden Gewinnen in Milliardenhöhe. Der Ältere der beiden veranstaltete auf den Hauptversammlungen ein Feuerwerk von Ideen, mit denen jeder Millionär werden könne. Tatsächlich war EM.TV mit einem Börsenwert von über 6 Mrd. D-Mark für wenige Tage der Star am Markt. Die anschließende Talfahrt bis rund 2 D-Mark war die beeindruckende Erfolgsstory des neuen Marktes. Ergebnis:

Von insgesamt rund 120 Börsenneulingen blieben ganze 12 übrig, die inzwischen tatsächlich zu brauchbaren Firmen herangewachsen sind.

Machen wir einen Sprung ins Jahr 2020/21. Die beeindruckende Entwicklung der letzten Jahre ist hinreichend bekannt. Die Regeln des neuen

Marktes gibt es nicht mehr. Dennoch entwickelt sich im Sog der Geldmenge und dem Emissionsgeschäft inzwischen ein umfangreicher Markt von kleinen Firmen, die mit anspruchsvollen Zielen und weniger anspruchsvollen Finanzen nun das nachmachen wollen, was die Großen vormachen - am liebsten so wie die Big Boys in New York, deren Namen jeder kennt.

Wie viel Risiko steckt aktuell in diesen Segmenten oder Nebengewächsen? Die Struktur dieser Firmen ist erstmals klarer erkennbar und in der Einschätzung deutlich leichter. Dafür sprechen die Publizitätsvorschriften, die Aufsicht der Deutschen Börse und die Begleitung durch die Banken. Damit ist Gewähr gegeben, dass die Sterberate deutlich kleiner ausfallen wird, wenn eine mehr oder weniger große Korrektur an den Märkten nicht zu vermeiden sein wird. Denn jeder weiß:

Jeder Blase an den Finanzmärkten folgt stets eine Korrektur in den Asset-Märkten, also sowohl bei Anleihen als auch bei Aktien. Es wird interessant zu beobachten sein, wie dies ab 2022 - begleitet von den Notenbanken und deren Geldpolitik - gesteuert werden kann.

18

Quo vadis, Container- & Bulkerschifffahrtsmärkte?

Björn Meschkat

Nach mehr als 10 Jahren Durststrecke boomt seit Ende 2019 die kommerzielle weltweite Schifffahrt wieder. Warum schnellen die Fracht- und Charterraten auf den Container- und Bulkerschifffahrtsmärkten so immens in die Höhe?

1. Der weltweite Bestand an Containerschiffen wächst bis 2022 auf niedrigem Niveau nur sehr langsam. Die derzeitigen ESG-getriebenen (Environment, Social und Governance) Anlagekriterien begünstigen zudem keine neuen Bauaufträge, da nur wenige Werften neue, ökologisch effiziente Designs entwickelt haben. Die Baukapazitäten dieser Werften sind daher ausgelastet. Die Entwicklung neuer Schiffsdesigns kann bis zu 2 Jahren dauern.

2. Beeinflusst durch die Corona-Pandemie ist das Import- und Export-Containervolumen stark unausgewogen. Seit der Wiederaufnahme der chinesischen Fabrikproduktion im Frühjahr 2020 erholt sich Chinas Exporthandel stark. Daher wird eine große Anzahl von 20/40 Fuß-Schiffscontainern aus China exportiert, kehrt jedoch mangels Transportgut nicht nach China zurück. Der Rücktransport von leeren Containern aus Europa oder den USA nach Fernost hat zwar Priorität, sodass auf einigen Routen volle Container in den USA oder Europa stehen gelassen werden müssen. Containerschiffe können aus Ballastgründen jedoch nur bedingt Leercontainer transportieren. Dies führt zu einem Mangel an Containern in allen chinesischen Häfen.

3. Die am häufigsten verwendeten Container haben ISO-genormte Abmessungen - am gängigsten sind 20 ft. und 40 ft. Meistens sind alle Versandbehälter aus Trapez-Stahlblech gefertigt, haben geschlossene Flügeltü-

ren und sind mit den Schienen und Endrahmen verschweißt. Sie werden hauptsächlich für den Versand von Trockenmaterialien verwendet. Es gibt ca. 20 verschiedene Ausführungen, je nach Bedarf: Kühl (Reefer), flatracks, Tunnel, Panzer, insulated container, named cargo container (Vieh- und Autotransport).

Durch die Vielzahl der benötigten und verwendeten Containerarten ist es nicht möglich, diese schnell nachzuproduzieren. Der Preis für Seecontainer schwankt aufgrund der volatilen Stahlpreise und des USD. Der Preis bewegt sich normalerweise zwischen 1.950 und 2.300 USD. Infolge der Corona-Pandemie, gestiegener Stahlpreise und erhöhter Nachfrage lag der Preis für einen Trockenmaterial-Neucontainer mit Liefertermin Sommer 2021 bei ca. 6.200 USD.

4. Die chinesischen Häfen sind gezwungen, ihren Betrieb durch immer wiederkehrende Corona-Ausbrüche vorübergehend einzustellen. Ende August 2021 musste der Hafen Ningbo-Zhoushan, 250 Kilometer südlich von Shanghai - der zweitgrößte Frachthafen Chinas und der drittgrößte der Welt - seine Dienste für Tage einstellen.

5. Weltweit stehen Containerschiffe vor den Häfen im „Stau" und warten auf Abfertigung. Die Häfen kommen mit der Abwicklung nicht hinterher. Die Financial Times berichtete am 11. August 2021, dass davon 353 Containerschiffe betroffen sind. Davon stehen 22 Schiffe in Los Angeles/ Long Beach, dem wichtigsten Schifffahrtsverkehrsknotenpunkt in den USA, im „Stau". Diese Zahl erhöhte sich bereits am 26. August 2021 auf 40 Containerschiffe.

6. Stockende oder sogar zerstörte Lieferketten im Zuge der Corona-Pandemie, ein verändertes Kaufverhalten (Distanzhandel), der Konsum-Nachholbedarf und der Aufbau von Sicherheitslagerbeständen führen zu deutlich steigenden Transportvolumina. Unzureichende Transportkapazitäten und erhebliche Verkehrsüberlastung bringen es mit sich, dass in vielen Häfen eine große Menge an Transportkapazitäten überlagert werden muss. Mit Auswirkungen auf den gesamten Logistikumsatz!

Die daraus entstehende Nachfrage von Unternehmen nach Transportkapazitäten stößt auf ein stark vermindertes Containerschiffangebot, sodass Im- und Exporteure deutlich erhöhte Frachttransportraten pro 20 bzw. 40 Fußcontainer bezahlen müssen, damit ihre Fracht überhaupt transportiert wird.

Der Shanghai Containerized Freight Index (SCFI), der seit 2005 wöchentlich die Entwicklung der Exportfrachtraten von Containertransporten abbildet, die vom Hafen Shanghai, dem größten Containerhafen der Welt, ausgehen, verdeutlicht diesen immensen Anstieg der Frachtraten.

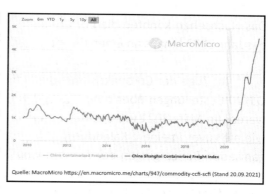

Quelle: MacroMicro https://en.macromicro.me/charts/947/commodity-ccfi-scfi (Stand 20.09.2021)

Lag der Index Ende 2019 noch bei ca. 900 Punkten, so startete er Anfang 2021 bei 2.782 und stieg bis Mitte September auf 4.622 Punkte.

Dieser Anstieg kommt den Charterern zugute, die sich über mittel- und langfristige Charterverträge niedrige Containerschiff-Charterraten gesichert haben und nun ihre Frachtraten seit Anfang des Jahres nach oben anpassen können. Aber auch Schifffahrtsunternehmen (Eigner), die ihre eigene Flotte in den letzten Jahren bedingt durch die gestiegenen Umweltanforderungen (Schwefelemissionskontrollgebiete (SECA)) modernisiert und marktkonform günstig finanziert haben, profitieren von diesem Frachtratenboom.

Einhergehend mit der Frachtratensteigerung entwickeln sich auch die Charterraten für die Anmietung von Containerschiffen rasant. Gemäß

New ConTex - Alle Raten/Angaben in US-Dollar($)

	New Contex							Additional Information						
	6 months		12 months					24 months					12 months	
Datum	Type 1100	Type 1700	Type 2500	Type 2700	Type 3500	Type 4250	ConTex	Type 2500	Type 2700	Type 3500	Type 4250	Type 5700	Type 6500	Type 1100	Type 1700
21.09.2021	43.321 ↗	62.983 ↗	71.323 ↗	77.755 ↗	84.185 ↗	92.550 ↗	3162 ↗	44.641 ↗	47.745 ↗	52.870 ↗	63.500 ↗	103.250 ↗	110.656 ↗	36.317 ↗	48.517 ↗

Quelle: Verband Hamburger und Bremer Schiffsmakler e.V. (VHBS) https://www.vhbs.de/index.php?id=28 (Stand 21.09.2021)

dem Index für den Containerschiffmarkt „New ConTex" befinden sich die Charterraten in den Größenklassen bis zu 6.500 TEU weit über den Boom-Charterraten des Jahres 2008.

Die Schiffseigner, die ihre Schiffe in der Vergangenheit kurz- bis mittelfristig verchartert haben, profitieren nun vom Boom der Charterraten. Das Nachsehen könnten die Eigner haben, die Ihre Schiffe langfristig über das Jahr 2023 hinaus an einen Charterer gebunden haben.

Im Zuge der Coronakrise fiel die Orderaktivität auf null, nachdem in Q1/20 Bestellungen über rund 200.000 TEU bei den Werften eingegangen waren. Im März 2021 wurden dann so viele Megacontainerschiffe geordert wie nie zuvor in einem Kalendermonat. Laut internationaler Schifffahrtsorganisation Bimco gingen bei Werften weltweit Bestellungen für 45 Schiffe mit Stellplatzkapazitäten von jeweils mehr als 15.000 TEU ein und 27 Bestellungen für kleinere Containerschiffe.

Insgesamt sind nur im März 21 Aufträge über eine Gesamtkapazität von mehr als 866.000 TEU abgegeben und damit annähernd so viel neue Kapazitäten bestellt worden wie im gesamten Jahr 2020 in Höhe von 995.000 TEU. Davon entfällt der weitaus größte Orderanteil von 795.000 TEU auf Q4/20.

Heute umfasst das gesamte Auftragsbuch für Containerschiffe 5,3 Mio. TEU Schiffskapazität, die ab 2023 in die weltweite Flotte aufgenommen werden soll. Zu Beginn des Jahres 2021 lag der Auftragsbestand noch bei 2,5 Mio. TEU. Seitdem wurde ein Rekordhoch von 3,3 Mio. TEU geordert.

Die massiven Bestellungen neuer Containerkapazität lässt das Verhältnis von bestellter zu bestehender Flotte (die sogenannte Orderbook to Fleet Ratio) auf derzeit 21,3 Prozent ansteigen. Vor 9 Monaten lag das Verhältnis noch bei 8,8 Prozent.

Da der Containerschifffahrtsmarkt im Gleichschritt mit dem weltweiten BIP wächst, ist es möglich, dass diese globale Logistikkrise die produzierenden Unternehmen dazu veranlassen wird, sich in Zukunft auf Nearshore-

Lieferketten statt auf globale Lieferketten zu konzentrieren. Dieses würde die Nachfrage nach globaler Containerfracht dämpfen.

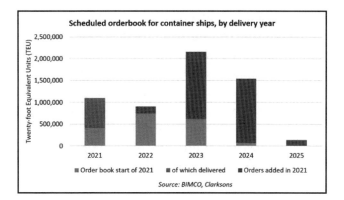

Sollte dies der Fall sein, so würden die derzeit bestellten Schiffska-pazitäten für einen Markt bereitgestellt, der diese langfristig nicht benötigt (Lebensdauer eines Containerschiffes bis zu 25 Jahren). Anleger, die heute in Schifffahrtsmärkte investieren, müssen sich daher der Rentabilitätsrisiken der Unternehmen bewusst sein.

Es ist davon auszugehen, dass sich etliche der oben skizzierten Probleme nach und nach auflösen werden, sodass sowohl Fracht- als auch Charterraten sich ab 2023 auf einem hohen Level einpendeln werden. In der Schifffahrt ist nichts unmöglich!

Neben der Containerschifffahrt verzeichnet auch der Transport von Trockenfracht (Dry Bulk) boomende Charterraten. Ähnlich wie auch in der Containerschifffahrt sind die Frachtraten für Massengut stark gestiegen. Der Baltic Dry Index steht mittlerweile auf dem höchsten Stand seit 11 Jahren.

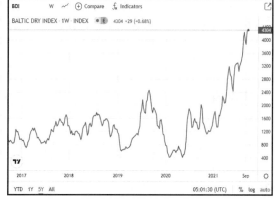

Die Akteure sind kreativ und weichen auf den Laderaum anderer Schifffahrtssegmente aus - vor allem in der Bulk- und der Projektschifffahrt. Speziell massenhaftes Stückgut wie Rohwaren und Halbfertigerzeugnisse der Stahlindustrie oder „Minor Bulk"-Commodities (Reis, Forstprodukte, spezielle Mineralien, Konzentrate etc.), die sich über die Jahre vom konventionellen Transport in den Containertransport verlagert haben, eignen sich gut. Diese zusätzlichen Volumina verstärken den Marktaufschwung in diesem Segment. Die mittleren und kleineren Größenklassen vom Panamax (74.000 bis 82.500 dwt) bis zum Handysize (28.000 bis 45.000 dwt), die für die bisherigen Container-Ladungspartien infrage kommen, punkten zurzeit mit den höchsten Fracht- und Charterabschlüssen seit über 10 Jahren.

Folgende Faktoren beeinflussen die Bulkschifffahrt positiv:

1. In Indien übersteigt die Stromerzeugung die nationale Kohleproduktion, die Lagerbestände sind niedrig, die Nachfrage nach Kohle steigt, um Engpässe in der Energieversorgung zu vermeiden.

2. Die chinesische Stahlproduktion markierte mit einem Wachstum von 11,5 % in H1/21 ein Rekordhoch.

3. Die US-Exporte von Sojabohnen und Mais haben eine Rekordsaison hinter sich. Die Verkäufe für die nächste Saison laufen auf Hochtouren.

4. Die Getreidenachfrage in China hat sich vollständig von der Afrikanischen Schweinepest erholt. Der chinesische 5-Jahres-Plan, der sich auf die Ernährungssicherheit konzentriert, könnte die Nachfrage nach Getreideprodukten auch in den kommenden Jahren auf einem erhöhten Niveau halten.

5. Infrastruktur-Investitionen treiben die Nachfrage nach Bulkgut und die De-Containerisierung trägt in Anbetracht des gewaltigen Ladungsüberflusses und der Überhitzung der Containerschifffahrt ihr Übriges dazu bei.

Der Neubau-Auftragsbestand für Bulker liegt mit 6 % der weltweiten Handelsflotte nahe am Rekordtief. Trotz der steigenden Nachfrage nach Trockenfrachtkapazitäten werden wenig Trockenfrachter nachbestellt. Die

ESG-getriebenen Anlagekriterien und gestiegenen Schiffsbaukosten dämpfen wie in der Containerschifffahrt die Aufträge für Neubauten.

Demnach könnte die positive Entwicklung der Bulker-Frachtraten deutlich länger andauern als bei den Containerschiffen.

Im Segment Schifffahrt ist die Investition in diverse börsennotierte Schifffahrtsunternehmen derzeit interessant. Auf die Analyse des Branchenprimus A. P. Møller-Mærsk verzichte ich zugunsten der Vorstellung einiger kleinerer interessanter Titel.

Euroseas (WKN: A2P XCQ) wurde 2005 gegründet, ist im Containerschifffahrtsmarkt tätig und setzt seine Schiffe auf Spot- und Zeitchartern sowie im Rahmen von Poolvereinbarungen ein.

Das Unternehmen verfügt über eine Flotte von 14 Schiffen, darunter 9 Feeder-Containerschiffe und 5 Intermediate Containerschiffe mit einer Ladekapazität von gesamt 42.281 TEU und einem Durchschnittsalter von 16,2 Jahren. Das Unternehmen stockt den Flottenbestand auf und hat zwei neue Feedercontainerschiffe mit Ablieferung in Q1/23 und Q2/23 bestellt.

Derzeit - meldet Euroseas - laufen neue, gut dotierte Charterabschlüsse. Anfang September gab Euroseas bekannt, dass für das in 2009 gebaute 4.250 TEU fassende MV Synergy Oakland ein neuer Zeitchartervertrag, Beginn ab Mitte 10/21, für einen Zeitraum von 60 bis 85 Tagen zu einer Bruttotagesrate von ca. 200.000 USD abgeschlossen wurde.

CEO Aristides Pittas nach ist dies die höchste Zeitcharterrate, die jemals von einem Euroseas-Schiff und eine der höchsten Raten, die überhaupt in der Containerschifffahrtsbranche erzielt wurde. Dieser Chartervertrag sichert über zwei Monate Einnahmen in Höhe von 12 bis 17 Mio. USD, wenn der Charterer die maximale Charterdauer fährt.

Für Q4/21 prognostiziert Euroseas einen Umsatz von 28 Mio. USD. Nun wird schon eines von 14 Schiffen allein einen Umsatz von 12 bis maximal 17 Mio. USD in Q4/21 erzielen. Die Umsatz- und Gewinnerwartungen werden in jedem Fall übertroffen. Wenn der Chartervertrag des MV Synergy Oakland Ende Q4/21 ausläuft und die Charterraten auf dem prognostizierten hohen Niveau verharren, kann für das MV Synergy Oakland eventuell ein Tagessatz von 100.000 USD für die nächste Charterperiode (voraussichtlich bis zu 180 Tagen) abgeschlossen werden. Dies würde bedeuten, dass schon eins von den 14 Schiffen mit ca. 18 Mio. USD zum Umsatz in den ersten sechs Monaten 2022 beiträgt.

Analysten gehen für 2022 von einem Gesamtumsatz von 114 Mio. USD aus. Der Gewinn je Aktie, der von 2012 bis 2019 negativ war und mit 0,58 USD im Jahr 2020 nur leicht die Profitabilitätsschwelle überschritt, soll im Jahr 2022 bei 8,15 USD liegen. Dies entspräche einem KUV von 1,6 und einem KGV von 3,1. Das höhere Gewinnniveau wurde mit einigen langfristigen Charterverträgen bereits gesichert, sodass von einem anhaltend höheren Gewinn je Aktie zwischen 8 bis 9 USD bis 2024 auszugehen ist. Die Aktie ist günstig bewertet und könnte die Aufwärtsbewegung bis weit in das Jahr 2022 fortsetzen.

Die Ernst Russ AG (ER, WKN: A16 107), Hamburg, ist eine international agierende Reederei und ein maritimer Investmentmanager mit Schwerpunkt auf der Asset-Klasse Schiff. Der Börsenwert beläuft sich derzeit auf ca. 135 Mio. Euro.

Zum 31. März 2021 betreute die ER-Gruppe eine Flotte von insgesamt 70 Schiffen, davon befinden sich 18 im Eigentum. Bei weiteren 14 Schiffen bestehen wesentliche Beteiligungen. Ferner werden weitere 38 Fondsschiffe durch Unternehmen der ER-Gruppe betreut. In diesem Jahr wurden zwei gebrauchte Containerschiffe dazu erworben.

Die Auslastung der Flotte liegt bei sehr guten 98,7 %, die durchschnittliche Tagescharter bei 15.651 USD und die durchschnittliche Restlaufzeit der Charterverträge 17,5 Monate. Im 1. HJ 2021 erzielte ER Umsatzerlöse von rund 39,6 Mio. Euro (Vorjahresvergleichszeitraum: 28,9 Mio. Euro, + 37 %) sowie ein Betriebsergebnis von etwa 8,6 Mio. Euro (Vorjahresvergleichszeitraum: 1,8 Mio. Euro).

Vor dem Hintergrund der positiven Entwicklung der Schifffahrtsmärkte und der für das Geschäftsjahr 2021 weitgehend abgesicherten Beschäftigungssituation der Schiffsflotte der Ernst Russ-Gruppe prognostiziert die Gesellschaft für das Gesamtjahr 2021 Umsatzerlöse in einer Bandbreite zwischen 85 und 90 Mio. Euro und ein Betriebsergebnis zwischen 24 und 26 Mio. Euro. Die Prognose basiert dabei u. a. auf den Annahmen einer fortlaufend stabilen Entwicklung der Chartermärkte, einer plangemäßen technischen Verfügbarkeit der Flotte der Ernst Russ-Gruppe in Höhe von rund 98 % sowie auf der Annahme eines durchschnittlichen Wechselkurses in Höhe von 1,20 USD/Euro.

Die Analysten gehen für 2022 von einem Gesamtumsatz von 96 Mio. Euro aus. Der Gewinn je Aktie wird in 2021 auf 0,36 und in 2022 auf 0,43 Euro geschätzt. Dies entspräche einem KUV von 1,07 und einem KGV von 22. Das höhere Gewinnniveau wurde mit einigen langfristigen Charterverträgen bereits gesichert, sodass von einem anhaltend höheren Gewinn je Aktie bis in das Jahr 2024 auszugehen ist.

Danaos Corporation (WKN: A2P H59) ist einer der größten unabhängigen Eigner von 66 modernen Containerschiffen in der Größe von 2,200 TEU bis 13,100 TEU.

Danaos nutzt das positive Marktumfeld und schließt derzeit mehrjährige Charterverträge zu Rekordraten ab.

Durch die vertraglich vereinbarten Cashflows ist das Unternehmen in der Lage, seine Verbindlichkeiten konsequent zurückzuführen, schüttet erstmalig seit 2008 wieder Dividende aus (2021 = 1 USD) und steigert seinen NAV (Net Asset Value) konsequent, der in Q2/21 bei 90,90 USD pro Aktie lag.

Die Danaos-Aktie ist von ihren Tiefstständen im April 2020 von ca. 3,00 USD auf heute 74,65 USD um sensationelle 3.380 % gestiegen. Danaos hat etliche Charterverträge jetzt schon neu und gut verhandelt. Beispielsweise zeigen dieses die neuen Charterverträge der MV Genoa und MV ZIM Luanda - zwei ihrer Post-Panamax-Schiffe (breiter als 32,3 Meter):

MV Genoa:
aktuelle Charterrate = 21.000 USD bis 11/21
ab 12 /21 = 40.000 USD bis 11/24

MV Zim Luanda:
bisherige Rate = 17.721 USD bis 09/21
aktuelle Rate = 30.000 USD bis 08/25

Viele der vertraglich vereinbarten höheren Charterraten haben zurzeit noch keine Auswirkungen auf den Umsatz des Unternehmens. Danaos erzielte in Q2/21 einen Gewinn pro Aktie von 3,34 USD. Da Ende 2022 weitere 16 Schiffe zu ihren höheren Raten fahren werden, liegt die durchschnittliche Gewinnschätzung bei 14,60 USD pro Aktie.

Danaos erzielte ohne Berücksichtigung des Gewinns aus dem Verkauf der ZIM-Beteiligung in Höhe von 196,2 Mio. USD in Q2/21 einen Netto-Cashflow aus dem operativen Geschäft in Höhe von 104,4 Mio. USD. Die Nettoverschuldung beläuft sich auf 1,12 Mrd. USD und einen Verschuldungsgrad des 3,1-Fachen. Der Verschuldungsgrad von Danaos lag Ende 2020 beim 4,5-Fachen und Ende 2017 beim 7,3-Fachen.

| | | | | Current charter | | Next Charter | |
| | | | | Charter | | Charter | |
Vessel	TEU	Age $^{(1)}$	Charterer	Rate	Expiry	Rate	Expiry
Suez Canal	5,610	19		$30,000	Mar 2023		
Genoa	5,544	19		$21,000	Nov 2021	$39,999	Nov 2024
Tongala	4,253	17		$30,750	Jan 2023		
Derby D	4,253	17		$25,000	Mar 2022	$36,275	Jan 2027
Seattle C	4,253	14		$25,000	Dec 2021	$45,000	Oct 2024
Vancouver	4,253	14		$23,500	Jan 2022	$45,000	Nov 2024
Rio Grande	4,253	13		$24,500	Feb 2022	$45,000	Nov 2024
Zim Sao Paolo	4,253	13		$21,150	Feb 2023		
Zim Kingston	4,253	13		$25,500	Apr 2023		
Zim Monaco	4,253	12		$20,000	Jul 2022		
Dalian	4,253	12		$30,750	Nov 2022		
Zim Luanda	4,253	12		$17,721	Aug 2021	$30,000	Aug 2025

Quelle: Investor Presentation Danaos (Stand 20.09.2021)

Die Barmittel belaufen sich nach Auskehren der Dividende auf 294,4 Mio. USD in Q2/21.

Der aktuelle Aktienkurs spiegelt die zugrunde liegende Nettogewinnentwicklung des Unternehmens nicht wider. Sollte Danaos beschließen, im

Jahr 2022 oder 2023 die Hälfte seiner Gewinne auszuschütten (bis dahin wird die Nettoverschuldung deutlich gesunken sein - sie könnte sogar gegen 0 USD tendieren), z. B. 10 USD pro Aktie, dann würde die Aktie bei ihrem derzeitigen Kursniveau eine Rendite von 12 % erzielen.

Sollte es Danaos gelingen, den Gewinn in den kommenden Jahren pro Aktie auf 20 USD zu steigern und zu halten, könnte die Aktie die 100 USD übersteigen. Dies setzt jedoch voraus, dass die Zinsen in den kommenden Jahren nicht weiter ansteigen.

Zudem hält Danaos trotz des Aktienverkaufs noch 8,1 Mio. Aktien an der Reederei ZIM (etwa 7 % des Unternehmens). Sollte ZIM ca. 40 % des erwarteten Nettogewinns als Dividende aus dem EPS/21 von 31,8 USD ausschütten, könnte Danaos mehr als 100 Mio. USD an Dividenden erhalten.

Danaos ist auf dem jetzigen Niveau und mit dem Hintergrund der cashflow-starken Charterabschlüsse ein interessantes Investment.

Star Bulk (WKN: A2A M06) besitzt eine der größten und vielfältigsten Trockenfrachtflotten (Dry Bulk) mit derzeit 128 Schiffen. Das Unternehmen verschifft unter anderem Eisenerz, Düngemittel und Stahlprodukte, Kohle, Getreide und Bauxit. Das Durchschnittsalter der Schiffe von Star Bulk liegt derzeit bei sehr guten 9 Jahren; die durchschnittliche Lebensdauer von Bulkern kann bis zu 25 Jahren erreichen.

Derzeit treffen explodierende Frachtraten und ein Orderbuch am Rekordtief aufeinander. Das könnte Star Bulk sehr zugutekommen. Star Bulk soll in diesem Jahr einen operativen Cashflow von mindestens 700 Mio. USD bis zu maximal 1 Mrd. USD erzielen. In Anbetracht der Marktkapitalisierung von 2,45 Mrd. USD und der Gesamtverschuldung von 1,6 Mrd. USD erscheint dies sehr attraktiv.

2021 plant Star Bulk einen Umsatz von 1,03 Mrd. USD sowie einen Gewinn je Aktie von 5,11 USD. Die Aktie ist mit einem KUV per 21 von 2,00 und einem KGV per 21 von 4,47 bewertet. Außerdem wird eine Dividendenrendite von ca. 8,4 % für 2021 erwartet. Im Jahr 2022 soll das Umsatz- und

Gewinn-Niveau stabil gehalten, die Dividende jedoch auf 3,62 USD angehoben werden. Dies würde einer KGV-22-Bewertung von 4,06, einem KUV-22 von 1,85 und einer Dividendenrendite von 11,2 % entsprechen.

Star Bulk Carriers erzielte in den vergangenen 12 Monaten eine Performance von 238,93 %. Vergleichbare Aktien sind im Durchschnitt „nur" um 15,17 % gestiegen. In Anbetracht der guten Marktvoraussetzungen ist Star Bulk durchaus ein Kauf.

19

Uran vor neuem Bullenmarkt

Markus Horntrich

Das erste Atomkraftwerk der Welt ging im Juni 1954 im russischen Obninsk ans Netz. Die Kernenergie ist ein technologisches Meisterwerk, auch heute noch. Unerschöpfliche, saubere und vor allem billige Energie war und ist die Idee. Der Rest ist Geschichte mit traurigen Tiefpunkten in Harrisburg, Tschernobyl und schließlich Fukushima. Das Ende der Kernenergie schien schon besiegelt, ist es aber nicht. Durch die Diskussionen über den Klimawandel wird die Kernkraft neu belebt. Genau genommen ist Kernkraft nur in Deutschland so etwas wie ein Tabuthema. Die aktuelle Energiekrise entlarvt den deutschen Atomausstieg als Fehler. In Deutschland gehen die letzten Kraftwerke Ende 2022 vom Netz. Während Deutschland am Atomausstieg festhält, sorgen zum Beispiel Frankreich und Großbritannien mit Ausbauplänen für eine grundlastfähige Stromversorgung. Frankreich investiert eine Milliarde Euro in Mini-Atomkraftwerke - sogenannte Small Modular Reactors (SMR). In Großbritannien soll beim Ziel, bis 2035 die CO2-Emissionen um 78 % auf null zu reduzieren, die Atomkraft ebenfalls beitragen. Das sind allerdings eher Kleinigkeiten, wenn man betrachtet, was weltweit passiert.

Das US-Energieministerium (Department of Energy, DOE) kündigte im Oktober 2020 an, im Rahmen der Dekarbonisierung der US-Wirtschaft den Bau von zwei neuen, experimentellen Atomreaktoren mit je 80 Millionen Dollar zu unterstützen. Kleinigkeiten, aber immerhin ein kleiner Vorgeschmack. Der eigentliche Brocken steckt im Infrastrukturgesetz der Biden-Regierung. Für die Entwicklung neuer Atomkraftwerke stehen rund 6 Mrd. $ bereit. US-Präsident Joe Biden erhofft sich umweltfreundlichen Strom von den SMRs. Derartige verhältnismäßig kleine Reaktoren sollen durch Standardisierung schnell und kostengünstig entstehen, weltweit wird an etlichen Projekten dazu geforscht. US-Start-up Terrapower, bei dem Microsoft-

Gründer Bill Gates einer der Hauptinvestoren ist, arbeitet z. B. an solchen SMRs. Aus gutem Grund: Die Kernenergie gilt als eine der saubersten und effizientesten Stromquellen, die im Vergleich zu ihren Konkurrenten nur geringe Treibhausgasemissionen verursacht. Ein einziges Uranpellet, etwa von der Größe eines Radiergummis, enthält die gleiche Energie wie eine Tonne Kohle oder drei Fässer Öl. Diese hohe Energiedichte reduziert die Auswirkungen von Gewinnung und Transport. Außerdem stößt es im Vergleich zu anderen Energieformen die wenigsten CO_2-Äquivalente aus.

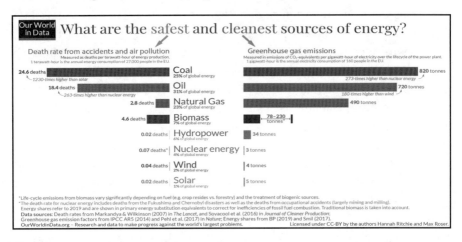

Gleichzeitig ist die Vorstellung, dass Wind- und Solarenergie große Mengen an Kohle aus dem Stromnetz ersetzen und mit der wachsenden Stromnachfrage Schritt halten können, schlicht nicht realisierbar. Zumindest nicht wetterunabhängig. Den Rückgang der Kohleverstromung, den wir bis 2040 erleben werden, wird man nicht einmal annähernd ersetzen können. Derzeit werden etwa 25 % der weltweiten Stromerzeugung aus Kohle gewonnen. Erdgas liefert etwa 23 % des gesamten Stroms weltweit. Zum Vergleich: Wind- und Solarenergie erzeugen etwa 3 %. Um den Rückbau der Energie aus fossilen Brennstoffen zu kompensieren, muss die Kernenergie ihren jetzigen Anteil an der weltweiten Energieversorgung nicht nur halten, sondern auf Kosten der Kohle und vielleicht sogar des Erdgases ausbauen.

Die größten Wachstumsimpulse kommen aus China, Russland und Indien. Weltweit sind insgesamt 444 Reaktoren in Betrieb, 54 neue im Bau. 110 weitere sind in 17 verschiedenen Ländern geplant, für weitere 325 liegen in 31 Ländern Ausbauvorschläge auf dem Tisch. Gemessen an den geplanten Reaktoren entspricht das einem Anstieg der Nuklearkapazität um etwa 30 %, vor allem in den Schwellenländern. China als größter Wachstumstreiber beabsichtigt, seinen Anteil an der Kernenergie bis 2030 auf 10 % zu verdoppeln.

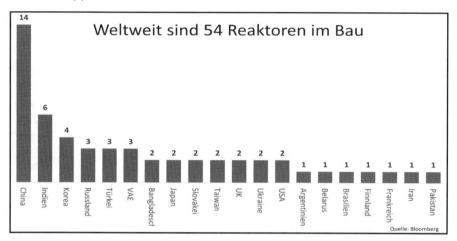

Die Bergwerke lieferten im Jahr 2020 rund 56.287 Tonnen Uranoxidkonzentrat (U3O8) mit einem Gehalt von 47.731 t U, was 74 % des Jahresbedarfs der Versorgungsunternehmen entspricht. Der Rest stammt aus sekundären Quellen, einschließlich der Uranlager der Versorgungsunternehmen. Die zivilen Lagerbestände per Ende 2020 werden in Europa und den USA auf jeweils etwa 40.000 Tonnen, in China auf etwa 130.000 Tonnen und im übrigen Asien auf etwa 60.000 Tonnen geschätzt. Die World Nuclear Association geht angesichts der Ausbaupläne davon aus, dass die Nachfrage nach Uran bis 2035 um fast 49 % steigt, während das Angebot bis 2030 aufgrund fehlender Investitionen in neue Minen um 50 % sinken wird.

Versorgungsengpässe für den Betrieb bestehender Anlagen und die

Zusagen Chinas, Indiens, Russlands und der Schwellenländer für den Ausbau der Kernkraft könnten den Uranpreis weiter in die Höhe treiben, zumal es auch eine starke spekulative Nachfrage gibt. Börsenstar Eric Sprott kauft mit seinem Sprott Physical Uranium Trust (WKN: A3C U5R) den Uran-Markt leer. Über zwei Millionen Pfund physisches Uran hat der Sprott Physical Uranium Trust bereits gekauft. Der Effekt lässt sich auch am Uranpreis ablesen.

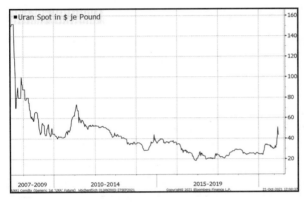

Der Spotpreis für Uran hat vom Tief bereits eine Verdoppelung hinter sich, bis zum Zwischenhoch vor Fukushima sind noch rund 65 % Luft und bis zum Hoch aus 2007 nach dem letzten, durch ein Angebotsdefizit ausgelösten Bullenmarkt, sind es sogar rund 250 %. Angesichts der zu erwartenden Entwicklungen, der Ausbaupläne und der absehbaren Angebotsdefizite ist die Wahrscheinlichkeit, dass sich Uran erst am Anfang eines längeren Bullenmarktes befindet, sehr hoch. Wie lässt sich das Szenario eines neuen Bullenmarktes bei Uran am Markt spielen?

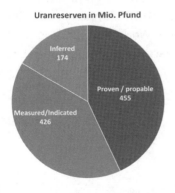

Hier stehen zunächst vor allem die Uranproduzenten im Fokus. Die beiden Größten sind Cameco (Kanada) und Kazatomprom (Kasachstan). Cameco ist der Populärere. Die Kanadier verfügen über 455 Millionen Pfund an nachgewiesenen und wahrscheinlichen Reserven, deren Wert zum aktuellen Spotpreis von rd. 43,50 $ je Pfund rund 20 Milliarden $ beträgt. Zum Vergleich: Der aktuelle Börsenwert liegt bei rund 10,7 Mrd. $. Man kann auch davon ausgehen, dass die 600 Mio. Pfund Uran, die noch nicht als „proven oder propable" qualifiziert sind, mit steigenden Uranpreisen zu nachgewiesenen Reserven aufgewertet werden können.

Im Falle von Cameco ist auch die Qualität der Ressourcen ein entscheidender Faktor. So liegt der Durchschnittsgehalt in der Cigar Lake Mine bei 15,9 %, was im Vergleich zu den typischen Branchenerwartungen von 0,05 bis 0,2 % Konzentration gemäß EIA-Daten sehr gut ist. In der McArthur River Mine liegt der Durchschnittsgehalt bei 6,9 %. Cameco verfügt also über einzigartige Reserven im internationalen Vergleich. Dieser Vorteil wird spätestens dann ersichtlich, wenn mit steigenden Uranpreisen die Gewinne sprudeln. Denn das ist, zumindest auf Nettobasis, noch nicht der Fall. 2021 wird man rd. 1,5 Mrd. $ Umsatz generieren, dabei wird allerdings ein Verlust von schätzungsweise 90 Mio. $ anfallen. Operativ verdient Cameco voraussichtlich knapp 109 Mio. $. Damit ist auch ein positiver Free-Cashflow von 71 Mio. $ möglich. Für einen nachhaltigen Sprung in die schwarzen Zahlen auf Nettoebene braucht man höhere Uranpreise.

Der Hebel für Cameco wirkt dabei doppelt, einerseits in Form einer steigenden Mengennachfrage und gleichzeitig in Form von höheren Preisen für Uran. Das produziert Cameco für rund 21 $ je Pfund und damit sehr günstig. Die Aktie hat sich parallel  zum Uranpreis zwar bereits stark entwickelt, was aber für Uran gilt, gilt auch für Cameco: Steigt Uran, steigt auch Cameco.

Größter Wettbewerber von Cameco ist Kazatomprom. Das Sitzland Kasachstan und damit letztendlich auch Kazatomprom ist mit einem Anteil von fast 28 % der größte Uranproduzent der Welt. Von den 17 Uranminen in Kasachstan befinden sich fünf zu 100 % im Besitz von Kazatomprom und 12 sind Joint Ventures mit ausländischen Anteilseignern, in der Regel Versorger, die sich direkten Zugang sichern. Die Gehalte sind niedrig, aber die Betriebskosten dafür sehr wettbewerbsfähig, da die Projekte per In-Situ-Rückgewinnung (ISR) produzieren. Bei diesem Verfahren wird das Erz im Boden belassen und die Mineralien werden durch Auflösen und Pumpen der Lösung an die Oberfläche gefördert, wo die Mineralien letztlich gewonnen werden können.

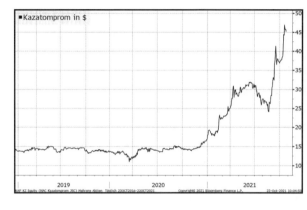

2020 hat Kazatomprom rd. 19.500 Tonnen Uran produziert, die Kosten liegen zwischen 15 und 16 $ pro Pfund. Die Börsenbewertung ist ähnlich wie bei Cameco: 11,9 Mrd. $ Börsenwert stehen 1,8 Mrd. $ Umsatz per 2021 entgegen, wobei Kazatomprom auch netto profitabel ist und 2021 schätzungsweise 652 Mio. $ verdienen wird. Das wäre ein KGV von 18, was angesichts der Perspektiven günstig ist. Einen Hemmschuh gibt es: Der kasachische Tenge als Währung ist nicht sonderlich stabil, vom Länderrisiko ganz zu schweigen. An der Logik ändert das nichts: Der Hebel auf den Uranpreis ist bei Kazatomprom genauso gegeben wie bei Cameco.

Ausgewählte Uran-Produzenten

	Kurs in $	WKN	Börsenwert in Mio. $	Umsatz in Mio. $		
				2021e	2022e	2023e
Cameco	26,25	882017	10.441,3	1.185,1	1.356,0	1.433,6
Energy Fuels	8,46	A1W757	1.136,3	18,3	65,2	148,0
Kazatomprom	44,20	A2N9D5	11.463,6	1.636,6	2.032,6	1.890,8

Quelle: Bloomberg

Die beiden Uran-Riesen reichen im Grunde, um das Thema Uran im Depot abzubilden. Eine komfortable Alternative für vorsichtigere Anleger, die eine breitere Diversifikation bevorzugen, sind entsprechende ETFs (Exchange Traded Funds). In diesen Konstrukten wird das politische Risiko minimiert und die Diversifikation maximiert.

Eine der möglichen Alternativen ist der Global X Uranium ETF. Er ist mit einem Fondsvermögen von 1,4 Mrd. $ der Größte seiner Art auf dem Markt und hat die weltweit wichtigsten Uranproduzenten im Portfolio. Der North Shore Global Uranium Mining ETF liegt beim Asset-Volumen bei rd. 900 Mio. $ und konzentriert sich ebenfalls hauptsächlich auf Unternehmen, die im Uranbergbau tätig sind. Neben einem deutlichen Wertzuwachs verzeichnen die beiden Uran-ETFs auch einen soliden Kapitalzufluss. Beide ETFs zusammen haben in diesem Jahr rd. 1,4 Mrd. $ an frischen Anlegergeldern eingesammelt.

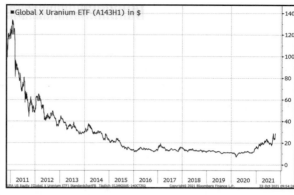

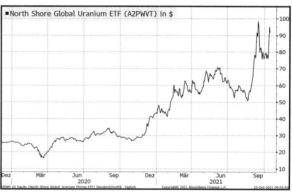

Top Holdings Global X Uranium ETF		Top Holdings North Shore Global Uranium	
Cameco	23,1%	NAC Kazatomprom	16,2%
NAC Kazatomprom	10,5%	Cameco	16,1%
NexGen Energy	8,7%	Sprott Physical Uranium	7,7%
Paladin Energy	5,4%	Yellow Cake	6,0%
Denison Mines	4,9%	Denison Mines	5,2%
Energy Fuels	3,8%	NexGen Energy	5,0%
Yellow Cake	2,9%	Energy Fuels	4,8%
Uranium Energy	2,8%	Paladin Energy	4,3%
Century Energy	1,9%	Uranium Energy	3,9%
Fission Uranium	1,7%	CGN Mining	3,5%

Quelle: Bloomberg

Die Top-Holdings überschneiden sich bei beiden Fonds zwar zum Teil, einen Unterschied gibt es aber zwischen beiden Konstrukten. Neben Uranproduzenten investiert der North Shore ETF auch in Unternehmen wie Yellow Cake, die lediglich in physisches Uran investieren. Aus diesem Grund ist auch der Sprott Physical Uranium Trust zu nennen, der ebenfalls in physisches Uran investiert und heute bereits knapp 25 Millionen Pfund des Energierohstoffs besitzt, Tendenz weiter steigend. Der in Kanada und seit Juli auch in den USA börsennotierte physische Uranfonds ist eine weitere Möglichkeit, direkt in Uran zu investieren.

	WKN	Kurs	Performance		
			1 Jahr	3 Jahre	5 Jahre
Global X Uranium ETF	A143H1	28,60 $	157,4%	33,2%	21,3%
North Shore Global Uranium Mining ETF	A2PWVT	94,93 $	243,3%	–	–
Sprott Physical Uranium Trust	A3CU5R	12,77 $	97,4%	18,5%	15,7%

Quelle: Bloomberg

20

Schnell mal laden - Milliardenmarkt Ladestationen & Ladeinfrastruktur

Björn Meschkat

Der Markt der Elektromobilität, der Ladestationen und der Ladeinfrastruktur wächst seit 2017 schnell und seit 2020 überproportional. Das liegt zum einen an der steigenden Zahl zugelassener Elektroautos, zum anderen an hohen staatlichen Förderprogrammen.

Dass es keinen Weg zurück zu fossilen Treibstoffen gibt, ist mittlerweile wohl jedem bewusst geworden. Alternative Kraftstoffe sind die Zukunft, doch wie diese aussehen soll, wird noch diskutiert, da das Elektroauto nicht konkurrenzlos ist. Solange Wasserstoff nicht in gleichem Maße als zukünftige emissionsfreie Technologie für Autos anerkannt wird wie z. B. Elektro, werden Wasserstoffautos ein Nischenprodukt bleiben. Die Entwicklung effizienterer Fahrzeuge und die Herstellung des Wasserstoffs sind aktuell einfach zu teuer, um mit dem schon weiter entwickelten Stand der Elektroauto-Technik mithalten zu können.

Die Bundesregierung hat im Herbst 2019 Eckpunkte für ein Klimaschutzprogramm 2030 vorgelegt, um die Klimaziele (55 Prozent weniger Treibhausgaseausstoß im Vergleich zum Jahr 1990) zu erreichen.

Um die Klimaziele im Verkehr bis 2030 erreichen zu können, benötigen wir 14 Mio. fahrende E-Fahrzeuge. Weil immer mehr Elektroautos auf die Straße drängen, wird die Anzahl der Ladepunkte in den kommenden Jahren deutlich zunehmen (müssen).

Damit die Fahrzeuge überhaupt Energie tanken können, sollen in Deutschland bis 2030 insgesamt eine Million Ladepunkte mit Förderung der öffentlichen Hand zur Verfügung stehen. Schon seit 2017 wird der Aufbau von bis zu 30.000 öffentlichen Ladepunkten (davon bereits 12.000 in Betrieb) gefördert. Mit der Offensive „Ladeinfrastruktur vor Ort" (Förderung 300 Mio. Euro) will die Bundesregierung weitere öffentlich zugängliche Lademöglichkeiten schaffen.

Seit November 2020 wird die Errichtung privater Ladestationen für Elektroautos an Wohngebäuden (sogenannten Wallboxen - aber nur bis 11 kW) mit einem Zuschuss in Höhe von 900 Euro unterstützt. Rund 800 Mio. Euro werden dafür insgesamt für die Förderung bereitgestellt. Die Nachfrage übersteigt schon jetzt alle Erwartungen. Bis heute sind Förderungen für 650.000 Ladepunkte beantragt worden. Zudem wird auf Basis des Schnellladegesetzes (seit 1. Juli 2021 in Kraft) ein öffentliches Schnellladenetz für reine Batterieelektrofahrzeuge mit bis zu 1.000 Standorten aufgebaut (Förderungsvolumen 2 Milliarden Euro).

In letzter Zeit mehren sich die Stimmen, dass der Ausbau zu langsam gehe. Angesichts der hohen Wachstumsraten bei aufladbaren Fahrzeugen besteht dringender Handlungsbedarf. Zu diesem Schluss kam jedenfalls das kürzlich veröffentlichte VDA-Ladenetz-Ranking für Europa. Im Europäischen Mittel gibt es je Ladepunkt 887 Pkw!! Da droht Stau an den Ladesäulen, wenn der Aufbau weiterer Standorte nicht massiv beschleunigt wird.

Ladestationen stellen daher einen gewaltigen neuen Markt dar. Der Anteil der Ladesäulen auf Privatgrundstücken mit leistungsschwachen Wallboxen macht derzeit mehr als zwei Drittel des Marktes aus.

Kein Wunder: Sie lassen sich leicht installieren und sind deutlich günstiger als leistungsstarke (Schnell)-Ladesäulen im öffentlichen Raum. Mit der stärkeren Durchdringung der E-Fahrzeuge (Pkw, Lkw und Busse) ändert sich dieses bald. Tankstellen, Supermärkte oder öffentliche Parkplätze werden immer häufiger mit Stromtankstellen ausgestattet. Laut einer Studie der Boston Consulting Group (BCG) wird sich der Bedarf an Ladesäulen in Deutschland bis zum Jahr 2030 auf ca. 400.000 Stück erhöhen und damit mehr als verzehnfachen. Etwas mehr als zehn Prozent, also rund 45.000 Stück, sollen dann Schnellladesäulen mit einer Leistung von mehr als 150 kWh ausmachen.

Auch BCG glaubt an das Zeitalter elektrischer Autos: Jeder zweite verkaufte Neuwagen soll bis zum Jahr 2030 ein Hybrid- oder ein rein elektrisch betriebenes Fahrzeug sein. Der Strombedarf für die Autos soll den Schätzungen zufolge bis dahin jährlich um 34 Prozent wachsen. Den zusätzlichen Umsatz mit dem Stromverkauf schätzt BCG in neun Jahren auf sieben Milliarden Euro. Aktuell liegt er zwischen 300 und 500 Mio. Euro. Eine enorme Herausforderung für die Stromnetzbetreiber oder andersherum für die Hersteller der Ladesäulen, intelligentere Systeme zu entwickeln, die das Stromnetz nicht belasten bzw. zum Blackout führen.

Stand heute ist es Forschern an der Technischen Hochschule Lübeck (Bereich Elektromobilität) gelungen, ein E-Auto bis zu 72-mal schneller aufzuladen als bisher. Damit lässt sich ein Kleinwagen statt in sechs Stunden in weniger als fünf Minuten bis zu 80 Prozent der Batteriekapazität aufladen. Auch das Problem, dass eine so gewaltige Schnellladesäule die Netze in die Knie zwingen würde, haben die Ingenieure gelöst und ihre Technik so entwickelt, dass diese Schnellladesäule (aktuell bis zu 400 kW - nächste Ausbaustufe 1.000 kW) an das Niederspannungsnetz mit 230/400 V angeschlossen werden kann. Müssen nur noch die Batterien der heutigen Fahrzeuge mitspielen, die diese Ladeleistung physikalisch heute noch nicht aufnehmen können. An einer Steigerung arbeitet man am Fraunhofer Institut für Siliziumtechnologie in Itzehoe.

Etliche neue Spezialisten, aber auch alteingesessene Unternehmen wollen in diesem Markt mit neuer Technik demnächst Milliarden umsetzen. Ladetechnik-Aktien haben daher zu Recht in den letzten Monaten viel Aufmerksamkeit erfahren. Damit die steuerlich subventionierten Elektrofahrzeuge auch weiterhin auf der Straße rollen können, muss die entsprechende Infrastruktur zur Verfügung stehen. Momentan kommen die Hersteller von Ladestationen kaum mit der Produktion hinterher. Darunter sind auch diverse europäische Hersteller wie Compleo, ChargePoint, Wallbox, Heidelberger Druck, Fastned Alfen oder die neu an der NYSE gelistete Wallbox Chargers.

Ein Unternehmen, das kaum ein Aktionär mit Ladesystemen in Verbindung bringt, ist die Heidelberger Druckmaschinen AG (WKN: 731 400) aus Wiesloch-Walldorf. Schon 2018 sind die Heidelberger in das Geschäft mit Ladeboxen für E- und Hybridautos eingestiegen. Derzeit werden in Wiesloch-Walldorf im Dreischichtbetrieb Wallboxen für das Laden zu Hause produziert - laut dem Unternehmen bisher 50.000 Stück in zwei Jahren. Im Januar 2021 hatte Heidelberger Druck eine zweite Produktionslinie eröffnet und seine damalige Kapazität verdoppelt. Im Juni 2021 wurde erneut in eine Ausweitung der Wallbox-Produktion investiert. Mit dem positiven Effekt, dass sich die Wallbox-Umsätze von April bis Juni 2021 auf rund 9 Mio. Euro verdreifacht haben. „Die positive Entwicklung dürfte auch angesichts der geplanten internationalen Expansion weiter anhalten", teilte das Unternehmen mit. Trotz der Erweiterungsinvestitionen schreibt Heidelberg bereits jetzt in diesem Bereich schwarze Zahlen. Die Kapazitäten will der Hersteller von Druckmaschinen bis zum Jahresende 2021 nochmals verdoppeln, dann weiter ausbauen und zeitnah in die neu gegründete eigene Tochtergesellschaft überführen und diese alsbald an die Börse bringen. Dabei könnten enorme Bewertungspotenziale freigesetzt werden.

Heidelberger Druckmaschinen erwirtschaftete im Geschäftsjahr 2020/21 einen Umsatz von rund 1,9 Milliarden Euro. Der Anteil der Wallboxen daran liegt derzeit jedoch nur bei etwa einem Prozent. Gegenüber 2019/2020 verdoppelte sich im Geschäftsjahr 2020/21 der Spartenumsatz auf mehr als 20 Mio. Euro.

HD bietet derzeit drei Serien an: Wallbox Home Eco, Wallbox Energy Control und Heidelberg Combox mit integriertem Lastmanagement, beide mit unterschiedlichen Kabellängen und Individualisierungsmöglichkeiten. Interessanterweise ist auch E.ON ein Abnehmer, der seinen Kunden wiederum die Heidelberg-Wallbox mit Co-Branding anbietet.

Das HD-Management plant weitsichtig den Ausbau des Produktportfolios. Geplant sind Smart-Home-Lösungen, aber auch integrierte Ladelösungen für Parkhäuser und komplette Wohnanlagen - mit der Heidelberg Wallbox Energy Control lassen sich heute jedoch nur Systeme mit bis zu 16 Ladepunkten steuern - für Parkhäuser oder moderne Wohnanlagen zu wenig. Das Ökosystem im Haus soll künftig eine wichtige Rolle spielen. Dazu gehört die Vernetzung zwischen Solaranlagen, Auto- und Energiespeichern sowie Abrechnungssystemen bei Bedarf. Die Pflicht, ein einheitliches Abrechnungssystem zur Verfügung zu stellen, hat der Gesetzgeber gerade beschlossen, es tritt spätestens zum 01. Juli 2023 in Kraft. Kurzum: Die Aktie ist ein spekulativer Kauf.

Fastned (WKN: A2P MA5), der Pionier aus den Niederlanden, ist Betreiber von Elektrotankstellen und will nun auch beim Ausbau von Schnellladestationen mächtig zulegen. In Deutschland ist Fastned weitestgehend unbekannt. Aber im niederländischen Heimatmarkt und auch in Belgien sind die gelben Elektrotankstellen schon gut verbreitet.

In Q1/2021 kamen 12 Standorte zu den bestehenden hinzu, sodass das Unternehmen in Q3/2021 über 143 Stationen mit 544 Säulen verfügt. Zudem wurde das Ladesäulen-Kontingent an bereits bestehenden Standorten ausgebaut, womit im ersten Halbjahr insgesamt 80 Säulen mit 150 kW bis 300 kW Ladeleistung hinzukamen. Zum Vergleich: Eine Homewallbox darf bei Förderantragsstellung zuerst nur bis 11 kW laden lassen, dann bis zu 22 kW. Statt über durchschnittlich drei Säulen je Park im H1/2020 verfügt jeder Ladepark nun im Schnitt über 3,8 Ladesäulen.

Im laufenden Jahr will Fastned das Bautempo erhöhen und geht für das Gesamtjahr 2021 von 45 neuen Ladeparks anstelle von bisher 40 Parks aus. Die Auswahlkriterien sind effizient und einfach: Bau an vielbefahrenen Straßen, Bestromung mit hoher Kilowattzahl und grünem Strom. Daher soll der erste französische Schnelllade-Hub des Unternehmens auch an einer französischen Autobahn entstehen. Wird dieser Plan eingehalten, könnte das Unternehmen Ende Dezember 2021 über 190 aktive Standorte verfügen.

Aktuell ist der Marktanteil von Schnellladestationen noch gering. Dank des sich seit 1. Juli 2021 in Kraft befindlichen Schnellladegesetzes soll der Markt für diese Ladesäulen europaweit kräftig wachsen.

Fastned ist zwar früh in den Markt eingestiegen, dennoch überzeugen die Zahlen leider noch nicht. Das Unternehmen spüre zwar die „starken Verkäufe von Elektrofahrzeugen", sodass der Umsatz aus den Ladevorgängen gegenüber dem ersten Q1/2020 um 63 Prozent auf 4,4 Mio. Euro stieg.

Beim Vergleich mit dem Vorjahreszeitraum sollte berücksichtigt werden, dass vor allem Q2/2020 stark von den Corona-Maßnahmen beeinflusst war. Die verkaufte Energiemenge lag daher im Q2/2020 auch nur auf dem Niveau Q2/2019 - ein deutlicher Einbruch im Vergleich zum Q1/2020. Seitdem haben sich die Werte wieder verbessert. Q2/2021 konnte Fastned mehr Ladestrom verkaufen als je zuvor.

Q2/2021 belief sich das Umsatzwachstum auf sehr gute 141 Prozent. Dennoch wurde beim bereinigten Ergebnis ein Nettoverlust von 7,7 Mio. Euro ausgewiesen, 2020 wurde noch ein Umsatz von 8,89 Mio. erzielt. Nach Analystenschätzungen soll der Gesamtumsatz in 2021 schon 16 Mio. Euro betragen. Das Unternehmen plant in den Folgejahren eine Umsatzverdoppelung. Gewinne sind noch nicht in Sicht. Mit einem Börsenwert von 770 Mio. Euro (Stand 10/2021) und einem KUV von fast 100 ist Fastned sehr stolz bewertet. Die Zukunftsfantasie ist bereits im Kurs enthalten. Dennoch werden die gelben Ladesäulen von Fastned das Bild zukünftig prägen.

Wallbox Chargers bietet diverse AC-Ladepunkte für das private und öffentliche Laden, eine DC-Schnellladesäule namens „Supernova" und eine DC-Wallbox für den Heimbereich namens „Quasar". Der 2015 gegründete spanische Ladeinfrastruktur-Anbieter Wallbox hatte im Februar 2021 eine Finanzierungsrunde über 33 Mio. Euro abgeschlossen, die von Neu- und Bestandsinvestoren unterstützt wurde. Investor Iberdrola S.A. (WKN: A0M 46B) hat zudem 1.000 Exemplare der „Supernova" für den Ausbau seines eigenen Schnellladenetzes geordert. Wallbox fusionierte in Q3/21 mit der SPAC-Börsenhülle (Special Purpose Acquisition Company) Kensington Capital Partners und ist seit dem 4. Oktober 2021 mit einem Börsenwert von 1,5 Milliarden USD an der NYSE gelistet.

Wallbox plant, die Umsätze von 24 Mio. Euro im vergangenen Jahr auf über 2 Mrd. Euro im Jahr 2027 zu steigern. Software und Service sollen für immer wiederkehrende Umsätze sorgen. Es bleibt abzuwarten, ob sich die Zahlen von Wallbox auch verwirklichen lassen.

Compleo Charging Solutions (WKN: A2Q DNX) ist ein Unternehmen aus Dortmund, das mit der Kurssteigerung um 80 Prozent das erfolgreichste

IPO in Deutschland der vergangenen zwölf Monate schaffte. Das Wachstum prägt das Unternehmen: Während der Markt in den kommenden Jahren Experten zufolge im Schnitt um rund 30 Prozent zulegt, will Compleo den Umsatz in den nächsten zwei Jahren um jeweils 60 Prozent steigern. Seit 2009 hat Compleo mehr als 50.000 Ladepunkte in 15 Ländern in Europa ausgeliefert und installiert und ist damit eines der führenden Unternehmen der Branche.

Mit der im März 2021 abgeschlossenen Übernahme von Wallbe hat sich das Unternehmen verstärkt. Man habe bei Internationalisierung, Produktentwicklung und anorganischer Expansion wesentliche strategische Meilensteine erreicht, so Compleo. „Wir erleben aktuell eine sehr starke Dynamik im Markt für Ladelösungen für die Elektromobilität, die wir natürlich bestmöglich nutzen möchten. Dafür wollen wir auch, wie im vergangenen Halbjahr, weiterhin intensiv in organisches und anorganisches Wachstum investieren - aktuell evaluieren wir etwa eine mögliche Übernahme des europäischen E-Mobility-Geschäfts der innogy eMobility Solutions GmbH", so Georg Griesemann, Co-CEO von Compleo.

Innogy produziert ebenfalls Hard- und Software für das Laden von Elektrofahrzeugen. Ein Vertragsabschluss zwischen den Parteien wird in Q3/21 angestrebt. Der Preis soll im mittleren zweistelligen Bereich liegen und aus einer Bar- und einer Aktienkomponente bestehen. Die Übernahme wäre ein weiterer Schritt, schnell das Wachstum zu forcieren.

Von der Planung über die Installation und die Wartung bis hin zur Fehlerbehebung bietet Compleo alles an. Auch die Produkt- und Servicepalette ist umfangreich: Sie reicht von etwas leistungsschwächeren sogenannten AC-Ladestationen (Gleichstrom) für Unternehmen, Flotten und Kommunen bis zu DC-Lösungen (Wechselstrom) für schnelles Laden für Stadtwerke, mittlere Unternehmen mit eigener Flotte (oder nur als Service für Mitarbeiter und Kunden) oder den ganz Eiligen. Compleo Charging Solutions hat einen Großauftrag von einem namentlich nicht genannten deutschen Energieversorger für die Lieferung von Wallboxen und AC-Ladesäulen erhalten. Die Lieferbestellung schließt auch Compleos neue Wallbox-Serie „Solo" mit ein. Bald könnten weitere Energieversorger folgen.

Compleo hat im September die Halbjahreszahlen für das Q1/2021 vorgelegt. Der Umsatz konnte von 14,3 Mio. Euro auf 21,4 Mio. gesteigert werden. Vor Zinsen und Steuern vergrößert sich jedoch auch der Verlust von 1,1 Mio. auf 6,3 Mio. Euro. Begründet wird dies mit Investitionen unter anderem in Struktur und Personal sowie die Expansion. So sind etwa die allgemeinen Verwaltungskosten sowie die Ausgaben für Forschung, Entwicklung und Vertrieb gestiegen. Der Verlust je Compleo-Aktie beläuft sich auf 1,25 Euro, nach - 0,34 Euro im Vorjahreszeitraum. Für 2021 stellt das Unternehmen weiterhin auf Konzernbasis einen Umsatz zwischen 68 Mio. und 78 Mio. Euro in Aussicht. Darüber hinaus erwartet man für das Geschäftsjahr 2021 einen Break-even für das bereinigte Konzern-Ebitda. Die Unternehmensführung ist sich sicher, dass der ganz große Schub im Jahr 2022 kommen wird.

Der direkte Wettbewerber von Compleo ist das niederländische Unternehmen Alfen (WKN: A2J GMQ). Alfen teilt sich auf in drei Geschäftsbereiche: Intelligente Stromlösungen, sogenannte Smart Grids, Batteriespeicherlösungen und Ladegeräte für Elektroautos. Ähnlich wie Compleo bindet Alfen die installierten Ladegeräte über eine eigene Software in die Back-up-Systeme der Kunden ein, sodass diese in der Lage sind, ihre Ladepunkte direkt steuern zu können. In den kommenden Jahren sollen die Erlöse ähnlich wie bei Compleo jährlich um 30 Prozent zulegen.

Der Unterschied zu Compleo: Das Unternehmen ist profitabel. Aufgrund der Größe - Alfen macht deutlich mehr Umsatz als Compleo -, der Marktdominanz im Inland und des Wachstums im Ausland sollte sich künftig auch die Marge weiter verbessern. Bis zum Jahr 2030 rechnen Analysten damit, dass das Unternehmen in Europa 475.000 AC-Ladepunkte verkauft.

Unterschätzt werden immer noch die Wachstumschancen des Segments „Batteriespeicher", die die nächsten „game changer" sein könnten. Batteriespeicher können für die häusliche Eigenbedarfsoptimierung und den benötigten Fahrstrom für das eigene E-Fahrzeug genutzt werden. Diese Flexibilität wird beim Kunden preisbewusst „behind the meter" (hinter dem Stromzähler) genutzt. Er lädt nur dann, wenn Strom günstig ist bzw. nicht genügend Energie über das hauseigene System geliefert wird.

Der Vorteil der Batteriespeicher für die öffentliche Versorgung liegt auf der Hand: Die Lastkurve glättet sich und die Ladevorgänge belasten das Netz daher nicht. Der Nachteil aber auch: Der Kunde puffert seinen eigenen Strom und bezieht nicht den teuren Versorgerstrom. Hier kann auch das E-Fahrzeug eine gewichtige Rolle als zusätzlicher Batteriepuffer spielen: Abends den Strom aus dem Fahrzeug in das Haus einspeisen und gegen Morgen verläuft der Prozess umgekehrt.

Alfen ist hier schon gut positioniert und arbeitet am Ausbau dieses Segments. Mittelfristig könnte das Unternehmen daher noch deutlich höher notieren. Interessante Aktie!

ChargePoint (WKN: A2Q K1P) ist ein US-amerikanisches Infrastruktur-Unternehmen für Elektrofahrzeuge und betreibt das größte Netzwerk unabhängiger Ladestationen mit mehr als 112.000 Ladepunkten in Nordamerika und Europa. Das Unternehmen stellt die verwendete Technologie selbst her und konzentriert sich hauptsächlich auf gewerbliche Kunden wie öffentliche Einrichtungen, Hotels und Gewerbeimmobilien, die Lademöglichkeiten anbieten, um damit Kunden anzuziehen.

Nach Unternehmensangaben werden 70 Prozent des öffentlichen Level-2-Lademarktanteils (Level 2 Nutzung der Geräteanschlüsse mit 230 Volt mit maximal 32 Ampere) in Nordamerika beherrscht.

Das zweite Unternehmensstandbein besteht aus der Elektrifizierung großer E-Fahrzeugflotten, unter anderem Logistikunternehmen wie FedEx sowie Anbieter von Shared-Mobility wie Lyft und Uber Technologies.

Wie andere Anbieter von Ladestationen ist auch ChargePoint im Moment nicht profitabel. Jedoch hat das Unternehmen im Q2/21 (endete am 31. Juli) einen Rekordumsatz erzielt, das Gewerbe-, Flotten- und Privatkundengeschäft deutlich gesteigert, eine Ladeintegration mit Mercedes-Benz gestartet, die Übernahme des E-Mobility-Technologieanbieters has·to·be bekannt gegeben und den eBus- und Nutzfahrzeug-Management-Anbieter ViriCiti übernommen. Man geht davon aus, im Jahr 2024 ein positives Ebitda zu erwirtschaften.

Da ChargePoint in den USA mit den Automobilherstellern, allen voran Tesla, beim Bau von Ladesäulen konkurriert, muss das Unternehmen innovative Wege gehen, um Einnahmen zu generieren und gleichzeitig die eigene Infrastruktur weiter auszubauen. Als ein Top-Player könnte ChargePoint dabei besser als andere aufgestellt sein, um vom erwarteten Wachstum der EVs (electric vehicles) zu profitieren.

Die Nachfrage nach öffentlichen Ladestationen für Elektrofahrzeuge wird in den nächsten Jahren steigen. Die Margen werden angesichts des starken Wettbewerbs voraussichtlich knapp bemessen sein. Ein Investment sollte jedoch nur eingegangen werden, wenn die Fundamentaldaten des Unternehmens stimmen.

Zu den mittlerweile zahlreichen börsennotierten Spezialisten im Bereich Ladenetzwerke gesellen sich noch eine Reihe von Konkurrenten in privater Hand und entsprechende Konzerntöchter, darunter starke Teilnehmer wie ABB (WKN: 919 730) oder Efacec (WKN: 872 602) aus Portugal.

Alle Anbieter kommen aus Europa, den USA oder Japan. Warum spielt China (noch) keine Rolle beim Aufbau von Ladeinfrastruktur? Dabei ist China der volumenstärkste Markt für Elektroautos. Das Land will die passende Ladeinfrastruktur mit eigener Technologie entwickeln und ausstatten. Auf ausländische Investoren verzichtet man da lieber.

Einer der namhaften chinesischen Hersteller ist Qingdao TGOOD Electric (ISIN: CNE100000H69) aus Shenzhen, dem Elektromekka im Perlflussdelta nördlich von Hongkong. TGOOD wurde 2004 von einem Team deutscher und chinesischer Ingenieure gegründet und hat sich zum weltweit führenden Anbieter vorinstallierter Umspannwerke und Ladeinfrastruktur für Elektrofahrzeuge entwickelt. Über 1.000 Forscher und Ingenieure entwickeln innovative Ladelösungen. TGOOD fertigt alle Komponenten in den eigenen Fabriken.

An einer Ladesäule von TGOOD soll der entsprechende schnellladefähige Energiespeicher eines E- Fahrzeuges in weniger als einer Minute wieder auf über 80 Prozent Kapazität geladen werden können. TGOOD verspricht seit einiger Zeit eine „radikal neu gedachte Ladeinfrastruktur" mit bidirektionalem Laden, stationären Energiespeichern und einem intelligenten cloudbasierten Netzwerkmanagement. Schon 2019 erzielte die Ladetechniksparte des Konzerns über 200 Mio. Euro Umsatz.

In 348 chinesischen Städten sind bereits Tausende Ladepunkte von TGOOD installiert. Auch BMW und Volkswagen gehören neben chinesischen Tech-Konzernen zu den Partnern. Im Juni 2021 meldete TGOOD, dass das Geschäftsfeld ausgegliedert werden soll und zukünftig unter dem Namen Xiaoju Telaidian Qingdao New Energy Co. Ltd. auftreten wird. Das Unternehmen wird nach Presseberichten schon jetzt mit 1,5 Mrd. USD bewertet.

Vergleichen wir den Ladeinfrastrukturmarkt mit der historischen Entwicklung bei den Solarwechselrichtern, so ist es nur eine Frage der Zeit, wann die chinesischen Anbieter in die lukrativen Auslandsmärkte expandieren werden. Spätestens wenn die heimischen Marktanteile durch die chinesischen Anbieter nach und nach gewonnen werden, müssen sich die europäischen, amerikanischen und japanischen Anbieter der Herausforderung stellen.

Die Frage, wie man reich wird,
ist leicht zu beantworten. Kaufe einen Dollar,
aber bezahle nicht mehr als 50 Cent dafür.
(Warren Buffett)

21

Blaue Renditen

Christian Euler

Blau ist das neue Grün. Märkte und Politik begreifen zunehmend, wie wichtig der bessere Schutz der Meeresökosysteme ist - nicht zuletzt aus ökonomischer Sicht. Noch fristet die „Blue Economy" ein Nischendasein unter den Megatrends.

Die Welt unterhalb der Meeresoberfläche ist gefährdet, viel zu lange schon wird den Ozeanen zu viel abverlangt. Ökonomen bezeichnen dieses Phänomen als „Tragik des Allgemeinguts": Die Meere gehören allen, daher fühlt sich niemand dafür verantwortlich, sie für die Zukunft zu bewahren. Immer mehr Müll, vor allem Plastik, sammelt sich in ihren Tiefen an. Wurden in den 1950er-Jahren knapp 1,5 Millionen Tonnen Plastik pro Jahr produziert, sind es heute fast 400 Millionen Tonnen. Ein großer Teil davon landet in den Ozeanen. Angaben des Umweltprogramms der vereinten Nationen (UNEP) zufolge treiben inzwischen auf jedem Quadratkilometer Meeresoberfläche bis zu 18.000 Plastikteile unterschiedlichster Größe. Ob Einkaufstüten, Wasserflaschen, Styropor oder Mikropartikel - allein an der Oberfläche des Mittelmeers treiben rund 3.760 Tonnen Plastik.

Sichtbar ist jedoch nur die sprichwörtliche Spitze des Eisbergs. Mehr als 90 Prozent der Abfälle sinken auf den Meeresboden und bleiben dem menschlichen Auge verborgen. An vielen Stellen bilden sich gigantische Müllstrudel. Geht es weiter wie bisher, schwimmt im Jahr 2050 bezogen auf das Gewicht mehr Plastik als Fische in den Ozeanen, schätzen Wissenschaftler der Europäischen Union. Plastik, das nicht verrottet, sondern in immer winzigere Teilchen zerfällt. Der größte Teil der Plastikabfälle in den Ozeanen stammt vom Land. Der Müll gelangt dabei mit Abwässern in die Flüsse und wird weiter ins Meer gespült. Allein die Elbe spült jedes Jahr 42.000 Kilogramm Plastik ins Meer.

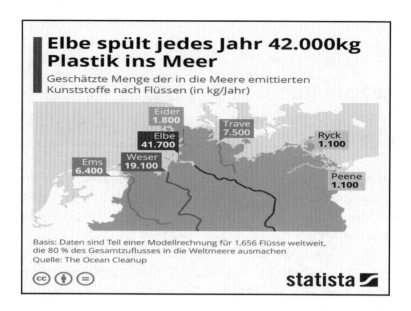

Teilweise wird der Abfall auch von Müllkippen an der Küste ins Wasser geweht. Zudem lassen vielerorts Badegäste ihre Abfälle achtlos am Strand zurück. Ein Teil des Mülls besteht aus Mikroplastik, das nicht zuletzt durch die langsame Zersetzung größerer Plastikteile entsteht, die bereits in den Meeren schwimmen.

Schiffsverkehr als größte Gefahr für die Meere

Zu den größten Umweltgefahren für die Ozeane zählen Container- und Kreuzfahrtriesen. Derzeit erfolgen etwa 90 Prozent des Welthandels auf dem Seeweg. Jahr für Jahr durchqueren mehr als 30.000 Schiffe den Nord-Ostsee-Kanal, rund 2.000 fahren täglich und zu jeder Zeit auf der Ostsee. „Die Meeresumwelt wird durch die Seeschifffahrt erheblich belastet", warnt das Bundesumweltamt. Umweltgefährliche Chemikalien im Schiffsanstrich, das Einschleppen von standortfremden Organismen als Bewuchs oder mit dem Ballastwasser, das Einbringen von Abwasser und Abfällen ins Meer, Schadstoffe aus Abgasen, Ölverunreinigungen sowie Schiffslärm beeinträchtigten den Zustand der Meeresumwelt.

„In Bezug auf Luftschadstoffe schneidet die weltweite Schifffahrt deutlich schlechter ab als andere Transportmittel", berichtet der Naturschutzbund Deutschland. Die Ursache dafür sieht die nichtstaatliche Organisation neben dem CO_2-Ausstoß in Rückstandsölen aus der Rohölaufbereitung mit sehr hohen Schwefel- und Schwermetallgehalten, die in der Hochseeschifffahrt als Kraftstoffe eingesetzt werden. Die CO_2-Bilanz der Container-Giganten fällt pro Tonnenkilometer zwar günstiger aus als die des Landverkehrs, gleichwohl pustet der Schiffsverkehr etwa 1 Milliarde Tonnen Kohlendioxid pro Jahr in die Atmosphäre. Dies entspricht rund 2,6 Prozent der weltweiten CO_2-Emissionen. Zum Vergleich: Die Bundesrepublik produzierte 2020 knapp 740 Millionen Tonnen Kohlenstoffdioxid. Erschwert wird die Situation durch allzu laxe Auflagen. So darf der Schwefelgehalt im Schiffstreibstoff (Heavy Fuel Oil) derzeit maximal 0,5 Prozent betragen - 50-mal mehr als bei Lkw- und Pkw-Diesel, die nur einen Schwefelanteil von 0,001 Prozent haben dürfen.

Vor diesem Hintergrund verwundert kaum, dass laut der Studie „EU Shipping's Climate Record" der European Federation for Transport and Environment vom Dezember 2019 die in der Schweiz ansässige Containerreederei MSC, nach Møller-Mærsk die weltweite Nummer zwei, unter den europäischen Luftverschmutzern auf Rang acht liegt. Die Plätze davor belegen europäische Kohlekraftwerke. Kitack Lim, Generalsekretär der International Maritime Organization (IMO), hat zwar offensichtlich den Ernst der Lage erkannt, gesteht der Branche aber viel Zeit zu: „Die IMO hat sich zum Ziel gesetzt, die Treibhausgasemissionen der internationalen Schifffahrt bis 2050 um mindestens 50 Prozent zu senken."

Effizientes Mittel zur Erholung der Ozeane

„Was viele gar nicht im Blick haben, ist, dass der Ozean der siebtgrößten Volkswirtschaft der Welt entspricht. Die OECD schätzt, dass z. B. die maritime Industrie mit den richtigen Investitionen in neue und alte Geschäftsfelder ihren Umsatz bis 2030 doppelt so schnell wie die Weltwirtschaft steigern kann", sagt Isabelle Juillard Thompsen, Co-Portfolio-Managerin des DNB Future Waves-Fonds. „Ökologisch hängt alles Leben auf der Erde vom Ozean ab. Mehr als die Hälfte des Sauerstoffs, den wir einatmen, stammt aus dem Meer und absorbiert 21 Prozent der CO_2-Emissionen des Planeten."

Nach Angaben des World Resources Institute könnten allein die Auswirkungen des Klimawandels auf die Ozeane im Jahr 2050 weltweit wirtschaftliche Kosten von 428 Mrd. Dollar pro Jahr verursachen. Zum Ende dieses Jahrhunderts dürfte sich diese Summe bereits 1,98 Billionen US-Dollar belaufen. Robert-Alexandre Poujade, Research-Analyst des Ecosystem Restoration Fund von BNP Paribas, setzt vor diesem Hintergrund auf die Wiederherstellung aquatischer Ökosysteme: „Der Ozean als Ökosystem verfügt über Eigenschaften und Ressourcen, die für unser Wohlergehen und unseren Wohlstand unverzichtbar sind, doch sie sind jetzt erheblich bedroht."

Ob für den Tourismus oder die Offshore-Windkraft: Die Weltmeere seien ein riesiges Reservoir an Biodiversität, das um jeden Preis erhalten werden müsse, um unsere Ernährung und unsere Gesundheit zu bewahren und unsere Küstengebiete zu schützen. „Zudem", so Poujade, „sind sie ein Verbündeter im Kampf gegen den Klimawandel, da sie fast 30 Prozent der CO_2-Emissionen auffangen, die auf menschliche Aktivitäten zurückzuführen sind. Investitionen in die sogenannte blaue Wirtschaft sind daher ein effizientes Mittel zur Erholung der Ozeane."

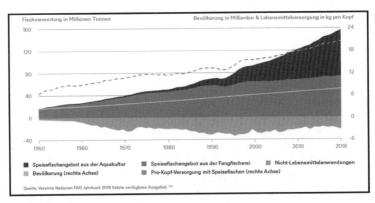

Quelle: Vereinte Nationen FAO Jahrbuch 2018 (letzte verfügbare Ausgabe). [115]

Es sind jedoch nicht nur die Emissionen, die den Meeren zusetzen. Der immer weiter steigende Appetit auf Fisch ist längst so groß, dass viele Arten gefährdet sind. In den vergangenen 50 Jahren hat sich der weltweite Pro-Kopf-Konsum mit gut 20 Kilogramm pro Jahr mehr als verdoppelt. Laut der UN-Welternährungsorganisation (FAO) sind heute 34 Prozent der weltweiten Fischbestände überfischt. Weitere 60 Prozent sind bis an die biologischen Grenzen ausgebeutet und stehen kurz vor einer Überfischung. Der Bund für Umwelt und Naturschutz zitiert eine wissenschaftliche Studie, die zeigt, dass die Fischerei mit Grundschleppnetzen mehr Kohlendioxid freisetzt als der gesamte Flugverkehr. Die schweren Netze lösen Jahr für Jahr ca. 1,5 Gigatonnen CO_2 aus dem Meeresboden, das ins Wasser gelangt und so die Ozeanversauerung verstärkt.

Zumindest ein wenig Grund zur Zuversicht gibt die wachsende Nachfrage von Konsumenten und einigen Fischfangunternehmen nach Fischprodukten, die als nachhaltig zertifiziert sind. 2020/2021 waren 19 Prozent aller im Meer gefangenen Fische vom internationalen, nicht gewinnorientierten Marine Stewardship Council (MSC) zertifiziert. Insgesamt wurden rund um den Globus 20.075 unterschiedliche, vom MSC zertifizierte Meeresprodukte mit einem Verkaufswert von 12,9 Mrd. Dollar zum Kauf angeboten.

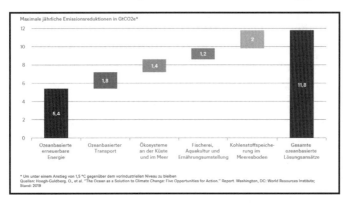

„Das Leben unter Wasser muss geschützt werden", lautet das Ziel mit der Nummer 14 der 17 Sustainable Development Goals der Vereinten Nationen. „Obwohl die Meere für unseren Planeten lebensnotwendig sind, richten wir sie rücksichtslos mit Erderwärmung, Überfischung, Plastikmüll und Wasserverschmutzung zugrunde", warnt auch DWS-Fondsmanager Paul Buchwitz. „Wenn wir sie weiterhin so behandeln, könnten bis zum Jahr 2100 beinahe 50 Prozent aller Lebewesen in den Ozeanen verschwunden sein." Buchwitz ortet großen Nachholbedarf, da die Weltmeere nicht nur für das Klima eine entscheidende Rolle spielen. Mit stets neuen Technologien versuchen Menschen, die Elemente zu bezwingen, so der Experte - meist zum Nachteil der Meere.

Verschmutzung der Ozeane als gesellschaftliches Problem

Für den BNP Paribas-Research-Analysten Robert-Alexandre Pouja-de sind neue Technologien der Schlüssel, um die blaue Erholung und die Wiederherstellung von aquatischen Ökosystemen anzugehen. „Zu den technologischen Innovationen, die derzeit entwickelt werden, gehören die Verwendung von Blockchain zur Rückverfolgung von Fischen, der Einsatz von KI-Überwachungssystemen und die gemeinsame Nutzung von Aquakulturen und Algenfarmen an Offshore-Windstandorten", so Poujade. Aus der Perspektive der Viehfütterung werde daran geforscht, pulverisierte Proteine für Lachse herzustellen und es werde mit Algen als Alternative für Rinderfutter experimentiert, um die Methanemissionen der Viehzucht zu reduzieren. Zudem werde Seetang als alternativer Rohstoff für die Produktion von Biokraftstoffen untersucht, wodurch die mit konventionellen Biokraftstoffen verbundenen Probleme der Landnutzung vermieden würden.

Die zunehmende Verölung und Verschmutzung der Ozeane wird immer mehr zum globalen Problem, das politisch und gesellschaftlich angeprangert wird. Es ist ein Weckruf für die Industrien, an Lösungen zu arbeiten und Kapital in entsprechende Forschung und Entwicklung zu investieren. Adidas etwa proklamiert mit seinem Laufschuh „Futurecraft Loop" die Rettung der Meere. Er wird komplett aus recyceltem Ozeanplastik hergestellt und soll auch selbst wiederverwendbar sein. Wer sich für den Schuh entscheidet, so die Herzogenauracher, rettet die Weltmeere und ihre Bewohner. „Futurecraft Loop" soll mehr als ein Pilotprojekt sein. Bis 2025 sollen neun von zehn Produkten nachhaltig sein.

Der World Wide Fund for Nature (WWF) taxierte die weltweite Höhe der meeresbezogenen Vermögenswerte Mitte 2021 auf etwa 24 Billionen Dollar. Das jährliche „Bruttomeeresprodukt" der Ozeane ist mit 2,5 Billionen Dollar so groß, dass die „Blue Economy" damit der Wirtschaftsleistung der weltweit siebtgrößten Volkswirtschaft entspricht. Diese Zahlen ziehen immer mehr Anleger an. Zunehmend mehr Produkte machen die „Blue Economy" investierbar. Der bisher vergleichsweise geringe Anteil an „blauen" Investitionen eröffnet lukrative Möglichkeiten. „Von den 17 Zielen der Vereinten Nationen für nachhaltige Entwicklung (SDGs) haben die Weltmeere bisher mit das wenigste private Kapital angezogen", sagt DWS-Fondsmanager Paul Buchwitz.

Kombination aus Nachhaltigkeit und Renditechancen

Damit wird das Thema auch für die Investmentbereiche vieler Banken und Vermögensverwalter interessant. Der besondere Charme: Engagierte und langfristig orientierte Anleger können somit aus der Not eine Tugend machen. Denn mit ihrem Engagement tragen sie potenziell zu einer Verbesserung der angespannten Lage auf und in den Weltmeeren bei, sagt Parisa Shahyari, Ökonomin beim WWF: „Durch die Umlenkung der Kapitalflüsse in nachhaltige Geschäftsmodelle hat die Finanzindustrie einen enormen Hebel, den sie zum Schutz unseres Planeten einsetzen kann." Durch den Einsatz der Meeresschutzkriterien bei den Unternehmen könne der Übergang der meeresnahen Industrien in Richtung Nachhaltigkeit forciert werden.

Die Umweltorganisation ist Partner bei dem im März 2021 aufgelegten Concept ESG Blue Economy-Fonds (ISIN: LU2306921490) der DWS, der alle fünf meeresbezogenen Sektoren integriert, die die Finanzinitiative des Umweltpro-

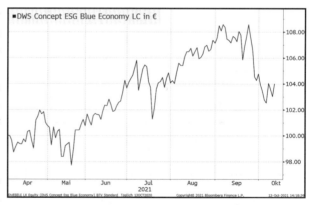

gramms der Vereinten Nationen zusammen mit dem WWF definiert hat. Fondsmanager Buchwitz fokussiert sich auf Unternehmen, die den Ozean als Ressource nutzen und bereits mit der Transformation ihrer Geschäftsmodelle begonnen haben oder ihre Bereitschaft nachweisen, in Zukunft nachhaltiger agieren zu wollen. Zu den Top-Werten im Concept ESG Blue Economy zählt Koninklijke DSM. Die Niederländer wurden von der ESG-Ratingagentur Sustainalytics als führendes Unternehmen im Bereich ESG in der chemischen Industrie eingestuft.

Im Juli 2021 aufgelegt wurde der DNB Future Waves (ISIN: LU0029375739). Der Anlagepool investiert direkt in die elf der 17 Nachhaltigkeitsziele der Vereinten Nationen für nachhaltige Entwicklung. Das Fondsmanagement-Duo Isabelle Juillard Thompsen und Audun Wickstrand Iversen konzentriert sich auf die vier Themenbereiche Blue Economy (37 %), Green Economy (31 %), Climate (19 %) sowie Quality of Life (12 %) als Investmentkategorien. Ein Drittel der Unternehmen aus den nordischen Ländern, ein Fünftel aus den USA, gefolgt von Frankreich und an vierter Stelle die Schweiz, die laut Portfoliomanagerin Thompsen mit Blick auf die Kreislaufwirtschaft starke Akzente setzt.

ESG-Orientierung im Vordergrund

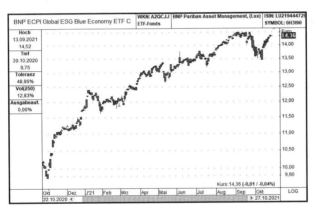

„Wer nach den Kriterien der Nachhaltigkeit anlegen möchte, sollte auch die Farbe Blau auf dem Schirm haben", lautet das Motto bei der französischen Großbank BNP Paribas. Der BNP Paribas Easy ECPI Global ESG Blue Economy ETF (ISIN: LU2194447293) bildet den ECPI Global ESG Blue Economy Index ab, dessen Mitglieder sich in Sachen nachhaltiger Nutzung von Meeresressourcen in fünf Segmenten als besonders ESG-orientiert erweisen: Schutz der Lebensgrundlagen an den Küsten, Energie und Ressourcen, Fischerei und Meeresfrüchte, Recycling und Müllentsorgung sowie Seetransport. Bei der Auswahl der Einzeltitel legt BNP Paribas Wert darauf, dass maritime Geschäftsmodelle, ob traditionell wie Fischerei oder Hafenaktivitäten oder innovativ wie etwa die Biotechnologie, das empfindliche Gleichgewicht der Ozeane im Blick behalten.

Weitere Kriterien sind neben der größten Marktkapitalisierung innerhalb der jeweiligen Kategorie auch die Einhaltung der Maximen des UN

Global Compact, was einige schmutzige Sektoren ausschließt. Zu den Aktien im Index zählt beispielsweise das Seefracht-Logistikunternehmen SITC International Holdings, der schwedische Hersteller von Produkten für die Stofftrennung und Wärmeübertragung Alfa Laval oder der Spezialarmaturen- und Dampfanlagenanbieter Spirax-Sarco Engineering. Die 50 Titel des ECPI Global ESG Blue Economy Index werden gleichgewichtet, jeweils im Januar und Juli wird der ETF rebalanciert.

Beim Bona Fide Global Fish Fund (ISIN: LI0181468138) mindert die geografische Streuung das Anlagerisiko. Norwegische Unternehmen sind mit 22 Prozent gewichtet, japanische Werte mit 21, US-Titel mit 16 Prozent. Als Auswahlkriterien für den Fonds gelten die Umweltbilanz der Unternehmen sowie die Fütterung und der Umgang mit den Fischen. Für die Beurteilung der Nachhaltigkeit seien auch soziale Kriterien wie die Behandlung und Fluktuationsquote des Personals sowie die Sicherheitsstandards in den Unternehmen relevant.

Vordenker der Klimaneutralität

Das auf den Färöer-Inseln ansässige Unternehmen Bakkafrost (ISIN: FO0000000179) züchtet Lachs und folgt dabei international anerkannten Standards – unter anderem denen des Aquaculture Stewardship Council, kurz ASC. Das ASC-Sie-  gel wird vergeben, wenn das Fischfutter nicht aus überfischten Beständen stammt, das Wasser für die Fische eine bestimmte Qualität aufweist und Antibiotika nur bei wirklich kranken Tieren eingesetzt werden. Die Fischfarmen werden staatlich kontrolliert, um die Einhaltung von Umweltstandards zu gewährleisten. Von Januar bis Juni 2021 setzte das Unternehmen umgerechnet 380 Millionen Euro um, 19 Prozent mehr als im Vorjahreszeitraum.

Noch besser lief es beim operativen Gewinn vor Zinsen und Steuern, der von 58 auf 85 Millionen Euro stieg. Die Zeichen stehen auf Expansion: Bis 2026 will Bakkafrost die produzierte Lachsmenge um 40 Prozent auf 150.000 Tonnen pro Jahr steigern.

Vom Saulus zum Paulus wandelt sich die größte Reederei der Welt, A. P. Møller-Mærsk (ISIN: DK0010244425). Die Dänen wollen bereits ab 2023 ein klimaneutrales Schiff betreiben. Als Treibstoff soll nachhaltig erzeugtes E-Methanol oder Bio-Methanol dienen. Seit dem Frühjahr 2021 will man auch alle weiteren Neuzugänge in der eigenen Flotte mit Antriebslösungen versehen, die mit dem langfristigen Ziel einer vollständigen Dekarbonisierung vereinbar sind. Das Schiff mit einer Kapazität von 2.000 TEU soll von einem sogenannten Dual-Fuel-Motor angetrieben werden. Für den Fall, dass auf nachhaltige Art erzeugtes Methanol bis 2023 nicht in ausreichenden Mengen verfügbar sein sollte, kann damit alternativ auch auf herkömmliches VLSFO (Very Low Sulphur Fuel Oil) mit 0,5 Prozent Schwefelgehalt zurückgegriffen werden. Bis 2050 will Mærsk die komplette eigene Flotte auf Antriebe umgestellt haben, die in der Gesamtbilanz keine CO2-Emissionen verursachen. Die Großreederei hatte im September ihre Prognose für das Geschäftsjahr 2021 erhöht. Statt bislang mit 14 bis 15,5 Mrd. Dollar rechnet man seither mit einem bereinigten operativen Ergebnis von 18 bis 19 Mrd.

Lukrative Geschäfte mit der Abgasreinigung

Die finnische Wärtsilä (ISIN: FI0009003727) zählt zu den führenden Anbietern von Diesel- und Gasmotoren. Besonders lukrativ ist jedoch das Geschäft mit den sogenannten Reinigungsanlagen, die Schwefel aus den Abgasen extrahieren. Dabei werden die Abgase mit Meerwasser besprüht, was eine chemische

Reaktion nach sich zieht, die aus Schwefeloxid Schwefelsäure generiert, die ihrerseits vom laugenartigen Meerwasser neutralisiert wird. Eine solche Anlage kostet pro Schiff zwischen fünf und mehr als zehn Millionen Dollar.

Das Geschäft mit diesen sogenannten „Scrubbern" ist ein Selbstläufer: Die Verordnung der Internationalen Seeschifffahrtsorganisation (IMO) schreibt vor, dass stark schwefelbelastetes Schweröl seit Anfang 2020 nicht mehr ohne Abgasreinigung für die Motoren verwendet werden darf. Schiffe müssen ihren Antrieb vor diesem Hintergrund auf Flüssiggas umstellen oder eben Anlagen zur Reinigung der Abgase einbauen. Wärtsilä ist mit mehr als 50 Jahren Erfahrung mit Scrubbern gut in diesem Markt positioniert. Zudem haben die Finnen neben dem maritimen Geschäftszweig ein Standbein in der Stromgewinnung mittels regenerativer Energie. Wärtsilä-Kraftwerke und -Energiespeichersysteme gibt es mittlerweile rund um den Globus. Der Umsatz belief sich 2021 auf 4,5 Milliarden Euro. Beim Ebit prognostizieren Analysten bis 2025 einen Anstieg von 343 auf 578 Millionen Euro.

Kapital lässt sich beschaffen,
Fabriken kann man bauen,
Menschen muss man gewinnen.
(Hans Christoph von Rohr)

22

Die unpopulären Gewinner der Energiewende

Markus Horntrich

Der Ausbau der erneuerbaren Energien und die zunehmende Verbreitung von Elektrofahrzeugen ist in vollem Gange. Die aktuellen Konjunkturprogramme der USA und Europas nach Covid-19 machen die Dekarbonisierung zu einem der wichtigsten Schwerpunkte. Gerade in Deutschland wurde dies durch die Prioritäten der Bundestagswahl 2021 ersichtlich. Bei den Regierungsparteien war der Klimaschutz eines der wichtigsten Themen in den Wahlprogrammen. In der Praxis soll die Dekarbonisierung insbesondere durch die verstärkte Nutzung erneuerbarer Energien (Wind- und Sonnenenergie) und die Elektrifizierung des Verkehrs, besonders die Einführung von Elektrofahrzeugen, erfolgen. Die ersten Schritte wurden in den letzten zehn Jahren bekanntlich bereits unternommen.

Weltweite Investitionspläne für CO2-Neutralität:

- **USA: Biden Plan**
Investitionspaket: 2 Bio. $; Ziel: 100 % saubere Energie und CO2-Neutralität bis spätestens 2050

- **Europa: Green Deal**
Investitionspaket: 1 Bio. €: Ziel: CO2-Neutralität bis 2050

- **Asien: China Green Deal**
Ziel: CO2-Neutralität bis 2060, Peak bei CO2-Emissionen bis 2030

Ein massiver Zubau regenerativer Energiequellen ist gesetzt. Allein bei Sonne und Wind werden für das laufende Jahrzehnt 711 GW an neuen Wind- und Solarkapazitäten erwartet. Die Investitionen in erneuerbare

Energien werden zudem weit in den Zeitraum bis 2040 anhalten. Folglich wird die Solar- und Windenergieerzeugung in Europa und den USA nach aktuellen Marktstudien im Jahr 2040 weit über 30 bzw. 60 % des gesamten Strommixes erreichen. Gleichzeitig beschleunigt sich spürbar die Einführung von Elektrofahrzeugen. Morgan Stanley geht davon aus, dass im Jahr 2040 eine Flottendurchdringung von 38 bzw. 33 % erreicht wird.

Erneuerbare Energien im Fokus

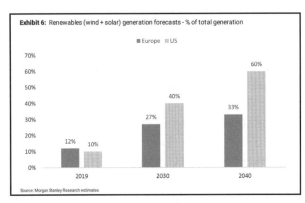

Im Fokus der aktuellen Diskussion im Umfeld der Dekarbonisierung stehen vor allem Themen wie regenerative Energieerzeugung aus Sonne, Wind und Co., Elektroautos, Batterietechnologie samt der dazugehörigen Rohstoffversorgung, Wasserstofftechnik et cetera. Das sind nur die offensichtlichen Werkzeuge für den grünen Wandel. Ein entscheidender, vielleicht sogar der entscheidende Punkt ist aber unterrepräsentiert: Die Qualität der Stromnetze. Der grüne Plan geht nur auf, wenn das gesamte System funktioniert. Ein den neuen gesteigerten Anforderungen angemessenes Übertragungs- und Verteilungssystem, das erneuerbare Energien an Haushalte, Unternehmen und Ladestationen liefert, ist entscheidend.

Die Übertragung und Verteilung von Energie aus erneuerbaren Quellen erfordert erhebliche neue Kapazitäten im Stromnetz, die über die derzeit für die konventionelle Energieerzeugung installierten hinausgehen. Die Energieversorgungsunternehmen planen zwar bereits mit höheren Ausgaben für Transmission und Distribution (T&D), die geplanten Investitionen reichen allerdings nicht aus. Derzeit ist von einem durchschnittlichen jährlichen Wachstum bei den Investitionen in die Strominfrastruktur für 2021 bis 2030 von ca. 5 % pro Jahr für die USA und Europa auszugehen. Zum

Vergleich: Im Zeitraum 2012 bis 2019 lag das Investitionswachstum bei ca. 4 %. Der Anstieg um 1 %-Punkt wird vor diesem Hintergrund nicht ausreichen.

Um das in eine zahlenmäßige Perspektive zu setzen: Die weltweiten T&D-Investitionen beliefen sich laut der Internationalen Energieagentur (IEA) im Jahr 2019 auf 273 Mrd. $. Davon gingen zwei Drittel in die Distribution und ein Drittel in die Transmission. Regional gesehen wurden davon 77 Mrd. $ in den USA und 48 Mrd. $ in ganz Europa investiert. Vor allem in den USA dürften die avisierten Investitionen zu spärlich kalkuliert sein, unter anderem aus Altersgründen: Ein Drittel der Transformatoren zum Beispiel ist bereits weit über der Nutzungsdauer von 30 bis 35 Jahren in Betrieb. Die bestehende Infrastruktur ist schlichtweg nicht mehr auf dem Stand der Technik, was auch auf Europa zutrifft. Das Durchschnittsalter des europäischen Netzes liegt bei rund 40 Jahren.

Die Analysten von Morgan Stanley haben den zusätzlichen Investitionsbedarf quantifiziert. Sie gehen davon aus, dass ca. 535 Mrd. $ in den nächsten 20 Jahren in Europa und den USA zusätzlich zu den bestehenden Investitionsplänen notwendig werden. Gemessen an den oben genannten Wachstumsraten würde dies mehr als einer Verdopplung des Tempos auf 11 % entsprechen.

Erwartete Ausgaben für Netzinfrastruktur (T&D)

Lassen sich aus diesen Überlegungen Investments ableiten, mit denen man den hohen Investitionsbedarf für Strominfrastruktur spielen kann? Es gibt keine sogenannten Pure-Plays, die ausschließlich auf den Bereich Transmission & Distribution fokussiert sind. Aber es gibt börsennotierte Vertreter, die gemessen am Um-

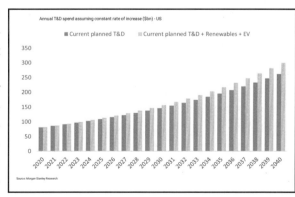

satzanteil dieses Marktes im Fokus stehen. Nachfolgende Grafik zeigt eine Auswahl an Unternehmen mit einem entsprechend hohen Fokus auf T&D.

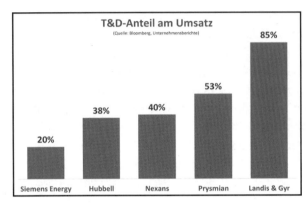

Einer der größten Profiteure der zusätzlich notwendigen Investitionen in die Energiewende ist der Schweizer Konzern Landis & Gyr. Als führender Anbieter von intelligenten Zählern (Smart Meters) sind die Schweizer gut positioniert, um von der Digitalisierung der Versorgungsnetze zu profitieren. Eine signifikant steigende Nachfrage nach diesen Produkten, die die Kosten und den Verbrauch senken, ist die Konsequenz aus dem politischen Willen zur Energiewende. Die Installation von intelligenten Zählern wird in Europa in den nächsten drei Jahren stark zunehmen, da die EU versucht, 80 % aller Stromzähler umzustellen. Indien und der Nahe Osten sind wahrscheinlich die nächsten Quellen für einen Nachfrageschub. Gerade unter dem Eindruck der massiven Energiepreissteigerung ist das ein entscheidendes Thema: Die EU schätzt, dass der Einsatz von intelligenten Zählern im Schnitt etwa 200 bis 250 Euro kostet und ein Einsparungspotenzial von 160 Euro für Gas- und 309 Euro für Stromzähler bietet. Für Landis & Gyr bietet der zunehmende Anteil erneuerbarer Energien am Energiemix die Möglichkeit, zusätzliche Services anzubieten. Die Forschungsausgaben der Schweizer konzentrieren sich vor allem auf die Software-Entwicklung und ermöglichen margenstarke Umsatzchancen in den Bereichen Managed Services, Demand Response und Netzanalyse. Man stößt in neue Bereiche wie Elektromobilität und Cybersecurity vor, auch die Aktivitäten in Zusammenarbeit mit Google Cloud sind interessant. Eine stärkere Verlagerung in den Dienstleistungsbereich wird zu vielfältigeren Umsatzströmen, die zudem besser planbar als das klassische Geschäft sind.

In den USA ist beispielsweise National Grid ein wichtiger Kunde. Im Sommer gab es von National Grid einen Vertrag über 1,7 Mio. Stromzähler und 640.000 Gaszähler, welche das Netz in New York modernisieren. Damit dürfte im wichtigen US-Markt die Durststrecke, die man - zeitweise auch wegen des nun aufgehobenen technologischen Rückstands - hatte, vorüber sein. Aber auch in Europa läuft das Geschäft. In Belgien hat Landis & Gyr im dritten Quartal einen Auftrag über 2,5 Mio. intelligente Stromzähler und eine Million intelligente Gaszähler gewonnen. Inkludiert ist ein Vertrag über 15 Jahre Servicedienstleistungen. Das passt ins insgesamt positive Bild. Weitere Aufträge dürften folgen, was sich allein schon aus den Infrastrukturpaketen der wichtigsten Industrieregionen und dem skizzierten Nachholbedarf bei der Modernisierung der Netze ergeben wird.

Landis & Gyr: Ausgewählte Kennzahlen

		3/2020	3/2021	3/2022e	3/2023e	3/2024e
Umsatz	Mio. $	1.699,0	1.357,4	1.519,0	1.615,9	1.750,7
EBITDA	Mio. $	237,4	144,9	153,9	190,0	223,0
Nettogewinn	Mio. $	108,4	6,7	79,1	110,7	134,8
Gewinn/Aktie	$	3,72	0,24	2,27	3,45	4,38

(Quelle: Bloomberg)

In den Zahlen (siehe Tabelle) wird man diese Entwicklung bei Landis & Gyr allerdings erst ab 2023 und in den Folgejahren sehen, denn die meisten Neuaufträge haben eine entsprechende Vorlaufzeit. Die Bewertung der Aktie ist dafür noch ausbaufähig. Das Verhältnis Unternehmenswert zu Ebitda (UW/Ebitda) für das laufende Jahr 2022 (zum 31.3.) liegt bei 12, sinkt aber per 3/2024 auf 8. Zum Vergleich: Der US-Wettbewerber Itron liegt bei diesen Kennzahlen bei 24 und knapp 13, wird also deutlich höher taxiert. Der Discount beträgt rund 50 %. Die Coronakrise hat sich bei Landis & Gyr vor allem beim Auftragseingang niedergeschlagen, was dazu geführt hat, dass die Analystenprognosen

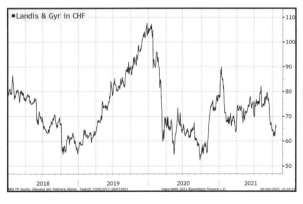

in den letzten Monaten nach unten korrigiert wurden. Nun holt man beim Auftragseingang wieder auf, wie die letzten Monate zeigen. Das sollte früher oder später auch bei den Analysten ankommen - und damit in höhere Prognosen münden. 80 CHF als Kursziel sind daher das Minimum, das man bei Landis & Gyr erwarten kann. Eine Rückkehr zum Vor-Corona-Niveau jenseits von 90 CHF ist ebenfalls keine Utopie, sondern ein realistisches Ziel, wenn der Investitionszyklus wie erwartet Fahrt aufnimmt.

Die Ansprüche an das Stromnetz haben allerdings nicht nur mit einer höheren Intelligenz der Geräte und Steuerung zu tun. Die Dichte und vor allem Stabilität sind entscheidende Faktoren. Wie kommt regenerativ erzeugter Strom in die Haushalte? Ohne Kabel geht nichts, daher rücken Spezialisten wie Prysmian und Nexans in den Fokus.

Einer der drei größten Kabelanbieter weltweit ist Nexans. Die Franzosen sind in mehreren Bereichen aktiv: Telekom-Netzwerke, Seekabel, Stromnetze und Metallurgie. Nexans verlegt beispielsweise rund ein Fünftel der Seekabel, die den Strom von Windparks auf hoher See an Land transportieren. Das Geschäft mit Energienetzen macht aktuell rund 55 Prozent der knapp 6 Mrd. € Umsatz aus. Der Bereich Elektrifizierung soll zügig ausgebaut werden. Nexans fokussiert sich vornehmlich auf diesen Bereich und stößt Randaktivitäten ab. Mit den Verkaufserlösen will man das Kerngeschäft mit Strominfrastruktur ausbauen. Aus gutem Grund:

Nexans: Ausgewählte Kennzahlen

		2019	2020	2021e	2022e	2023e
Umsatz	Mio. €	6.735,0	5.979,0	6.135,6	6.957,4	7.230,7
EBITDA	Mio. €	390,0	408,0	455,0	525,9	580,7
Nettogewinn	Mio. €	41,9	69,2	167,4	209,8	248,7
Gewinn/Aktie	€	0,97	1,56	3,79	4,82	5,76

(Quelle: Bloomberg)

Die Elektrifizierung macht rund 65 % des weltweiten Kabelmarktes aus. Der soll im Zeitraum 2019 bis 2030 von 154 Mrd. € auf 236 Mrd. € wachsen. In den nächsten drei Jahren will Nexans zwischen 1,5 und 2 Milliarden Euro für Akquisitionen ausgeben. Mit der Transformation wird das Ergebnis im Vergleich zum Umsatz stärker wachsen, da man auf ein höheres

Margenniveau kommen will. Auf Ebitda-Basis hat man sich zweistellige Margen von 11 bis 12 % bis 2024 zum Ziel gesetzt. Zum Vergleich: 2020 waren es 7 %. Der Erfolg der in Aussicht gestellten Transformation ist in den aktuellen Nexans-Prognosen (siehe Tabelle) noch nicht enthalten.

Der größte Anbieter in diesem Bereich ist die italienische Prysmian. Die Italiener haben sich auf Hoch- und Extrahochvoltkabel, die unter Wasser oder unter der Erde verlegt werden, spezialisiert. Zudem unterstützt Prysmian Netzbetreiber und Versorger beim Aufbau von Übertragungs- und Verteilnetzen. Typisches Beispiel für den zu erwartenden Schub durch erneuerbare Energien ist das im Juni an Prysmian vergebene Kabelprojekt in Deutschland mit einem Auftragswert von rund 800 Mio. €. Die Italiener konstruieren ein Erdkabelsystem mit einer Leistung von zwei Gigawatt, das unterirdisch 700 Kilometer von Schleswig-Holstein bis nach Bayern verläuft. So kommt Windstrom von Nord nach Süd. Der Ausbau insbesondere der Windkraft auf See ist auch für Prysmian einer der größten Wachstumstreiber. Bei einem typischen Offshore-Windprojekt entfallen nach Angaben von Prysmian etwa 25 % der Kosten auf die Kabel, die die Turbinen mit einem Umspannwerk und das Umspannwerk mit der Küste verbinden. Um das in Relation zu setzen: 37 % der Kosten entfallen auf die Windturbine und 23 % auf das Fundament der Turbine. Dieser Bereich wird der Wachstumsträger sein, wie sich anhand der nachfolgenden Grafik erahnen lässt.

Massiver Ausbau der Offshore-Windkraft

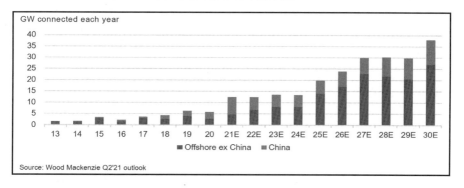

Prysmian hält im Gegensatz zu Nexans dennoch an einem diversifizierten Kabelproduktionsportfolio fest. Kabel für Telekommunikation, Gebäude, Schiffe und Eisenbahnen bleiben Teil des Portfolios. Die in Mailand ansässige Gruppe, auf die etwa 40 Prozent der weltweiten Verlegung von Unterseekabeln entfallen, hat auch ein neues Gebiet ins Auge gefasst: Die Verlegung von ultratiefen Kabeln, die bis zu 3 km unter der Meeresoberfläche verlaufen. Dies ermöglicht beispielsweise die Verlegung von Kabeln durch das Mittelmeer, um möglicherweise die Solarressourcen in Nordafrika mit dem Strombedarf in Europa zu verbinden. Solche Projekte waren bisher technisch nicht machbar, sind aber eine Option für die Zukunft.

Prysmian: Ausgewählte Kennzahlen

		2020	2021e	2022e	2023e	2024e
Umsatz	Mio. €	10.016,0	11.708,7	12.317,3	12.864,5	13.695,5
EBITDA	Mio. €	843,0	958,1	1.054,0	1.131,9	1.195,0
Nettogewinn	Mio. €	275,3	367,8	433,7	496,9	531,0
Gewinn/Aktie	€	1,05	1,36	1,64	1,87	2,10

(Quelle: Bloomberg)

Bewertungsvergleich

Unternehmen	Börsenwert	EV/EBITDA		
	Mio. €	2021e	2022e	2023e
Nexans	3.598,9	8,4	7,3	6,6
Prysmian	8.441,2	11,4	10,4	9,7
Landis & Gyr	1.662,0	17,1	13,4	10,8

(Quelle: Bloomberg)

An den Wachstumsperspektiven der Kabelfirmen ist angesichts der bevorstehenden Transformation nicht zu zweifeln. Prysmian ist der Marktführer im Kabelgeschäft und breiter aufgestellt als Nexans. Mit aktuell 8,4 Mrd. € Börsenwert sind die Italiener auch der größte Vertreter. Die Aktie außerdem bewertungstechnisch hö-

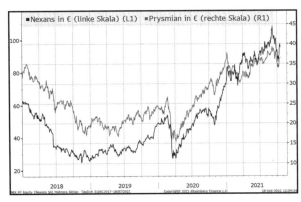

her taxiert als Nexans. Das liegt vor allem an den zusätzlichen Opportunitäten im Bereich des Glasfaserausbaus. Das rund 10-Fache des operativen Ergebnisses geht dennoch in Ordnung. Der Marktführer darf allein schon aufgrund der Marktstellung und der Größe im Depot nicht fehlen. Nexans wird aktuell mit rd. 3,6 Mrd. € bewertet, was bei perspektivisch gut 7 Mrd. € Umsatz günstig ist. Auf KGV-Basis sind die Franzosen auf den ersten Blick kein Schnäppchen. 2022 kommt man auf ein Multiple von 17. Das ist den hohen Investitionen geschuldet. Blickt man auf das Ebitda, liegen die Franzosen per 2022 bei 10 und 2023 bei knapp 9. Das lässt in einem insgesamt deutlich wachsenden Markt mit wenigen dominanten Playern Spielraum für Kursgewinne.

Alles ist möglich
und auch das Gegenteil von allem.
(La Bruyère)

23

Geothermie - Der Heilige Gral der erneuerbaren Energien?

Jens Bernecker

Die Energiewende - alle wollen sie, aber keiner hat bislang eine Lösung aller Herausforderungen vorzuweisen. Entsprechend scheiden sich die Gemüter nicht nur in der Politik und der Gesellschaft, sondern auch am Kapitalmarkt. Schon wenden sich Länder wie Frankreich und Holland wieder der Kernenergie zu, allerdings eher aus purer Verzweiflung als aus Ideenreichtum.

Das Großkapital steht indes bereit für neue Ideen, Erfindungen und Entdeckungen. Aber das Hauptproblem bei den erneuerbaren Energien besteht bekanntlich darin, dass die größten Energiequellen, Wind und Sonne, unbeständig sind. Während fossile Kraftwerke, die mit Kohle und Gas betrieben werden, „abschaltbar" sind - sie können je nach Bedarf ein- und ausgeschaltet werden - Wind und Sonne kommen und gehen eben mit dem Wind und der Sonne.

Der Aufbau eines Versorgungssystems rund um Wind und Sonne bedeutet daher, die Lücken zu füllen, Quellen, Technologien und Verfahren zu finden, die einspringen können, wenn Wind und Sonne nicht ausreichen. Und das System muss extrem sicher und robust sein, denn Dekarbonisierung bedeutet, dass alles elektrifiziert werden muss, dass Transport und Wärme auf Elektrizität umgestellt werden, was die Gesamtnachfrage nach Strom erheblich steigern wird.

Die großen Auseinandersetzungen in der Welt der sauberen Energien drehen sich daher meist darum, wie weit Wind, Sonne und Batterien allein kommen können - 50 Prozent des gesamten Strombedarfs? 80 Prozent? 100? - und welche Quellen ergänzend eingesetzt werden sollten.

Die Antwort, die derzeit von den Befürwortern erneuerbarer Energien favorisiert wird, ist mehr Energiespeicherung. Aber zumindest im Moment ist die Speicherung noch viel zu teuer und begrenzt, um die Aufgabe vollständig zu erfüllen. Die anderen Top-Möglichkeiten zur „Stabilisierung" der Stromversorgung - Kernkraft oder fossile Energie mit Kohlenstoffabscheidung und -sequestrierung - haben ihre eigenen Probleme und leidenschaftliche Wählerschaften, die dafür und dagegen sind.

Dabei liegt eine naheliegende Lösung buchstäblich unter unseren Füßen - die Wärme der Erde. Wenn es gelingt, die Geothermie in heißerem, trockenem und tieferem Gestein zuverlässig und wirtschaftlich zu nutzen, ist sie eine perfekte Ergänzung zu Wind und Sonne.

Was sind die Vorteile der Geothermie?

1. Geothermische Energie ist umweltfreundlicher als konventionelle Energieträger wie Kohle und andere fossile Brennstoffe. Darüber hinaus ist der Kohlenstoff-Fußabdruck eines geothermischen Kraftwerks gering.

2. Geothermische Energie ist eine 100 % erneuerbare Energiequelle, die bis zur Zerstörung der Erde durch die Sonne, womit in etwa 5 Milliarden Jahren zu rechnen ist, reichen wird. Die heißen Reservoirs in der Erde werden auf natürliche Weise wieder aufgefüllt, was sie sowohl erneuerbar als auch nachhaltig macht.

3. Riesiges Potenzial: Der weltweite Energieverbrauch liegt derzeit bei etwa 15 Terawatt, was bei Weitem nicht dem gesamten Energiepotenzial entspricht, das aus geothermischen Quellen gewonnen werden kann. Zwar können wir die meisten Reservoirs derzeit nicht nutzen, doch besteht die Hoffnung, dass die Zahl der nutzbaren geothermischen Ressourcen mit der fortlaufenden Forschung und Entwicklung in der Branche steigen wird. Derzeit wird geschätzt, dass geothermische Kraftwerke zwischen 0,0035 und 2 Terawatt Leistung liefern könnten.

4. Im Vergleich zu anderen erneuerbaren Energiequellen wie Wind- und Sonnenenergie ist die Geothermie eine zuverlässige Energiequelle. Das

liegt daran, dass die Ressource im Gegensatz zu Wind- oder Solarenergie immer zur Verfügung steht und angezapft werden kann.

5. Heizen und Kühlen: Die effektive Nutzung der Geothermie zur Stromerzeugung erfordert Wassertemperaturen von über 150 °C, um Turbinen anzutreiben. Alternativ kann auch der Temperaturunterschied zwischen der Oberfläche und einer Bodenquelle genutzt werden. Da das Erdreich gegenüber jahreszeitlich bedingten Wärmeschwankungen widerstandsfähiger ist als die Luft, kann es mit einer geothermischen Wärmepumpe nur zwei Meter unter der Oberfläche als Wärmesenke/-quelle dienen.

6. Zuverlässig: Die aus dieser Ressource erzeugte Energie ist leicht zu berechnen, da sie nicht schwankt wie andere Energiequellen. Das bedeutet, dass der Ertrag einer geothermischen Anlage mit hoher Genauigkeit vorhergesagt werden kann. Für den Kapitalmarkt eine sehr wichtige Frage.

7. Kein Brennstoff erforderlich: Da es sich bei Erdwärme um eine natürlich vorkommende Ressource handelt, ist kein Brennstoff erforderlich, wie dies bei fossilen Brennstoffen der Fall ist, die eine endliche Ressource sind, die abgebaut oder anderweitig aus der Erde gewonnen werden muss.

8. Schnelle Entwicklung: Die Geothermie wird derzeit intensiv erforscht, was bedeutet, dass neue Technologien entwickelt werden, um den Energieprozess zu verbessern. Es gibt eine wachsende Zahl von Projekten zur Verbesserung und zum Ausbau dieses Industriezweigs. Mit dieser rasanten Entwicklung werden viele der derzeitigen Nachteile der geothermischen Energie abgemildert.

Das liest sich schon wie der Heilige Gral der erneuerbaren Energien und tatsächlich sind damit alle Voraussetzungen für eine wirklich grüne Energiezukunft erfüllt. Wissenswert dabei: Der Kern der Erde ist in einer Tiefe von etwa 4.000 Kilometern ungefähr so heiß wie die Sonnenoberfläche, nämlich über 6.000 °C. Deshalb nennt die Geothermie-Industrie ihn auch gerne „die Sonne unter unseren Füßen". Die Wärme wird durch den Zerfall natürlich vorkommender radioaktiver Elemente ständig neu erzeugt, und zwar mit einer Leistung von etwa 30 Terawatt, was fast dem Doppelten des gesamten menschlichen Energieverbrauchs entspricht. Dieser Prozess wird voraussichtlich Milliarden von Jahren andauern.

Nach vielen Jahren der Erfolglosigkeit haben neue Unternehmen und Technologien die Geothermie aus ihrem Dornröschenschlaf geholt, sodass sie vielleicht endlich bereit ist, sich zu vergrößern und ein wichtiger Akteur im Bereich der sauberen Energie zu werden. Wenn die enthusiastischen Befürworter Recht behalten, könnte die Geothermie sogar der Schlüssel dazu sein, 100 Prozent sauberen Strom für alle Menschen auf der Welt verfügbar zu machen. Denn der Bedarf an nachhaltigen Lösungen zur Erzeugung von Strom wächst kontinuierlich, nicht zuletzt aufgrund des Beschlusses vieler Regierungen, den weltweiten Ausstoß an CO_2 zu verringern. Die etablierten Lösungen Solar- und Windenenergie stoßen immer mehr an ihre Grenzen und auch die Diskussion um grünen Wasserstoff hat bislang zu keinen tragfähigen Ergebnissen geführt. Gleichzeitig steigt der weltweite Bedarf an Strom aufgrund des Bevölkerungswachstums an.

Die Herausforderung: Ökologie und Ökonomie müssen in Einklang gebracht werden.

Geothermische Energie ist also mit hoher Wahrscheinlichkeit eine der zukünftig wichtigsten Quellen für erneuerbare Energien und Energieexperten erwarten, dass sich geothermische Anlagen rund um den Globus rasant ausbreiten werden. Bislang sind allerdings nur etwa 10 % der weltweiten Fläche für die konventionelle geothermische Stromerzeugung geeignet, daher besteht ein dringender Bedarf an einem neuen, vielversprechenden Ansatz zur Erschließung der Erdwärme. Eine nachhaltige Nutzung der Geothermie erfordert jedoch tiefliegende Bohrungen mit großem Durchmesser und langanhaltende Bohrlochintegrationen: Um das Potenzial der Geothermie zu nutzen, muss das Wasser tief zirkulieren, denn die Wärmemenge 10.000 Meter unter der Erdoberfläche enthält 50.000-mal mehr Energie als alle Erdöl- und Erdgasvorkommen der Welt!

Bevor aber Geld in die Hand genommen wird, ist es wichtig, die unterschiedlichen technologischen Ansätze der Geothermie zu verstehen. Denn Geothermie ist vielversprechend, aber auch umstritten und anspruchsvoll.

Die petrothermale Geothermie stammt aus tief liegenden Wärmere-servoiren, die kein oder nur ein geringes Wasservorkommen führen, wie z. B. trockene Gesteinsschichten mit Temperaturen von mehr als 150 °C. Durch eine Injektionsbohrung wird Wasser unter hohem Druck in den Untergrund gepresst. Ziel ist es, die Störungssysteme im zukünftigen Reservoir zu reaktivieren. Risiko: Das Verfahren kann eine Serie von kleineren Erdbeben auslösen.

Hydrothermale Anwendungen zapfen bereits vorhandene Heißwas-serreservoirs etwa 400 Meter unter der Oberfläche an. Die Möglichkeit der Nutzung natürlicher Bruchzonen oder künstlicher Kluftzonen, die durch hydraulisches Aufbrechen unterirdischer Gesteinsmassive entstehen, macht diese Technik aber wenig attraktiv, da auch hier hoher Druck auf den Boden ausgeübt wird.

Bei der Erdwärmesonden-Technologie handelt es sich um ein geschlossenes System, das eine einzelne Bohrung in Tiefen von 400 m bis zu mehreren tausend Metern umfasst. An der Oberfläche wird die Wärme an einen Wärmepumpenkreislauf abgegeben, in dem ein Wärmetauscher die Wärme zwischen seinen Kältemitteln und der Frostschutzlösung in den geschlossenen Kreisläufen überträgt. Nachteile: Systeme mit geschlossenem Kreislauf haben gemeinsame Nachteile wie den Einfluss von Erdreich auf die Effizienz und das Vorhandensein von Frostschutzmittel. Selbst kleine Leckagen können gefährlich sein, sodass diese Technologie ebenfalls mit großer Skepsis betrachtet wird.

Alle drei aktuellen Arten der geothermischen Energiegewinnung weisen zahlreiche Defizite auf, die eine breitere Nutzung einschränken oder verhindern. Und obwohl sich alle einig sind, dass die Erdwärme eine gewaltige Energiequelle ist, fehlt es noch an einer praktikablen und erfolgversprechenden Lösung. Indes:

Dass in diesem Sektor viel Spielraum für Innovation besteht, zeigt ein kleines Start-up aus der Schweiz, die Hildebrand Energy AG. Dieses Unternehmen wurde auf Basis der Entdeckungen des Ingenieurs Hans Hildebrand gegründet, der sich über 40 Jahre lang mit der Gesteinswärme beschäftigt hat. Die hier eingesetzte patentierte Technologie, eine Einloch-Lösung mit „offener" Bohrlochwand, umgeht alle oben genannten Risiken und Nachteile der herkömmlichen Geothermie und schickt sich an, die Branche neu zu definieren, denn sie ist fast überall auf dem Planten einsetzbar und benötigt kein unterirdisches Wasseraufkommen. Immerhin wurden bereits 400 Anlagen mit dem „Hildebrand Effekt" in den letzten 30 Jahren verbaut, allerdings bislang zur Erzeugung von Wärme für Wohnanlagen, Schulen oder Verwaltungsgebäuden. Das Besondere: Viele dieser Anlagen liefern ohne Sanierung selbst nach Jahrzehnten noch immer die gleiche Leistung wie bei der Erstellung. Für die Erzeugung von grünem Strom und Wasserstoff wurde in diesem Jahr aber ein Pilotprojekt in Südtirol bei Brixen in Angriff genommen, bei dem erstmals bis auf 8.000 Meter gebohrt werden soll, um die nötige Energie für grünen Wasserstoff für die Brennerregion zu heben. Partner sind Bohrgesellschaften wie KCA Deutag, Baker Hughes oder GKN sowie Wasserstoff-Start-ups aus der Region. Die Finanzierung erfolgt über eine grüne Anleihe und Venture Capital.

Gleichwohl ist es ebenso sinnvoll, schon jetzt in jene (börsennotierten) Unternehmen zu investieren, die sich dieser Herausforderung bewusst sind und gezielt in neue Technologien investieren. Wir können die infrage kommenden Kandidaten dabei in drei Gruppen teilen: 1.) Unternehmen, die aktiv in der Geothermie mit eigenen Projekten tätig sind, 2.) Unternehmen, die sich als Technologieträger dieses Sektors entwickeln und 3.) Unternehmen, die ihre Erfahrungen in anderen Bereichen nun umsatteln können, z. B. die Öl- und Gasbranche.

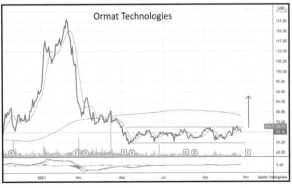

Ormat Technologies ist ein führender Anbieter geothermischer Energie mit mehr als fünf Jahrzehnten Erfahrung in der Entwicklung dieser Energielösungen. Das Unternehmen entwirft, entwickelt, besitzt und betreibt geothermische und auf rückgewonnener Energie basierende Kraftwerke und entwirft, fertigt und verkauft auch Stromerzeugungsanlagen und komplette Kraftwerke auf schlüsselfertiger Basis.

In seinem Stromsegment entwickelt, baut, besitzt und betreibt Ormat Technologies Kraftwerke, die auf Geothermie, Solarenergie und rückgewonnener Energie basieren. Im Jahr 2020 stammten 94 % des Stromsegments des Unternehmens aus der Geothermie. Das aktuelle Erzeugungsportfolio des Unternehmens erstreckt sich über die USA, Guatemala, Guadeloupe, Honduras, Indonesien und Kenia. Im Jahr 2020 stammten 63 % der Einnahmen von Ormat Technologies im Stromsegment aus den USA und 37 % aus dem Ausland. Im Jahr 2020 erzielte Ormat Technologies einen Umsatz von 705 Millionen Dollar, ein bereinigtes Ebitda von 420 Millionen Dollar und einen Nettogewinn von 86 Millionen Dollar. Für 2021 rechnet das Unternehmen mit einem Umsatz zwischen 645 und 680 Mio. Dollar, wobei die Stromerlöse zwischen 570 und 580 Mio. liegen. Außerdem erwartet das Unternehmen für 2021 ein bereinigtes Ebitda zwischen 400 und 410 Mio. Dollar.

Die Aktie von Ormat hatte sich von September 2020 bis zum 11. Februar 2021 mehr als verdoppelt, da die Börse viele Unternehmen aus dem Bereich der erneuerbaren Energien mit der Wahl von Joe Biden hochgejubelt hatte. Der Euphorie folgte die Ernüchterung, dass dies ein langer Weg ist, und nach der Konsolidierung des Sektors notiert die Aktie derzeit knapp 10 % über ihrem Stand vom September, zeigt aber eine solide Bodenbildung.

Klein, aber sehr fein: Polaris Infrastructure fliegt sozusagen unter dem Radar, ist aber ein attraktiver Name unter den Geothermieaktien. Zudem notiert die Aktie mit einem attraktiven Kurs-Gewinn-Verhältnis von 11,14 und offeriert eine Dividendenrendite von satten 3,9 %. Wie kommt das zustande?

Polaris Infrastructure betreibt ein 72-MW-Geothermieprojekt in Nicaragua und verfügt über Wasserkraftwerke in Peru. Der Clou liegt im Cashflow, denn Anlagen dieser Art haben niedrige Betriebskosten. Für Q1 2021 meldete Polaris einen operativen Cashflow von 9,4 Mio. Dollar, was einem annualisierten Cashflow von etwa 40 Mio. Dollar entspricht. Daher kann das Unternehmen wahrscheinlich seine Dividenden noch viele Jahre auf dem derzeitigen Niveau halten. Polaris beendete Q1 2021 auch mit einer starken Cash-Position von 109,7 Mio. Dollar und verfolgt mit diesem Polster aktiv die weitere Diversifizierung seines Portfolios durch strategische Übernahmen. Mit einer fokussierten Wachstumsstrategie wird der beste Teil des Aufschwungs für die Aktie also noch bevorstehen.

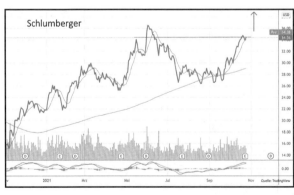

Aber auch jene Unternehmen, welche bislang ihr Geld bei der Suche nach Öl und Gas verdient haben, haben nun die Chance, ihre Erfahrung neu einzusetzen. Es sind alte Bekannte: Halliburton, Schlumberger und Baker Hughes, um nur die drei Großen an dieser Stelle einmal zu erwähnen. Öl und Gas also als Retter? In der Geothermie gibt es zahlreiche Start-ups, die vor allem Innovationen und Fachwissen im Bereich der Bohrtechnologie benötigen, also genau die Fähigkeiten, über die viele Öl- und Gasarbeiter bereits verfügen. Es wäre für die angeschlagene Öl- und Gasindustrie die Gelegenheit, ihr Kapital und ihre Fähigkeiten für etwas einzusetzen, das den Planeten nicht schädigt.

Die großen Öl- und Gaskonzerne sowie die Bohrgesellschaften haben bereits begonnen, Start-ups im Bereich Geothermie aufzukaufen. Im vergangenen Frühjahr schloss das kanadische Start-up Unternehmen Eavor Technologies eine Finanzierungsrunde in Höhe von 40 Mio. Dollar ab. Dies wird die weitere Entwicklung der geothermischen Technologie des Unternehmens unterstützen. Beiträge kamen von Chevron Technology Ventures, Bp Ventures, Temasek aus Singapur, BDC Capital aus Kanada, dem US-Versorgungsunternehmen Eversource Energy und Vickers Venture Partners. Chevron Technology Ventures ist einer der größeren Investoren im Bereich der geothermischen Energieaktien.

Investitionen in die Geothermie bietet diesen Playern die Chance, einen Teil ihres Portfolios vor dem unsteten Ölmarkt zu schützen. Und für viele dieser Unternehmen ist die Geothermie eine natürlichere Ergänzung als Wind- und Solarenergie. Vik Rao, ehemaliger Chief Technology Officer bei Halliburton, dem Ölfelddienstleistungsriesen, sagte kürzlich dem Geothermie-Blog Heat Beat: „Geothermie ist kein Nischenspiel mehr. Sie ist skalierbar, und zwar potenziell auf eine sehr materielle Weise. Die Skalierbarkeit erregt die Aufmerksamkeit der Ölindustrie".

Ein Blick auf die Kursverläufe dieser Unternehmen zeigt denn auch, dass hier Bewegung in die Sache kommt. Sicher, derzeit reagieren die Kurse noch in erster Linie auf den Ölpreis, aber ein Blick auf die Bilanzen von Baker Hughes, Halliburton und Schlumberger zeigt, dass die Aktivitäten im Bereich Geothermie stetig zunehmen. Noch sind diese Umsätze klein, aber das Bild ähnelt dem der Automobilbranche: Auch hier spielen E-Autos bislang keine Rolle, doch der Wandel findet statt und die Börse verteilt dementsprechend auch Vorschusslorbeeren. Mein Rat also an dieser Stelle: Wer ein Geothermie-Themendepot erstellt, nimmt auch diese Oldies aus dem Öl- und Gassektor mit auf.

Fazit: Die Geothermie war bislang ein Nischenthema. Doch mit neuen Ideen und dem Bedarf an langfristig tragbaren und berechenbaren Lösungen erhält sie einen Schwung, dessen Ausmaß größer sein dürfte, als ihr zugetraut wird. Der langfristig orientierte Anleger nimmt dies zur Kenntnis und positioniert sich, lange bevor der Mainstream die Chancen erkennt.

Da es sehr förderlich für die Gesundheit ist,
habe ich beschlossen, glücklich zu sein.
(Voltaire)

24

Attraktiver Abfall

Christian Euler

Weltweit wachsen die Müllberge. Das beschert Abfallentsorgern stetig wachsende Einnahmen und Gewinne. Investments in diesen Zukunftsmarkt kombinieren Nachhaltigkeit mit Renditechancen.

Mehr Menschen, mehr Wohlstand, mehr Müll. Die Weltbank prophezeit, dass sich die Menge an Abfall auf diesem Planeten in den kommenden Jahrzehnten vervielfachen wird. Bis 2050 rechnen die Ökonomen mit einer Zunahme des weltweiten Abfallaufkommens um 70 Prozent. Sind es heute noch rund zwei Milliarden Tonnen Müll, sollen es in knapp 30 Jahren bereits rund 3,4 Milliarden Tonnen sein. Recycelt wird davon aber nur ein kleiner Teil. Im Gegenteil: Nach Berechnungen der Weltbank werden immer noch rund zwei Drittel der Haushaltsabfälle verbrannt oder deponiert. Europa führt die Industrienationen mit einer Wiederverwertungsquote von 30 Prozent an, in China liegt diese bei 25 und in den USA bei lediglich neun Prozent.

Besonders eindrucksvoll verdeutlicht der Umgang mit Plastik die Brisanz der Lage. Bis heute wurden weltweit mehr als acht Milliarden Tonnen produziert. Pro Kopf entspricht dies mehr als 1.000 Kilogramm. Derweil beziffert die OECD die weltweite Kunststoff-Produktion auf 400 Millionen Tonnen pro Jahr - Tendenz weiter steigend. Zum Vergleich: In den 1950er-Jahren waren es erst zwei Millionen Tonnen. Deutschland

4,3 Millionen Tonnen Plastikverpackung

Produktion von Kunststoffpackmitteln und Verpackungsfolien in Deutschland 2020 (in 1.000 t)

Verpackungsfolien	1.652
Becher, Dosen, Kisten, Steigen, Paletten	709
Beutel, Tragetaschen, Säcke	458
Flaschen PET	453
Verschlüsse	323
Fässer, Kanister, Eimer	261
Flaschen, andere Kunststoffe	190
Sonstige	225

Quelle: Industrievereinigung Kunststoffverpackungen

statista

produzierte 2020 4,3 Millionen Tonnen Plastikverpackungen (s. Grafik) und verfrachtete mehr als eine Million Tonnen Kunststoffmüll ins Ausland. Damit ist die Bundesrepublik die europäische Nummer eins unter den größten Exporteuren von Kunststoffabfällen.

Der zunehmenden Vermüllung Einhalt gebieten könnte die Verpflichtung der Industrienationen, innerhalb der nächsten Jahrzehnte klimaneutral zu werden. Einer der wichtigsten Hebel, um dieses Ziel zu erreichen, ist die Förderung der sogenannten Kreislaufwirtschaft. Deren Ziel ist es, bestehende Materialien und Produkte so lange wie möglich zu verwenden, aufzuarbeiten und schließlich zu recyceln. Dazu gehört auch das im Juli 2021 EU-weit eingeführte Einwegplastik-Verbot. Die Herstellung von Einwegbesteck und -geschirr, Trinkhalmen, Rühr-, Watte- und Luftballonstäben aus Kunststoff sowie To-go-Getränkebechern, Fast-Food-Verpackungen und Wegwerf-Essensbehältern aus Styropor ist seither tabu.

Ungebremst wachsende Müllberge

Eine weitere Stellschraube zeigt eine Studie des Londoner Think Tanks Eunomia. Danach könnten durch eine signifikante Erhöhung der Recyclingquoten sowie eine Verbesserung der Ressourcenmanagement-Praktiken die Treibhausgasemissionen weltweit um 2,8 Milliarden Tonnen CO_2-Äquivalent pro Jahr gesenkt werden - so viel, wie 600 Millionen Pkw auf der Straße pro Jahr in die Umwelt blasen.

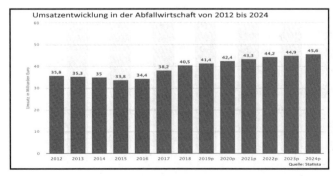

Umsatzentwicklung in der Abfallwirtschaft von 2012 bis 2024
Quelle: Statista

Die Wiederverwertung von Müll ist ein Zukunftsmarkt. Der globale Markt für Abfallmanagement soll - bei einer jährlichen Wachstumsrate von 5,1 Prozent - bis zum Jahr 2026 ein Volumen von 542,7 Milliarden Dollar erreichen. Ähnlich sieht es beim

Umsatz aus. Haben die Unternehmen 2019 allein in Deutschland rund 41 Milliarden Euro mit Müll erwirtschaftet, sollen die Erlöse bis zum Jahr 2024 laut Schätzung der Statistikdatenbank Statista auf 45,6 Milliarden Euro ansteigen.

In die Höhe getrieben werden die Müllberge in erster Linie von zwei Megatrends. Zum einen von der demografischen Entwicklung: Die Weltbevölkerung wächst beständig und mehr Menschen produzieren schlichtweg mehr Abfall. Schätzungen der Weltbank zufolge wird das Müllaufkommen in den kommenden Jahren besonders schnell in Afrika und in Südasien wachsen, da sich dort immer mehr Menschen im Zuge ihres steigenden Wohlstands am westlichen Lebensstil orientieren.

Daneben erfordert die zunehmende Verstädterung besonders in den ausufernden Metropolen immense Investitionen in Entsorgungssysteme. Die Vereinten Nationen rechnen bis 2050 mit rund zehn Milliarden Menschen auf diesem Planeten, rund 2,5 Milliarden mehr als heute. Mehr als zwei Drittel der Bevölkerung leben dann voraussichtlich in Städten, wo die Abfallprobleme besonders drängend sind.

Discount-Riesen machen Müll zu Geld

Die Krux bei der Vermeidung von Müll ist die schiere Menge der produzierten Verpackungsabfälle - bei zu wenig Recycling. „Global gesehen landen mehr als 90 Prozent aller jemals produzierten Kunststoffe nicht in einem Recyclingprozess, sondern auf Deponien, in Verbrennungsanlagen oder in der Umwelt", schreibt Greenpeace in seinem Bericht „Die Zukunft wegwerfen".

Unser aller Müll und dessen Entsorgung ist und bleibt ein lukratives Geschäft. Rigidere Regierungsvorschriften, immer mehr Initiativen zum Umweltschutz sowie die gestiegene Sensibilität der Bevölkerung lassen die Abfallindustrie boomen. Kenner der Branche prognostizieren eine jährliche Wachstumsrate von mehr als fünf Prozent. Allein in Deutschland setzen die Entsorger rund 40 Milliarden Euro im Jahr um. 40 Prozent davon entfallen auf Recycling.

Dass sich mit Müll gut verdienen lässt, haben auch die Discount-Giganten Lidl und Aldi erkannt. Die Lidl-Muttergesellschaft Schwarz hat mit ihrer Tochter PreZero ein eigenes Entsorgungsunternehmen aufgebaut, das durch Zukäufe mittlerweile zu den Branchenführern in Europa zählt. Der Umsatz mit der Entsorgung von Abfällen beläuft sich auf rund zwei Milliarden Euro. Aldi wiederum, das in Deutschland für rund 12,5 Prozent des Verpackungsabfalls aus dem Einzelhandel steht, gab im Herbst eine Kooperation mit dem Schweizer Verpackungsentsorger Interseroh+ bekannt, der im Mai 2021 eigens aus Interseroh ausgegründet wurde, um Entsorgungskunden wie Aldi zu Mitgesellschaftern machen zu können.

Abfall-Aktien als attraktive Depot-Ergänzung

Anleger können sich an diesen Trend anhängen und mit ihrem Kapitaleinsatz Firmen unterstützen, die sich der Müll-Reduzierung verschrieben haben. Für Engagements in den Abfallwirtschaftsmarkt spricht neben dem stetigen Wachstum nicht zuletzt dessen Beständigkeit. Selbst in der Coronakrise, als viele Unternehmen starke Verluste hinnehmen mussten, blieb der Bedarf nach Müllentsorgung bestehen.

Einer der Profiteure ist der US-amerikanische Umwelt- und Entsorgungsdienstleister Clean Harbors (ISIN: US1844961078). Das Unternehmen aus Massachusetts beschäftigt sich in erster Linie mit dem Transport und der Entsorgung gefährlicher und nicht gefährlicher Abfälle. Dazu gehören Ressourcenrückgewinnung, physikalische Behandlung, Brennstoffmischung, Verbrennung, Deponieentsorgung, Abwasserbehandlung, Entsorgung von Laborchemikalien, Sprengstoffmanagement sowie CleanPack-Dienste. Die Analystengilde rechnet zwischen 2021 und 2024 mit einer Umsatzsteigerung von 3,5 auf 4,1 Milliarden Dollar. Das operative Ergebnis dürfte in diesem Zeitraum von 330 auf 370 Millionen Dollar ansteigen.

Weltweit führend bei der Produktion und dem Betrieb von Sortieranlagen für wiederverwertbare Reststoffe ist die norwegische Tomra Systems (ISIN: NO0005668905), hierzulande vor allem wegen ihrer Pfandautomaten bekannt. Mit ihren Abfallsortierungsanlagen und Recycling-Ausrüstungen für die Rohstoffbranche und Bergbaugesellschaften sind die Norweger in

Sachen Recycling sehr breit positioniert. Rund um den Globus schlucken über 82.000 Pfandautomaten leere Getränkedosen.

Der Umsatz dürfte sich 2021 auf rund 10,5 Milliarden Euro belaufen bei einer Steigerung des Vorsteuergewinns um über 20 Prozent auf 1,45 Milliarden Euro. Auch für 2022 ist mit einem kräftigen Gewinnplus zu rechnen. Mit einem KGV von 68

erscheint Tomra Systems auf den ersten Blick zwar teuer, doch die Firma aus Oslo wächst seit Jahren kontinuierlich und sollte von den strengen Regulierungen im Rahmen des Green Deals der EU profitieren. Das Management avisiert bis 2025 eine Recyclingquote von 90 Prozent. Beim Ergebnis je Aktie erwarten Analysten eine Steigerung von 7,1 Euro in 2021 auf 9,3 Euro im Jahr 2024.

Waste Management (ISIN: US94106L1098) bietet Müllabfuhr-Dienste, -transport und -entsorgung im nordamerikanischen Raum und betreibt Recycling- sowie Müllverbrennungsanlagen. Die Texaner überzeugen nicht zuletzt mit ihrer führenden Wettbewerbsposition dank eines breiten Netzwerks an Deponien und langfristigen Entsorgungsverträgen in weiten Teilen der USA. Zusammen mit der soliden Preissetzungsmacht schafft dies den Boden für zeitlose Renditen in einem defensiven Markt. Seit inzwischen 19 Jahren erhöht Waste Management in jedem Jahr die Dividende. Auch Microsoft-Gründer Bill Gates scheint von dem Titel überzeugt zu sein und hält über seine Beteiligungsgesellschaft Cascade Investment laut Wallstreet Journal 3,9 Prozent der Firmenanteile.

Smurfit Kappa (ISIN: IE00B1RR8406) setzt stark auf Recycling. Auf dem europäischen Markt ist die Gesellschaft aus Dublin die Nummer eins bei Verpackungen aus Wellpappe, Wellpappenrohpapier und Vollpappe.

Global sieht man sich mit seinen 64.000 Kunden in 36 Ländern als Nummer zwei. Von Smurfit Kappa hergestellte Wellpappe gilt als nachhaltig, weil sie biologisch abbaubar ist. Vor allem der E-Commerce und die Discounter treiben die Nachfrage an. In den ersten sechs Monaten 2021 erwirtschaftete Smurfit ein Ebitda von 781 Millionen Euro - bei einer Marge von 16,7 Prozent. Darüber hinaus produzieren die Iren fast elf Milliarden Quadratmeter Pappverpackungen, mit denen sich die gesamte Fläche der USA abdecken ließe. Die dafür notwendigen Rohstoffe wachsen im eigenen, 100.000 Hektar umfassenden Wald. Die Kundenliste liest sich wie das Who's Who der Lebensmittel- und Getränkehersteller, darunter Kellogg, Danone, Heineken und Coca-Cola.

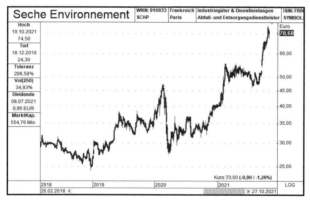

Séché Environnement (ISIN: FR0000039109) ist eines der führenden Unternehmen in Frankreich im Bereich Recycling und der Behandlung aller Arten von Abfällen, darunter Industrie- und Haushaltsabfälle. Spezialisiert auf besonders schwierige Fälle verwertet die Firma aus dem Departement Mayenne gefährliche Abfälle, bereitet sie auf und lagert sie sicher ein. Zudem bietet man Umweltdienstleistungen wie etwa Dekontaminierung, Rückbau oder Asbestsanierung Who's Who. Ein Garant für Solidität: Gründer und Namensgeber Joël Séché ist noch heute, 26 Jahre nach der Gründung, im Top-Management und kontrolliert die Hälfte des Aktienkapitals. Im Vergleich zur US-Konkurrenz ist Séché mit einem Börsenwert von rund einer halben Milliarde Euro ein vergleichsweise kleiner Player. Der operative Gewinn soll Analysten zufolge von 67 Millionen Euro im Jahr 2021 auf 87 Millionen Euro in 2023 steigen.

Der Industrie-Recycler Befesa (ISIN: LU1704650164) recycelt giftige Nebenprodukte aus der Stahl- und Aluminium-Industrie. Da man unter anderem Stahlstaub, der in Elektrostahlwerken anfällt, zu Sekundärrohstoffen für die Zinkproduktion weiterverarbeitet, profitiert das deutsch-spanische Unternehmen mit Sitz in Luxemburg nicht zuletzt von der Einführung klimaneutraler Produktionsverfahren in der Stahlindustrie. Mit dem Recycling von Sondermüll aus Stahl- und Aluminiumwerken gehört der deutsch-spanische Hidden Champion, der im September 2021 in den MDAX aufgestiegen ist, zu den europäischen Marktführern bei der Gewinnung von Zinkoxid. Durch eine Mitte 2021 erfolgte, 450 Millionen Euro schwere Übernahme des Recycling-Geschäfts des US-Konkurrenten American Zinc Recycling bekräftigte Befesa seine Strategie, das Geschäft global zu diversifizieren und durch Zukäufe zu wachsen.

Umicore (ISIN: BE0974320526) hat sich mit einer Marktkapitalisierung von über 12 Milliarden Euro von einem Bergbauunternehmen zu einem der führenden Recyclingkonzerne entwickelt. Die Belgier erzielen das Gros ihrer

Erträge mit sauberen Technologien - etwa wiedergewonnenen Materialien für Abgaskatalysatoren, Akkus oder Brennstoffzellen. Daneben hat man ein Verfahren entwickelt, Autobatterien zu recyceln und Metalle wie Kobalt und Lithium wiederzuverwenden. Die Abnehmer kommen unter anderem aus der Chemie-, Automobil- sowie Elektroindustrie. Unter den bekanntesten Kunden finden sich Tesla und Toyota. Im ersten Halbjahr 2021 erwirtschaftete Umicore bei einem Umsatz von 2,1 Milliarden Euro ein Ebitda von 762 Millionen Euro.

SIG Combibloc (ISIN: CH0435377954) fokussiert sich auf die Produktion von Kartonverpackungen für Getränke und Lebensmittel. Damit ist man sehr erfolgreich. Im ersten Halbjahr 2021 verkaufte SIG knapp 20 Milliarden Kartonverpackungen und erzielte 950,9 Millionen Euro Umsatz. Der Karton für die Verpackungen stammt vollständig aus FSC-zertifizierter Produktion, die Energie für die Produktion wiederum kommt aus erneuerbaren Quellen. Schon 2010 stellte man mit Combibloc Ecoplus die weltweit erste aluminiumfreie, aseptische Kartonverpackung vor, die den CO_2-Fußabdruck um 27 Prozent senkte. Die neuen Verpackungen des Labels „SIGnature 100" sind weltweit die ersten Kartonverpackungen, die vollständig aus erneuerbaren Rohstoffen bestehen.

Mit Fonds und ETFs die Risiken senken

Der aktiv gemanagte Vontobel Fund - Clean Technology (ISIN: LU0384405600) investiert vor allem in Unternehmen, die Lösungen für Wasserentsorgung, Wiederverwertung, Abfallmanagement und Ressourcen-Effizienz anbieten. Auf Sicht von fünf Jahren lag die durchschnittliche Rendite bei knapp 16 Prozent per annum. Unter den größten Positionen finden sich der amerikanische Spezialist für Messsysteme, Thermo Fisher, Schneider Electric und der französische Baustoffkonzern Saint-Gobain.

Ebenfalls von Vontobel kommt das Zertifikat auf den Circular World Index (ISIN: DE000VE85VQ6), in dessen Fokus Aktien von Firmen stehen, die Produkte und Technologien besitzen, die die Wiederverwertung natürlicher Ressourcen ermöglichen. Diese Unternehmen sind beispielsweise in den Sektoren Abwasserreinigung, Recycling, Bioplastik oder auch in der Sharing Economy tätig. Bei der Auswahl werden neben finanziellen Kennzahlen wie Verschuldungsgrad, Rendite und Cashflow auch das Wachstumspotenzial und die Marktstellung berücksichtigt.

Ähnlich aufgestellt ist der Circular Economy Leaders ETF (ISIN: LU1953136527) von BNP Paribas, der führende Unternehmen aus der globalen Kreislaufwirtschaft bündelt. Der börsengehandelte Indexfonds besteht aus den 50 größten Titeln verschiedener Sektoren, die mehrere Kriterien erfüllen müssen: Konzept des Kreislaufmodells, Materialrückgewinnung, Verlängerung der Produktlebensdauer, Plattformen zum Informationsaustausch sowie Produkt- und Leistungsangebot. Zudem müssen sie beim ESG-Rating der Agentur ECPI gut bewertet werden. Tabu sind Firmen, die Waffen oder Tabak produzieren. Alle Titel werden gleich gewichtet, zweimal im Jahr wird der Index rebalanciert. In dem Marktbarometer finden sich Titel wie der japanische Klimatechnikspezialist Daikin Industries, der niederländische Chemiekonzern Koninklijke DSM und der weltweit größte Anbieter von Lithographie-Systemen für die Halbleiterindustrie, ASML Holding.

Der im November 2018 aufgelegte Fidelity Sustainable Water & Waste Fund (ISIN LU1892829828) investiert - nomen est omen - in Firmen, die entlang der gesamten Wasser- und Abfall-Wertschöpfungskette operieren. Die niedrige Korrelation zwischen den Wertentwicklungen der Portfolio-Positionen federt das Risiko ab. „Die Performance eines Wasserunternehmens in den USA ist nicht mit der eines chinesischen Abfallunternehmens vergleichbar", bringt es Portfoliomanager Bertrand Lecourt auf den Punkt. Mit seinem Team investiert er zudem „in Unternehmen, die niemand besitzt oder vergessen hat." Die größten Positionen im Herbst 2021 waren American Waterworks, Evoqua Water Technologies und der japanische Pumpenhersteller Ebara.

Verstand und Genie rufen Achtung
und Hochschätzung hervor,
Witz und Humor erwecken Liebe und Zuneigung.
(David Hume)

25

China abseits der Regulierung

Volker Schulz

Der chinesische Aktienmarkt erlebte 2021 sein Déjà-vu. Derartige Baissen gab es in China schon viele. Ihnen gemeinsam ist: Jeder Baisse folgte ein neues Hoch. 2021 werden Erinnerungen wach an das Börsenjahr 2015. Nach konjunkturellen Enttäuschungen sackten seinerzeit die China-Indizes um 40 % durch. Damals senkte die chinesische Zentralbank den Leitzins und beruhigte insbesondere den Shanghai Composite. Auch heute hätte die Notenbank Spielraum, nutzt ihn aber „noch" nicht aus. Dahinter steckt eine Energie- und Rohstoffknappheit nebst gestörten Lieferketten. Eine lockere Geldpolitik würde folglich die Inflation weiter anheizen. Geldpolitische Schritte folgen somit erst dann, wenn sich dieser Nebel verzieht. Und eines ist auch klar:

Die China-Baisse 2015 ist mit der von 2021 nur im Ausmaß vergleichbar, nicht aber in ihrer Entstehung. Ausgangspunkt waren die Regulierungen der chinesischen Behörden in verschiedenen Wirtschaftssektoren, die unter größerem Blick-

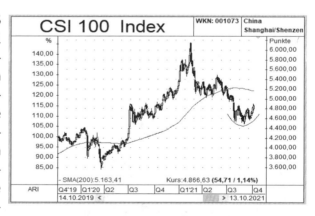

winkel sogar nachvollziehbar sind. Die chinesische Regierung will Stabilität und möchte Einkommensungleichheiten beseitigen. Monopolsituationen sollen entschärft werden. Solche Zielsetzungen gibt oder gab es auch in anderen Ländern. Auch deutsche Unternehmen sind nicht von Regulierungsattacken verschont geblieben. Die Einschnitte im deutschen Energiesektor sind uns in Erinnerung. Das übergeordnete Ziel in China ist, dass ein größerer Teil der Bevölkerung am Wohlstand teilhaben soll. Nach wie vor gibt es ein erhebliches Einkommensgefälle in China zwischen Stadt und Land oder zwischen Angestellten und Arbeitern im Produktionsbereich. Daraus entstehen politischer Druck und am Ende neue Chancen.

Die Regulatorik sorgt langfristig für mehr Sicherheit und Attraktivität. Auch diese Sichtweise lässt sich begründen und wird inzwischen - wenn auch von wenigen - Asset-Managern vertreten. Chinas Führung baut das Land aktuell drastisch um: Von der Werkbank der Welt hin zu einer Volkswirtschaft, die technologisch und wirtschaftlich international führend werden soll und in Teilen bereits ist. Die jetzt beschlossenen staatlichen Maßnahmen dienen nicht dazu, dem Privatsektor zu schaden, sondern eine Anpassung an westliche Standards einzuleiten. Das gilt insbesondere für die großen Internetplattformen und den E-Commerce, der über Jahre fast unreguliert und unbeaufsichtigt gewachsen ist. Die Löcher werden nun gestopft und die Behörden möchten im Land einen stärkeren Wettbewerb entfalten. Mittel- bis langfristig wird das positive Auswirkungen auf Chinas Volkswirtschaft haben.

China möchte zugleich keine Geschäftsmodelle zerstören, sie aber politisch unter Kontrolle haben. Die chinesische Führung setzt bewusst ein Zeichen nach innen und möchte zeigen, wer der Herr im Hause ist. Je mehr Freiheiten die Bürger bekommen und je mehr Freiheiten sich die Unternehmen herausnehmen, desto mehr schrumpft auch der Einfluss der Partei. Aber: Die Zielsetzung der Autarkie vom Westen sowie die Technologieführerschaft in sämtlichen Schlüsseltechnologien ist nur dann erreichbar, wenn sich die Privatwirtschaft in einem gesunden Wettbewerbsumfeld frei entfalten

kann. Das ist der chinesischen Staatsführung vollkommen bewusst. Aus diesem Grund wird es das Comeback der China-Aktien geben.

Titel wie Alibaba, Baidu, JD.com, Pinduoduo oder Tencent sind ohne Frage das Rückgrat der chinesischen Technologieszene. An deren Zerstörung wird und kann China kein Interesse haben. Ihr Comeback ist lediglich eine Frage der Zeit, auch wenn die Bodenbildung derzeit noch mühsam ist. In diesem Artikel soll es aber nicht um diese Flaggschiffe gehen. China bietet weit mehr als diese Unternehmen. Entscheidend:

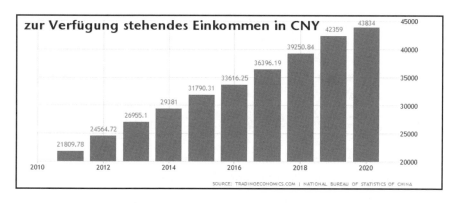

Das übergeordnete Ziel des neuen Fünfjahresplans - im Frühjahr 2021 beschlossen - ist die Förderung einer qualitativ hochwertigen Entwicklung in China. Diese Entwicklung soll innovationsgetrieben, umweltfreundlich und überwiegend vom chinesischen Binnenmarkt getrieben sein. Zur Förderung dieses Ziels werden in dem Fünfjahresplan eine Vielzahl von Einzelzielen und Maßnahmen in praktisch allen Bereichen von Politik und Gesellschaft formuliert (u. a. Wissenschaft und Technologie, wirtschaftliche Entwicklung, Wirtschaftspolitik und institutionelle Reformen, Landwirtschaft, regionale Entwicklung, Umwelt, Kultur, Sozialpolitik, Bildung und Gesundheit, nationale Sicherheit und Verteidigung). Zwei Eckpfeiler der neuen Entwicklungsstrategie sind dabei die Förderung der technologischen Innovationsfähigkeit Chinas und seiner Eigenständigkeit in Wissenschaft und Technologie sowie die Stärkung der chinesischen Binnenwirtschaft als Hauptstütze eines neuen Entwicklungsmusters als ein Kernelement. Das heißt: Der breite Anstieg der Einkommen pro Kopf ist der entscheidende Schlüssel für Peking auf dem Weg zur Konsumgesellschaft in einem unabhängigen Binnenmarkt.

China befindet sich somit in einer Phase der ökonomischen Transformation, in der der Konsum eine immer größere Rolle spielt. Und genau hier gibt es zahlreiche Sektoren, die sich abseits der Regulierung bewegen und indirekt sogar gefördert werden. Nachfolgend drei Ideen, welche Unternehmen abseits der Regulierung einzuordnen sind:

CHINA MENGNIU DAIRY (WKN: A0B 5T9): Das Unternehmen steht für Milchprodukte in China. Diese werden immer beliebter und China Mengniu Dairy arbeitet in verschiedenen Segmenten: Das Segment Flüssigmilchprodukte produziert und vertreibt ultrahocherhitzte Milch sowie Milchgetränke nebst Joghurt. Dazu kommen die Segmente Speiseeisprodukte, Milchpulverprodukte sowie der Bereich Käse und pflanzliche Ernährungsprodukte. Darüber hinaus bietet das Unternehmen Bio-Lebensmittel und Milchnahrung für Säuglinge und Kleinkinder an. Firmensitz ist Hongkong. Chinas Milchproduktion wird im Jahr 2021 voraussichtlich 34,5 Mio. Tonnen erreichen. Das ist eine Steigerung von rund 5 % gegenüber dem Vorjahr. Die Nachfrage wächst zugleich deutlich schneller, was auch Importe nötig macht. Derzeit liegt die tägliche Milchaufnahme in China pro Kopf um 100 Gramm (auf Basis flüssiger Milch). Weltweit liegt der Durchschnitt bei 300 Gramm. In den neuesten Ernährungsrichtlinien für die chinesische Bevölkerung wird aber eine tägliche Aufnahme von 300 g Milchprodukten empfohlen. Daraus resultiert weiterhin ein großes Potenzial hinsichtlich des Milchkonsums in China. Der Börsenwert von China Mengniu beläuft sich auf umgerechnet knapp 20 Mrd. €. Aus Bewertungssicht ist das Unternehmen nicht teurer als Nestlé oder Danone. Dafür ist das Wachstum jedoch höher.

ANTA SPORTS PRODUCTS (WKN: A0M VDZ): Das Unternehmen ist der größte und bekannteste Sportbekleidungshersteller Chinas. Die Sportbekleidungsbranche bleibt eine der großen Wachstumsbranchen in China, die von der Politik unterstützt wird, was eine starke Perspektive gewährleistet. Ein virtueller Kapitalmarkttag im Sommer 2021 machte nochmals den Plan von

Anta transparent. Gestärkt werden sollen insbesondere die Schlüsselkategorien wie Running und Basketball. Insbesondere plant das Management, die oberen Preisklassen für seine Produkte zu erweitern und gleichzeitig seine Damenlinie auszubauen, um vom Wachstum auf dem Markt für Damen-Sportbekleidung zu profitieren. Gerade dies sollte entscheidende Tragweite haben. Der Frauenmarkt in China übertrifft den Männermarkt beim Wachstum um ca. 2 bis 4 Prozentpunkte, da Frauen inzwischen mehr für Fitness ausgeben als Männer. Ein weiterer forcierter Bereich soll Anta Kids werden. Das Wachstum ist dynamisch. Das durchschnittliche jährliche Umsatzwachstum bis 2025 wird zwischen 18 und 25 % taxiert. Das Bewertungsniveau entspricht dem von Nike oder Adidas. Auch hier gilt: Anta Sports wächst grundsätzlich dynamischer.

SUNNY OPTICAL (WKN: A0M UFB): Das chinesische Unternehmen ist ein führender Hersteller in der Optoelektronik. Zwei entscheidende Treiber sorgen für starke Perspektiven: Das riesige Potenzial bei 5G-tauglichen Kameramodulen sowie

hohe Wachstumspotenziale im ADAS-Segment (advanced driver assistance systems) hinsichtlich des autonomen Fahrens. Sunny ist z. B. strategischer Partner von ZF für diverse Komponenten, auch im Bereich Lidar-Technologie. Rund 80 % der Umsätze erzielt das Unternehmen in China. Fast 2.500 Patente sichern die Technologie ab. Das Wachstum ist hoch. Von 2017 bis 2020 wuchs der Umsatz von 3,3 auf 5,5 Mrd. $. Die konservative Annahme des Gewinnwachstums liegt um 18 % p. a., was dem Durchschnitt der letzten drei Jahre entspricht. Sunny Optical gehört somit zu den Unternehmen, die einerseits von steigenden Konsumausgaben profitieren und andererseits vom Staat technologisch gefördert werden. Somit fährt man abseits der Regulierung. Ein KGV von 33 auf Basis des Kurses von Anfang Oktober ist nicht von Pappe, entspricht aber der Durchschnittsbewertung der letzten Jahre.

Fazit: China-Investments in der Baisse aufzubauen, war in der Historie stets richtig. Neben den bekannten großen Flaggschiffen wie Alibaba, Tencent, Baidu oder JD.com sollten Sie sich auch mit anderen Segmenten am chinesischen Aktienmarkt auseinandersetzen. China plant langfristig. In den letzten 40 Jahren hat dies zu beeindruckenden Erfolgen geführt. Jetzt möchte man „eine mäßig prosperierende Gesellschaft auf höherem Niveau zum Wohle von mehr als 1 Milliarde Menschen" umfassend aufbauen. In dieser Entwicklung soll der Binnenmarkt als Hauptstütze der eigenen Wirtschaft die zentrale Rolle einnehmen. Die Wahrscheinlichkeit, dass dies in den nächsten Jahren gelingt, stufe ich als hoch ein. Deshalb ist die China-Baisse zu nutzen.

26

Shenzhen:
Leuchtfeuer, Versuchslabor, Giftküche

Annerose Winkler

China begeistert! Abgesehen von Geschichte, Kultur und Landschaften natürlich durch seinen Markt. Rd. 1,4 Milliarden Menschen versprechen hervorragende Geschäfte. Davon konnte sich insbesondere Deutschland in den vergangenen Jahrzehnten ein Bild machen. Oder anders ausgedrückt:

Ohne China deutlich weniger deutsche Exporte. In den letzten Jahren zog die Kommunistische Partei (KP) indes die Daumenschrauben an. Spürbar wurde dies z. B. daran, dass sich deutsche Direktinvestoren stets einen chinesischen Partner mit an Bord holen mussten oder dass ‚Entsandte' mehr oder weniger offen für die Partei arbeiten, d. h. herumschnüffeln.

2020/2021 machten der Staatspräsident des Landes, Xi Jinping, und seine KP dann weitere Nägel mit Köpfen und mischten sich unverhohlen in die Führung des Managements großer Konzerne ein. Was Xi nicht gefiel, wurde verboten, zumindest wurden die Geschäfte energisch beschnitten. Anleger aus dem Westen waren und sind stark verunsichert, passen diese politischen Eingriffe doch so gar nicht zu dem, was sie gewohnt sind.

Doch für die Industrie- und Forschungsregion Shenzhen hatte dies noch keine nennenswerten Konsequenzen. Der Ballungsraum im Süden Chinas, genau gegenüber von Hongkong gelegen, ist einer der innovativsten Standorte weltweit.

Kaum ein chinesisches Unternehmen von Weltruf, das n i c h t dort seinen Stammsitz hat. Tencent ist bekannt geworden, weil der Konzern u. a. einen Messenger-Dienst namens WeChat (Weixin auf Chinesisch) betreibt. Etwa 1,2 Milliarden Menschen nutzen diesen Service jeden Monat, deutlich

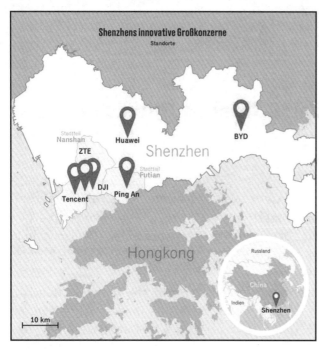

mehr, als Europa und die USA an Einwohnern zählen. Längst ist das Angebot ausgeweitet worden:

Man kann mit WeChat auch in Restaurants bezahlen, Geld überweisen oder erfahren, dass man gerade in einem Gebiet mit niedriger Corona-Inzidenz ist.

Oder Huawei: Aus dem Verkäufer von Telefonschaltern, als der das Unternehmen 1987 startete, wurde einer der global größten Hersteller von Smartphones und Ausrüster von Netzwerken. Die (vermutlich gerechtfertigte) Befürchtung im Westen, vor allem in der EU und den USA, Peking könnte die Infrastruktur und Geräte von Huawei zur Spionage nutzen, sollten sie in den 5G-Netzen im Ausland verwendet werden, erschweren indes das Geschäft.

Auch für Build Your Dreams war und ist Shenzhen die Wiege hervorragender Geschäfte. Der Fahrzeughersteller ist im Westen besser unter seiner Abkürzung BYD bekannt. Erst 1995 gegründet, fuhr das Unternehmen letztes Jahr bereits gut 39 % seines Umsatzes außerhalb Chinas ein.

Für jeden Nicht-Chinesen eine durchaus verblüffende Tatsache. Aber BYD ist der Traum Pekings: In Shenzhen werden E-Fahrzeuge hergestellt, die genau in das Konzept der Staatsführung passen, ab 2025 weltweit führend in Zukunfts-Technologien zu sein und ergo unabhängig vom Westen. Die Deutsche Bahn AG macht dabei mit, denn sie bestellte Anfang 2020 bereits zum 2. Mal E-Busse von BYD für DB Regio Bus.

Erwähnt werden sollen hier außerdem Dajiang International, ein Produzent von Drohnen, Zhongxing Semiconductor (ZTE), ein Netzwerkausrüster, sowie Ping An Insurance, ein Versicherer, der Künstliche Intelligenz (KI) nicht nur zur Unterstützung medizinischer Diagnosen einsetzt, sondern auch für sein Risikomanagement sowie Prognosen.

Was aber macht Shenzhen zu so einem hocheffektiven und innovativen Standort? Da ist zum einen die Bevölkerung. Nahezu alle Einwohner der Region sind zugezogen. Daher gibt es kaum lokale Traditionen, die beachtet werden müssen und demzufolge keine Denkverbote, zumindest nicht in technologischer und ökonomischer Hinsicht.

Zum anderen ist die 70-Stunden-Woche nicht die Ausnahme, sondern die Regel. Inzwischen hat sich dafür ein Kürzel etabliert: 996. Es bedeutet, dass an 6 Tagen in der Woche von 9 Uhr morgens bis 9 Uhr abends gearbeitet wird. Wer in Peking oder Shanghai behauptet, er arbeite hart, ist bis 20 Uhr im Betrieb. In Shenzhen ist es bei gleicher Aussage oft bereits 22 Uhr.

Zum Dritten sind die Wege kurz zu den Zulieferern. Man könnte sogar sagen: Sehr kurz. Gleichgültig, welche Platinen, Kabel oder Schalter gebraucht werden: Der Prototyp steht innerhalb von maximal 2 Tagen auf dem Schreibtisch des Tüftlers. Wer sich in den Bezirken von Shenzhen mit ihren teils winzigen Betrieben auskennt, schafft es auch schneller. Kein Wunder: Innerhalb eines Radius von ein bis zwei Stunden Fahrt ist alles da.

Die kurzen Lieferwege befeuern schließlich - viertens - die Experimentierfreude. Auch das verblüfft nicht, denn Prototypen werden in den Straßen ausprobiert, ehe sie in Miniserie einer ausgewählten Kundschaft zur Verfügung gestellt werden und bei vollständiger Funktionsfähigkeit sogar den Weg in die Stadtregierung finden. In Shenzhen stehen dem Öffentlichen Nahverkehr ca. 16 000 E-Busse und 22 000 E-Taxis zur Verfügung. Selbstredend werden bereits autonom fahrende Taxis auf den Straßen bewegt.

Freilich hat das Hightech-Labor auch negative Seiten. So gibt es, wie eben erwähnt, zwar viele junge Leute, die in die Region gezogen sind, um dort ihr Glück zu versuchen. Die gleichen jungen Leute stellen nach einer

gewissen Zeit aber auch fest: Die Arbeit, insbesondere die langen Arbeits-
stunden, überfordern sie. Folge:

Sie kündigen ihren Job. Nicht alle ziehen dann zwangsläufig weg,
verdienen aber weniger. Was gern in Kauf genommen wird, solange nicht
mehr 70 Stunden oder noch mehr in der Woche gearbeitet werden muss.
Offizielle Zahlen gibt es über diesen Trend, der „tangping" heißt, nicht. Die
ansässigen Unternehmen aber können ihn nicht verleugnen.

Ein weiterer Schwachpunkt von Shenzhen: Es ist kein Standort be-
deutender Universitäten, welcher Fachrichtung auch immer. Wer hierher
kommt, ist bereits bestens ausgebildet, durchaus auch im Ausland. Bis vor
einiger Zeit konnte sich Shenzhen noch über viele neue Mitarbeiter aus
Hongkong freuen.

Doch seit den harschen Interventionen Pekings in der ehemaligen
britischen Kronkolonie beginnt diese Route zu versanden. Schlimmer noch:
Nicht nur junge Hongkong-Chinesen, sondern auch die akademischen Nach-
wuchskräfte aus anderen Regionen des Riesenreichs sehen zu, dass sie aus
China ausreisen können. Einerseits, weil sie die persönlichen Einschränkungen nicht länger akzeptieren wollen, andererseits, weil sie erkennen:

In dem Maße, in dem sich China vom Westen unabhängig macht, anders gesagt: abkoppelt, wird ihre Heimat wieder zu einem „closed shop".
Auf Sicht bedeutet das für Shenzhen: Es verliert seinen Ruf als globaler In-
novationstreiber. Dazu trägt noch etwas anderes bei:

In der Region werden nicht nur neue zukunftsträchtige Techniken er-
funden und erprobt, sondern auch solche, die der Überwachung dienen. Sie
ist längst gegenwärtig: Nach Schätzungen von Fachleuten für Sicherheits-
technik waren 2019 über 400 000 Kameras auf Straßen, in Bars und an Bus-
haltestellen Shenzhens installiert.

Die Mehrzahl dieser Kameras ist mittlerweile mit der Funktion zur
Gesichtserkennung ausgestattet. Von Huawei ist bekannt, dass auf seiner
Internetseite lautstark Werbung für die Technik gemacht wird: Automatisch

und in Echtzeit würden die Bilder an einer Überwachungszentrale Alarm schlagen, sollte sich z. B. ein Küchenmitarbeiter trauen, ohne vorschriftsmäßige Kopfbedeckung am Herd zu stehen.

Vor Redaktionsschluss dieser „Wegweiser"-Ausgabe geriet ein Unternehmen in die Schlagzeilen westlicher Medien, dessen Hauptsitz ebenfalls in Shenzhen liegt: Evergrande, der zweitgrößte Immobilienentwickler Chinas. Was er in seinem Halbjahresbericht veröffentlichte, ließ Anleger weltweit den Atem stocken.

Im Grunde ist das Unternehmen pleite. Es sei denn, Peking greift noch rettend ein. Der Witz: Schon seit November 2018 gilt Evergrande als sogenanntes „systemisches Risiko". Die chinesische Zentralbank fällte dieses Urteil. Zwar lässt sich argumentieren, dass das Immobilienunternehmen ja auch Werte besitzt:

In der Halbjahresbilanz werden 778 Bauprojekte in 233 Städten Chinas genannt, außerdem Grundstücksreserven mit einer Fläche von 214 Millionen Quadratmetern. Wert dieser Areale laut Bilanz: Umgerechnet 60 Milliarden Euro. Vor dem Hintergrund enorm gestiegener Immobilienpreise im Riesenreich dürfte dies sehr konservativ angesetzt sein. Dumm nur:

Auch dank der verschärften Regulierungen Pekings hat der Häusermarkt begonnen, sich abzuschwächen. Immobilienverkäufe wurden erschwert. Dadurch fuhr Evergrande im August 2021 trotz erheblicher Rabatte rund 25 % weniger Umsätze ein. Hinzu kommt: Um nicht noch mehr selbst in Mitleidenschaft gezogen zu werden, haben einige von Chinas Banken damit angefangen, keine Darlehen mehr an Immobilienkäufer zu vergeben, falls sie unfertige Evergrande-Objekte im Blick haben. Am Standort Guangzhou sorgten Mitte September letzten Jahres 100 Demonstranten für Schlagzeilen, da sie von Evergrande verlangten, eine Baustelle von rund 5.000 Wohnungen wieder zu eröffnen, die seit Mai dieses Jahres stillstand.

Die Frage, die die Märkte bewegte, lautete also schlicht und einfach: Wird Peking intervenieren oder nicht? Und wenn ja, in welchem Ausmaß? Es wäre nicht das erste Mal, dass die KP einem Riesen-Konzern unter die

Arme greifen würde: Bereits im August 2021 rettete der Staat Huarong Asset Management, einen Finanzdienstleister, der auf faule Kredite spezialisiert ist. Grund der Rettungsaktion: Verbindlichkeiten in Höhe von umgerechnet 240 Milliarden Dollar, die drohten, das chinesische Finanzsystem zu destabilisieren.

Um an Evergrande ein Exempel zu statuieren, steht zu viel auf dem Spiel: Der Baukonzern erinnert nicht von ungefähr an die internationale Finanzkrise von 2009/2010, nachdem Lehman Brothers 2008 pleitegegangen war. Wahrscheinlicher ist, dass der Immobilienentwickler zurechtgestaucht wird und sich von seinen ‚Nebenschauplätzen' trennen muss:

Zu Evergrandes Geschäften gehören inzwischen nämlich auch Mineralwasser und Lebensmittel, Vergnügungsparks, Versicherungen, Gesundheits- und Digital-Dienste, der Versuch, ein E-Auto auf die Reifen zu stellen, und - ein Fußball-Club. Ob sich das Unternehmen jedoch von diesen Umsätzen, die nichts mit dem Original-Geschäft zu tun haben, tatsächlich trennen muss, stand per Redaktionsschluss noch nicht fest.

27

Der ewige Konflikt: USA/China

Hans A. Bernecker

Als der erste bedeutende chinesische Politiker nach Mao, Deng Xiaoping, seine ersten Reisen außerhalb Chinas unternahm, begann für die Chinesen ein neues Zeitalter. Er reiste zunächst nach Singapur und Hongkong und anschließend in die USA und bewunderte mit eigenen Augen, was möglich ist, wenn man den Menschen persönliche Freiheiten erlaubt, ihr eigenes Leben zu gestalten, ohne ausdrücklich dafür angehalten zu sein. Er selbst hat dies in umfangreichen Interviews erläutert, aber als Kommunist mit Mühe begründen können. Daraus entstand die inzwischen zweite Großmacht der Welt.

Auch jetzt steht China gemessen an seiner riesigen Zahl von Menschen noch immer weit unter allen anderen.

Die USA rangieren vor Deutschland, weit vor China. Selbst andere Industriestaaten liegen weit vor den Chinesen. Es stellt sich nun die Frage, wann die Chinesen mit immerhin rund 1,4 Mrd. Menschen den Lebensstandard erreichen können, der von den anderen seit Jahren vorgelebt wird.

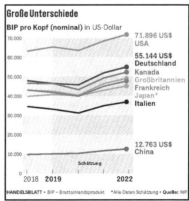

Große Unterschiede

BIP pro Kopf (nominal) in US-Dollar

71.896 US$ USA

55.144 US$ Deutschland
Kanada
Großbritannien
Frankreich
Japan*
Italien

12.763 US$ China

Schätzung

2018 2019 2022

HANDELSBLATT • BIP – Bruttoinlandsprodukt *Alle Daten Schätzung • Quelle: IWF

Die Leistung eines jeden Landes orientiert sich nicht an den Zahlen allein, sondern am Lebensbild einer ganzen Nation, gemessen am Standard der Wohnungen, dem Komfort seiner Lebensweise, seiner Bildung, seiner Forschung und den daraus errechenbaren Perspektiven.

Chinas Präsident Xi Jinping gab bereits vor: Bis 2025 soll der technische Stand der Chinesen im Wesentlichen dem der Amerikaner entsprechen. Bis 2040 soll China alle anderen Staaten der Welt in den entscheidenden ökonomischen Kriterien überflügeln. Das bekannte Research-Institut Prognos in Basel errechnete im August 2020 die Relation der wirtschaftlichen Potenz. Im Jahr 2000 betrug die Relation Chinas zum Westen 25 zu 75, 2040 wird sich diese Relation auf 50 zu 50 stellen. Das wäre der Gleichstand.

Zahlenvergleiche dieser Art ergeben nur Relationen zueinander. Während für die westlichen Länder und insbesondere in den USA wöchentlich mehrere Hundert Indikatoren veröffentlicht werden, gibt es über China nur sehr wenige Daten. Selbst diejenigen, die vorliegen, sind mit Vorsicht zu genießen, weil die Quellenlage undurchsichtig ist und politischen Motiven folgt. So gehört es seit jeher zur chinesischen Praxis, innerhalb der statistischen Zahlenreihen Glättungen vorzunehmen, um den Trend zu zeichnen und auf Details zu verzichten. Viele solcher Korrekturen ergeben dennoch einen Trend für diejenigen, die sie zu deuten wissen. Aktuellster Fall:

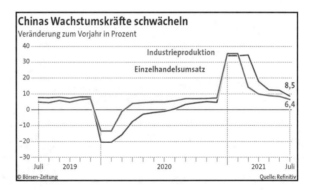

Die letzten zwei Jahre waren für die ganze Welt von der Pandemie geprägt. Die Coronakrise begann in China (Wuhan), der Westen musste innerhalb kürzester Zeit folgen. Die Erholung der chinesischen Wirtschaft war geprägt davon, wie die Chinesen mit ungewöhnlich strengen Maßnahmen diese Pandemie bekämpften und erfolgreich zu einem ersten Endpunkt führten. Die erstaunlich rasche Erholung wurde damit zu einer Art Modell für alle anderen. Der zeitliche Vorlauf lässt sich mit etwa drei bis vier Monaten schätzen. Dieser rasanten Entwicklung folgte im ersten Halbjahr 2021 die erste Normalisierung, die zur Wende 2021/22 wieder auf den Wachstumskurs zurückfallen wird, der vor der Pandemie als durchschnittlicher Trend erkennbar war.

Die amerikanischen Daten sind dem vergleichbar. Trotz der verspäteten Impfungen und anderer Schutzmaßnahmen schafften es die Amerikaner - nicht zuletzt mit sehr viel Geld -, diese Entwicklung ebenfalls zu erreichen. Im Gleichschritt mit der Eurozone und auch Japan.

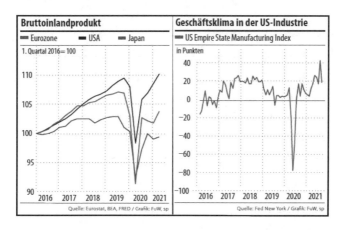

Erstes Ergebnis: Ab 2022 werden sich alle relevanten Industrieländer wieder im alten Wettstreit befinden, wie er vor dem Ausbruch der Pandemie galt und für die nächsten fünf bis zehn Jahre hochrechenbar wird. Das ist eine kühne Annahme, aber dennoch sehr wahrscheinlich.

Entscheidend für die weitere Entwicklung ist nicht, wie viel mehr Kohle die Chinesen benötigen, um Elektrizität zu erzeugen, sondern wie sie die Alternativen entwickeln und ausbauen, die in den kommenden Jahrzehnten ausschlaggebend sein werden. Ihr Anteil an der Produktion von Photovoltaik-Modulen liefert einen Ansatz dafür.

Die Entdeckung der E-Mobilität liefert die gleichen Erkenntnisse: Wenn, dann richtig und mit aller Kraft. Denn gemäß aktueller Pläne ist China bereits der größte Hersteller von E-Mobilen für den Eigengebrauch und dominiert die Batterietechnik ebenso wie die Produktion von Wasserstoff, gleichgültig, ob grün, grau oder in anderen Varianten. Mit der klaren Definition für die Ziele und die jeweiligen Folgen.

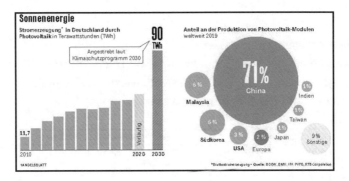

Mikrochips sind die wichtigsten Bausteine in sämtlichen Industrieprodukten inklusive Textilien oder der Lagerhaltung bis zu Bestandteilen von Lebensmitteln. Die größten Chip-Hersteller sind zurzeit die Amerikaner, aber es lohnt sich, einen Blick auf diesen Kräftevergleich zu werfen:

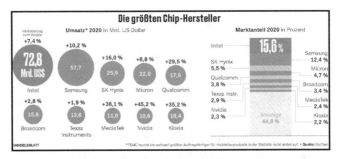

Der letzte Vergleich dieser Art lässt sich an der Zahl der installierten Industrieroboter festmachen. Sie sind eng verbunden mit dem Begriff KI

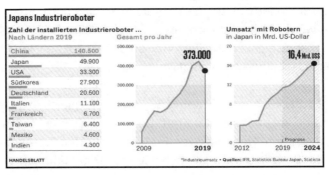

(Künstliche Intelligenz) als demnächst wichtiger Leitindex für die Qualität hochwertiger Technikprodukte.

So weit, so gut. Mit diesen wenigen Vergleichen lässt sich simulieren, wie die Entwicklung in China weiterhin anzunehmen ist. Ich verwende dafür ausdrücklich Grafiken, die besser als viele Worte belegen, wie die Wettbewerbsposition der Chinesen einzuordnen ist. Es lohnt sich, sie sorgfältig zu studieren und zu vergleichen.

China ist damit für die Amerikaner eine weltpolitische Herausforderung. In reinen Zahlenvergleichen dürften die Chinesen die Wirtschaftsleistung der Amerikaner in Dollar gerechnet in der schon genannten Zeit (2040) erreichen und überschreiten. Dennoch werden sie, gemessen pro Kopf der Bevölkerung, bestenfalls die Europäer einholen können. Ihr Gewicht im Welthandel dürfte bis dahin jedoch sowohl die USA als auch Deutschland im Exportvolumen deutlich übertreffen. Sie sind dann der größte Lieferant für alle Märkte des Westens und geichzeitig der größte Abnehmer seiner Produkte. Auf die einzelnen Aufteilungen der Sektoren kommt es nicht mehr an, ihr Gewicht in diesen Relationen ist entscheidend.

Das gilt auch in der Finanzposition. Innerhalb von 40 Jahren haben die Währungsreserven der Chinesen in der Spitze 4 Billionen Dollar erreicht. Die aktuellen Zahlen schwanken um die Größenordnung zwischen 3,2 und 3,5 Billionen Dollar. Dieses Kapital ist zu etwa 35 bis 40 % in amerikanischen T-Bonds investiert. Nach westlichem Sprachgebrauch wird China gelegentlich als größte Gläubiger der Amerikaner beschrieben. Richtig ist umgekehrt: Der Dollar ist die einzige Währung, die es erlaubt, so gewaltige Reserven tatsächlich anzulegen. Die zweite Rolle in dieser Kategorie spielt der Euro mit einem Anteil von etwa 22 %. Damit zeichnet sich ab, dass das Gewicht der Chinesen im Gütermarkt unaufhaltsam zunehmen wird. Ob dies für die Kapitalmärkte eine Richtgröße wird, ist noch nicht entschieden.

Für die Börsen der Welt spielt China noch keine entscheidende Rolle in den Fakten, wohl aber in der psychologischen Bedeutung. Gemessen am MSCI World-Index ist China noch ein Nobody, sozusagen eine Quantité négligeable. Das dürfte sich ändern und erst dann wird es spannend.

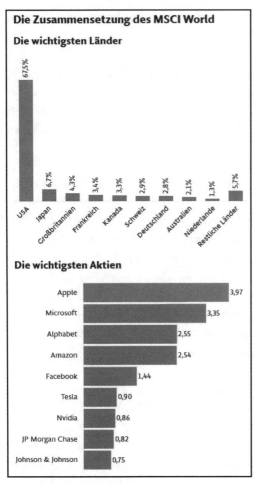

Die Zusammensetzung des MSCI World

Die wichtigsten Länder

USA 67,5%, Japan 6,7%, Großbritannien 4,3%, Frankreich 3,4%, Kanada 3,3%, Schweiz 2,9%, Deutschland 2,8%, Australien 2,1%, Niederlande 1,3%, Restliche Länder 5,7%

Die wichtigsten Aktien

Aktie	Wert
Apple	3,97
Microsoft	3,35
Alphabet	2,55
Amazon	2,54
Facebook	1,44
Tesla	0,90
Nvidia	0,86
JP Morgan Chase	0,82
Johnson & Johnson	0,75

Die wichtigsten Aktien in diesem Index sind natürlich alle bekannten großen Tech-Namen der Amerikaner. Daran wird auch deutlich, dass noch kein großer Chinese Eingang in diese Elite findet, weder Alibaba, Tencent oder Huawei, um nur die größten Namen zu nennen. Es ist eine Zeitfrage, bis es so weit sein wird. Bis dahin gilt:

Die jüngsten Entscheidungen der Chinesen haben die Märkte bereits erschüttert. Die Marktmacht der großen chinesischen Techs wird für die kommunistische Regierung in Peking zum Risiko. Das kann man nicht leugnen. Wenn Alibaba und Tencent mit ihren jeweiligen Töchtern der Finanzszene 94 % des Marktes abdecken, also die Namen und die Konten aller Chinesen sorgfältig speichern, besteht aus Sicht der Ideologen selbstverständlich die Gefahr, dass aus ökonomischer politische Macht werden kann. Diese Regulierung betrifft die Kontrolle, aber nicht die Geschäftsfelder selbst. Diese müssen zwar für die jeweiligen Behörden transparent gestaltet werden, sind aber kein Hindernis für die weitere Entwicklung der Geschäfte selbst. Wie überaus empfindlich westliche Investoren darauf reagieren, lässt sich im Verlauf des Jahres 2021 gut nachvollziehen.

Mit dieser Marktreaktion gaben die Chinesen für alle Investoren eine Leitlinie, wie China-Investments künftig im Grundsatz einzuordnen sind.

Der Aktienmarkt in Shanghai hat zurzeit einen Marktwert von umgerechnet rund 5 Billionen Dollar in den bekannten Indizes. Zuzüglich des für Kleinanleger populären freien Marktes, der Ausländern nur theoretisch zur Verfügung steht, lässt sich das Volumen in

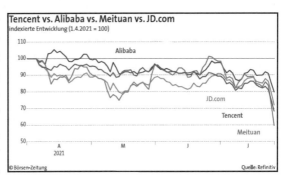

etwa verdoppeln. Zum Vergleich: Der amerikanische S&P 500-Index hat ein Marktvolumen von über 35 Billionen Dollar, zuzüglich der noch breiteren Abgrenzung (Russell 3000) errechnen sich Beträge um 40 Billionen.

Wirtschaft und Finanzkraft stehen in der Regel in einer engen Relation. Die Position der Amerikaner als Nummer eins in beiden Abgrenzungen ist noch immer und definitiv nicht angreifbar. Doch die Wirtschaftskraft der Chinesen wird bei den genannten Terminen höher liegen und so stellt sich die Frage, wie dies finanzpolitisch einzuordnen ist. Das berührt auch das Thema der chinesischen Währung, des Yuan.

Der Wechselkurs des Yuan steht unter der Kontrolle der Zentralbank, diese wiederum unter derjenigen der Regierung. Gut nachvollziehbar ist, wie in den vergangenen 30 Jahren der Yuan sehr gekonnt und gut geleitet Auf- und Abwertungen gegenüber dem Dollar vorgenommen hat, wenn die internationale Wettbewerbsfähigkeit der Chinesen zu steuern war. Niemand kann dagegen eingreifen, es muss schlicht hingenommen werden.

Das Ergebnis in Kürze: Natürlich werden die Amerikaner alles unternehmen, um ihre führende Rolle in der Wirtschaft zu behalten. Zu schaffen ist dies nicht. 1,4 Mrd. Menschen, die als ungewöhnlich fleißig gelten, zudem überaus sparsam leben, schaffen mehr als rund 330 Mio. Amerikaner (nach neuester Zählung). Es bleibt mithin ein überaus spannendes Rennen der nächsten Jahrzehnte. Für gewiefte Börsianer mit Weitsicht und nicht kurzsichtigen Gefühlen ist Shanghai mit der Wall Street nicht zu vergleichen, aber ein äußerst interessantes Spielfeld.

Binde zwei Vögel zusammen;
sie werden nicht fliegen können,
obwohl sie nun vier Flügel haben.
(Rumi)

28

Alles unter Kontrolle:

Wie man im Sport mit Big Data, Algorithmen und Künstlicher Intelligenz nichts dem Zufall überlässt

Oliver Kantimm

Aufbereitete Daten von Sportveranstaltungen gewinnen immer mehr an Bedeutung. Das liegt nicht zuletzt an der gestiegenen medialen Präsenz von publikumswirksamen Sportarten. Die Verbreitung nicht mehr nur über lineares Fernsehen und Radio, sondern auch immer mehr per Video-Streaming im Internet hat neue Zuschauerschichten erschlossen. Gleichzeitig ist der Anspruch an parallel zur Sportübertragung vermittelte Informationen gestiegen. Welche Mannschaft hat im übertragenen Fußballspiel die meisten Zweikämpfe gewonnen? Wer hat die meisten Schüsse aufs Tor abgegeben? Welcher Elfmeterschütze schießt vorzugsweise in welche Ecke des Tores? All das sind Informationen, die grafisch ansprechend aufbereitet den Informationsgehalt und den Unterhaltungswert einer Sportübertragung für die Zuschauer steigern. Nicht zuletzt werden solche statistischen Informationen den Zuschauern über sogenannte „Second Screen"-Angebote, wie z. B. Handy-Apps oder zusätzliche Internet-Angebote, zur Verfügung gestellt.

Darüber hinaus bieten Sportstatistiken aber auch eine wichtige Datengrundlage für Sportwettenanbieter. Diese benötigen verlässliche Daten, um ihre Wettquoten berechnen zu können. Internet-Sportwettenanbieter sind in den vergangenen Jahren wie Pilze aus dem Boden geschossen. Auf Sportergebnisse zu wetten, hat eine bisher nie geahnte Popularität erreicht. Mittlerweile gibt es kaum mehr eine Sportart auf dem Globus, bei der man nicht selbst auf die verrücktesten Details Wetten platzieren könnte. Das aber öffnet natürlich auch Betrug und Manipulationen Tür und Tor. Doch des einen Leid ist des anderen Freud: Sportdatenanbietern ermöglicht das ein zusätzliches Geschäftsfeld. Durch die Überwachung von Sport- und

Wettdaten können Unregelmäßigkeiten entdeckt und somit mögliche Spiel-manipulationen aufgedeckt werden.

Denn längst hat das organisierte Verbrechen das boomende Sport-wettengeschäft als lukrative Spielwiese für sich entdeckt. Schätzungen zufolge liegt der weltweite Jahresumsatz zwischen 700 Mrd. und 1 Billion US-Dollar. Der Großteil davon, rund 80 %, wird dabei über illegale Wett-börsen, vor allem in Asien, abgewickelt. Sportdatenanbieter können über Algorithmen mögliche Manipulationen aufspüren. Die Analysesysteme ken-nen die historischen Spielverläufe in all ihren Details und können verlässlich hochrechnen, wie die Wettquoten zu einem gewissen Zeitpunkt eines Spiels normalerweise stehen müssten. Diese passen sich während des Spiels, ab-hängig vom jeweiligen Verlauf, permanent an. Gibt es keinen nachvollzieh-baren Grund, warum die Wettdaten einen völlig anderen Spielausgang pro-gnostizieren als dies aufgrund der eigentlichen Leistungsdaten der Fall sein müsste, ist das in der Regel ein ernsthafter Hinweis auf einen Manipulati-onsversuch.

Welche Sportdatenanbieter gibt es? Welche davon sind börsenno-tiert und wie heißen die Favoriten?

Sportradar (WKN: A3C 2JA; 23,66 $) erfasst welt-weit Daten von Sporte-vents und bereitet diese digital auf. Das Unterneh-men wurde 2001 gegrün-det und ist in St. Gallen ansässig. Sportradar gehört zu den weltweit führenden Anbietern von B2B-Lösungen für die Sportwettenbranche. Da-bei decken die Softwarelösungen die gesamte Wertschöpfungskette von Sportwetten ab, angefangen bei der Traffic-Generierung und der Werbe-technologie sowie der Sammlung, Verarbeitung und Hochrechnung von Daten und Kalkulation von Wettquoten bis hin zu Visualisierungslösungen, Risikomanagement und Plattformdiensten. Zu den Kunden von Sportradar gehören ca. 900 Buchmacher, aber auch Staatslotterien , Fernsehsender wie Fox Sports sowie Internet-Schwergewichte wie Google und Facebook. Im Bereich Sportwetten erstellt man für insgesamt 83 Sportarten Vorschläge für Wettquoten.

Sportradar ist erst seit September 2021 an der Nasdaq notiert. Laut Emissionsprospekt werden jährlich ca. 750.000 Sportereignisse mit schnell aktualisierten Wettquoten bedient. Es werden nicht nur alle wichtigen Fußball-Ligen bedient, sondern auch alle großen US-Sportligen. Selbst E-Sports-Events deckt Sportradar ab. Mittels einer Tochtergesellschaft in den USA ist man beispielsweise Datenpartner der Sportligen NBA, NHL, MLB und Nascar. Aber auch für die UEFA und die International Tennis Federation fungiert das Unternehmen als offizieller Datenpartner. Zudem ist Sportradar seit 2005 Partner des DFB bei der Bekämpfung von Wettmanipulationen.

In der St. Gallener Hauptniederlassung sind nur 32 Mitarbeiter beschäftigt. Die meisten Angestellten sind mit jeweils ca. 300 Beschäftigten auf den Philippinen und in Österreich tätig. Deren Hauptaufgabe dürfte wohl sein, mathematische Schätzmodelle zu erstellen. Diese halb- oder vollautomatisierten Modelle kommen unter dem Einsatz Künstlicher Intelligenz zustande. Die aufbereiteten Daten, die mithilfe dieser Modelle entstehen, werden schnellstmöglich an Buchmacher, aber auch Medien und Internetportale weitergeleitet.

Sportradar ist ein dynamisch wachsendes Unternehmen. Von 2016 bis 2020 hat man ein durchschnittliches Umsatzwachstum von rund 25 % p. a. erzielt. Im ersten Halbjahr 2021 konnte der Umsatz zum Vorjahreszeitraum sogar um 42 % auf 272,1 Mio. € gesteigert werden. Das Unternehmen ist profitabel. 2020 fiel das Wachstum coronabedingt allerdings nicht ganz so üppig aus wie sonst. Mit einem Umsatz von 405 Mio. € wurde ein Gewinn in Höhe von 15,2 Mio. € generiert. Gegenüber 2019 entspricht das einem Zuwachs von 30 %. Nicht schlecht für ein Krisenjahr, in dem viele andere Unternehmen heftige Umsatzeinbrüche und rote Zahlen erlitten haben.

Allerdings ist die Aktie nicht gerade günstig. Einem für 2021 erwarteten Umsatz von 553 Mio. € steht eine Marktkapitalisierung in Höhe von umgerechnet ca. 6 Mrd. € gegenüber. Das ergibt eine knapp elffache Umsatzbewertung. Auf Basis der Gewinnschätzung für 2022 wird die Aktie mit einem KGV von 120 bewertet. Summa summarum ist die Bewertung damit natürlich viel zu teuer. Dennoch ist die Aktie potenziell interessant. Sportradar wächst dynamisch und ist zudem nachhaltig profitabel. Wirklich günstig wird die Aktie deshalb vermutlich nie zu haben sein. Anleger sollten dennoch versuchen, nicht mehr als 20 $ zu bezahlen. Wer einsteigt, sollte die eventuelle Notwendigkeit eines Nachkaufs auf tieferem Niveau im Hinterkopf behalten.

Erwähnenswert ist auch der niedrige Streubesitz. Beim Börsengang standen lediglich 19 Mio. Stück der insgesamt ausstehenden 205 Mio. Aktien der A-Kategorie zum Verkauf. Darüber hinaus gibt es noch 903 Mio. Aktien der Kategorie B, die sich allerdings allesamt im Eigentum des Unternehmensgründers und CEOs Carsten Koerl befinden.

Carsten Koerl hat im Sportwettenbusiness übrigens schon früher ein glückliches Händchen bewiesen. Er hatte 1995 die Online-Sportwettenplattform Bet-and-win gegründet und im Jahr 2000 mit dem Unternehmen den Börsengang vollzogen. Bet-and-win heißt heute Bwin und gehört mittlerweile zum britischen Konzern Entain (früher: GVC). Bwin ist heute selbst Kunde von Sportradar.

Genius Sports (WKN: A3C NLH; 16,74 $) ist einer der wichtigsten Wettbewerber von Sportradar. Das Unternehmen mit Sitz in London ist 2016 aus dem Zusammenschluss von Betgenius und Sporting-Pulse International hervorgegangen. Betgenius war ein Technologie- und Datenzulieferer für die Wettindustrie, während SportingPulse International auf Sportdaten und Software spezialisiert war. Seit April 2021 ist Genius Sports an der NYSE börsennotiert.

Genius Sports ist besonders im britischen Fußball präsent. So ist man offizieller Datenlieferant für die Sportwettenindustrie in den britischen Ligen Premier League, English Football League und Scottish Professional Football League. Seit April 2021 ist man aber auch im American Football vertreten, denn seitdem ist Genius offizieller Datenlieferant der NFL. Aber auch im Golf (PGA), im US-Motorsport (Nascar) sowie im Basketball (FIBA) ist Genius Sports präsent. Zudem ist man mit dem DFB und der Superliga Argentina eine Kooperation zur Aufdeckung von Wettmanipulationen eingegangen.

Genius Sports wächst mit mittleren bis hohen zweistelligen Prozentraten. 2020 hat man beispielsweise den Umsatz um 30 % auf 150 Mio. $ gesteigert, während für 2021 ein Umsatzplus von gut 70 % auf 257 Mio. $ erwartet wird. So erfreulich dieses stramme Wachstum auch ist, so groß ist doch auch das entscheidende Manko von Genius Sports: Bisher war man hochdefizitär. Lediglich auf Ebitda-Basis wurden bisher schwarze Zahlen im niedrigen zweistelligen Bereich geschrieben. Unterm Strich dürfte man allerfrühestens 2024 profitabel werden, wenn alles glattgeht. Aber immerhin wird Genius bereits ab 2022 zumindest einen positiven freien Cashflow und damit einen echten Mehrwert für die Aktionäre erwirtschaften. Zudem ist Genius Sports nettoschuldenfrei. 2021 hat man schätzungsweise eine Netto-Cashposition in Höhe von 326 Mio. $ in der Kasse. Das Unternehmen ist also finanziell solide genug aufgestellt, um die verbleibende Durststrecke bis zur Profitabilität erfolgreich absolvieren zu können.

Summa summarum ist die Aktie aber riskanter als die des ungefähr drei- bis viermal so großen und zudem auch profitablen Rivalen Sportradar. Damit erkauft man sich allerdings auch die Aussicht auf eine höhere Performance.

Exasol (WKN: A0L R9G; 11,47 €) ist ein deutscher Hersteller von analytischer Datenbanksoftware. Das im Jahr 2000 gegründete Unternehmen ist in Nürnberg ansässig, darüber hinaus aber in mehr als 30 Ländern weltweit präsent und hat über 200 Kunden. Das Kernprodukt heißt ebenfalls „Exasol", ein spaltenorientiertes, relationales In-Memory-Datenbankmanagementsystem. Exasol betont, dass Tuning-Maßnahmen nicht notwendig sind, da die Datenbank über so etwas wie eine automatische Selbstopti-

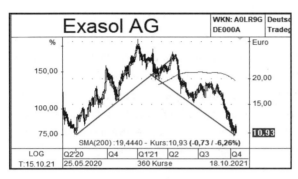

mierung verfügt (z. B. automatische Indizes, Tabellenstatistiken und Verteilung der Daten). So etwas funktioniert nur über Künstliche Intelligenz: Selbstlernende Algorithmen entscheiden, welche Daten benötigt werden und im Hauptspeicher abzulegen sind. Dieser innovative Ansatz unterscheidet sich grundlegend von klassischen Datenbankarchitekturen.

Exasol macht sich diesen innovativen Ansatz auch im Sportbereich zunutze und ist insbesondere im Fußball vertreten. Beispielsweise ist man 2020 mit dem DFB eine Partnerschaft eingegangen. Anders als zum Beispiel Sportradar oder Genius Sports versucht Exasol, mit seiner analytischen Datenbanksoftware vor allem für die Entscheidungsträger im Sport entsprechende Grundlagen zu liefern. Diese werden in Form von sogenannten „Daten-Insights" bereitgestellt - und das zum Teil in Echtzeit. So können die aufbereiteten Daten Trainern und Betreuern beim Belastungsmanagement und der Verletzungsprävention helfen. Während des Spiels kann man wertvolle Erkenntnisse für den Spielaufbau, aber auch bezüglich einzelner Spieler gewinnen. Dabei werden die Erfolgsquoten bezüglich eines bestimmten Spielaufbaus ermittelt. Schießt das eigene Team mehr Tore, wenn man über Rechts- oder Linksaußen angreift oder eher, wenn die Angriffe durch die Mitte erfolgen? Exasol hilft aber auch dabei herauszufinden, ob und wann Spieler besonders viele Tore schießen, wenn sie auf eine ganz bestimmte Art und Weise angespielt werden. Die Erkenntnisse, die daraus gewonnen werden, können nicht nur den Aufbau eines Spiels beeinflussen, um bessere Torchancen zu erspielen, sondern auch bei der Entscheidung helfen, welche Spieler eingesetzt oder ausgewechselt werden. Exasols Datenanalyse kann sogar Trainer und Scouts dabei beraten, welche Spieler im Kader behalten werden sollen, wie deren Gehaltsstruktur aussehen und sogar, welche Spieler man zukünftig ins Auge fassen sollte. Die Erkenntnisse helfen also bei der Spielerakquise und der Kaderplanung.

Die Erkenntnisse, die mit Exasols „Sports Analytics"-Paket gewonnen werden, mögen zum Teil trivial erscheinen, wenn sie denn erst einmal vorliegen. Die Kunst ist aber, auch solche Zusammenhänge aus der immensen Fülle von Daten zu gewinnen, die ohne Automatismen und Algorithmen kaum zu entdecken wären. Diese Ergebnisse können letztlich spielentscheidend sein oder sogar einen entscheidenden Einfluss auf den langfristigen Erfolg haben.

Exasol macht gut 70 % seines Umsatzes in der „DACH"-Region, also in Deutschland, Österreich und der Schweiz. Knapp 10 % fallen im weiteren Kontinentaleuropa an, während Großbritannien knapp 7 % beisteuert. In der Amerika-Region werden gut 13 % des Umsatzes generiert. Gut 70 % der Umsätze bestehen aus wiederkehrenden Einnahmen aus Abonnements und Supportverträgen.

Das Unternehmen wächst mit mittleren bis hohen zweistelligen Prozentraten. Selbst im Corona-Jahr 2020 hat man immerhin ein Umsatzwachstum von ca. 9 % auf die Beine gestellt. Allerdings war man bisher leider auch nachhaltig defizitär. Sowohl operativ als auch unterm Strich ist frühestens 2024 mit schwarzen Zahlen zu rechnen.

Exasols Mittelfristziel ist ambitioniert: Bis 2024 soll der wiederkehrende Umsatz auf 100 Mio. € steigen. Zum Vergleich dazu: Die Umsatzprognosen für 2021 liegen zwischen 30 und 35 Mio. €.

Die Nutzung von Exasols Datenbanklösungen im Sportbereich ist jedoch nur ein kleiner Teilbereich. Der weitaus größte Umsatz wird mit Unternehmen gemacht, die ihr Warehouse-Management-System perfektionieren und zuverlässige Forecasts erstellen wollen. So sind die wichtigsten Kunden Exasols weniger im Sportbereich zu finden, sondern eher in den Industriesparten Healthcare- oder Onlineshopping. Zu Exasols Kunden gehören z. B. Fresenius Medical Care, Siemens Betriebskrankenkasse, Eventim, Zalando, Flaconi, Xing, Medion und Otto.

Wer auf den Trend „Big Data im Sport" setzen will, sollte sich also eher einen der weiter oben vorgestellten Branchenspezialisten ins Depot legen. Was aber nicht heißen soll, dass die Aktie von Exasol generell uninteressant ist. Denn das Unternehmen ist in einem dynamisch wachsenden und zukunftsträchtigen Geschäftsbereich unterwegs. Exasols großes Manko sind die bisher roten Zahlen. In der Bewertung der Aktie ist schon einiges vorweggenommen. Mangels Gewinn lässt sich ein KGV nicht errechnen, aber eine neunfache Umsatzbewertung und ein Kurs-/Buchwert-Verhältnis von ca. 17 bergen ein gewisses Risiko, wenn es auch mal schlechte Nachrichten gibt.

Exasol ist erst seit Mai 2020 börsennotiert. Der Börsengang war ein voller Erfolg. Zu 9,50 € an den Markt gekommen, stieg die Aktie bis zum Jahreswechsel 2020/21 auf das Allzeithoch von 29,48 €. Seitdem hat sich der Kurs mehr als halbiert. Auch wenn damit ein Großteil der Überbewertung abgebaut ist, ist die Aktie weiterhin nicht billig, wie die oben genannten Bewertungsparameter zeigen. Die Aktie ist somit nicht für konservative Anleger geeignet. Geht jedoch die Mittelfristplanung auf und schafft Exasol den nachhaltigen Sprung in die Profitabilität, dürfte das Wiedererreichen des Allzeithochs von knapp 30 € das Mindestziel sein. Das allerdings unter Inkaufnahme der genannten Risiken.

SAP (WKN: 716 460; 125,58 €) muss wohl nicht näher vorgestellt werden. Das 1972 gegründete Software-Unternehmen aus dem baden-württembergischen Walldorf ist vor allem für seine ERP-Software („Enterprise Resource Planning") bekannt. Diese Software unterstützt Unternehmen bei all ihren Arbeitsabläufen, wie z. B. Buchführung, Controlling, Vertrieb, Einkauf, Produktion, Lagerhaltung, Transport und Personalwesen. Im weiteren Verlauf hat SAP dann auch Lösungen für den Finanzbereich, im Datawarehousing und bei eigenen Datenbanken geschaffen.

Seit 2014 bietet SAP mit der Plattform „Sports One" (ehemals „Match Insights") auch eine Software für Sportteams an, die ähnlich der von Exasol zur Optimierung von Kader, Training und Wettkampf herangezogen werden kann. SAP ist in vielen Sportarten präsent und konnte zahlreiche Dachverbände und Teams von seiner Lösung überzeugen. Nachfolgend eine Auswahl: Eishockey: Adler Mannheim, NHL; Reitsport: Black Horse, CHIO Aachen, EquiRatings Limited, FEI; Basketball: FC Bayern Basketball, NBA; Fußball: FC Bayern München, TSG 1899 Hoffenheim; Motorsport: Mercedes-Benz EQ E-Team; Baseball: New York Yankees; American Football: San Francisco 49ers; E-Sports: Team Liquid; Segelsport: World Sailing; Tennis: WTA; Handball: Rhein-Neckar-Löwen.

Der Geschäftsbereich „Sports und Entertainment" ist bei SAP allerdings recht klein. Lediglich rund 30 Mitarbeiter sind hier beschäftigt. Im gesamten Konzern arbeiten dagegen über 100.000 Mitarbeiter. Das Sportdaten-Geschäft ist also für SAP (Konzernumsatz: gut 27 Mrd. €) nur ein winzig kleiner Teilbereich, wenn auch mit Wachstumspotenzial. Derzeit ist der Umsatzbeitrag aber noch viel zu klein, um spürbare Auswirkungen auf den Aktienkurs haben zu können. Es gibt andere Gründe, die aber im angestammten Geschäftsfeld von SAP liegen, warum die Aktie dennoch interessant sein könnte. Das Geschäft mit Sportdaten liefert jedoch (noch) keinen Grund, die Aktie zu kaufen.

Der Vollständigkeit halber sei hier noch Deltatre erwähnt. Das italienische Unternehmen vermarktet in Europa bereits seit rund 30 Jahren Sportdaten. So liefert man z. B. für das ZDF aufbereitete Sportdaten für dessen Second-Screen-Angebote. Nach eigenen Angaben betreibt Deltatre die größte Datenbank zur deutschen Bundesliga. Das Unternehmen befindet sich aber im Privatbesitz und ist nicht börsennotiert.

Die Berühmtheit mancher Zeitgenossen
hängt mit der Blödheit der Bewunderer zusammen.
(Heiner Geißler)

29

Weltall: Wachstum ins Unendliche?

Helmut Gellermann

Der 8. September 1966 ist ein bemerkenswertes Datum, wenn es um das Verhältnis der Menschheit zum Weltall geht. An diesem Tag betrat noch kein Mensch den Mond und kein spektakulärer Raketenstart war zu beobachten. Das Ereignis fand lediglich im US-amerikanischen TV statt: NBC sendete die erste Folge von „Star Trek". Ab dem 27. Mai 1972 strahlte das ZDF die Serie unter dem Titel „Raumschiff Enterprise" aus. Seit 55 Jahren ziehen die Abenteuer von Kirk, Spock und Uhuru sowie ihrer Nachfolger ein Millionenpublikum vor Bildschirme und Kinoleinwände.

Weltall-Literatur und Science Fiction erscheinen als weitgehend austauschbare Begriffe. Bekannte Autoren sind Jules Verne („Die Reise zum Mond"), Isaac Asimov (Foundation Trilogie), Frank Herbert („Der Wüstenplanet") und aus China Cixin Liu („Der dunkle Wald"). Diese und viele weitere Schriftsteller haben die Zukunft und die Raumfahrt in der Regel komplexer dargestellt als Gene Roddenberry. Er schuf die relativ kurzen TV-Episoden von Star Trek meist nach dem Schema Aufbruch, Konflikt, Lösung. In dieser Hinsicht erscheint das konkurrierende Kino-Epos „Star Wars" seit Beginn stärker an Realitäten orientiert, da dort in der Regel längere Konfliktlinien gezeichnet werden. Später holte „Star Trek" in Sachen Komplexität auf.

Ob Buch, Hörspiel, TV-Serie oder Kinofilm: Das Gesamtkunstwerk „Weltall" beflügelt die Utopie, die Menschheit könne eines Tages in die Unendlichkeit des Weltalls aufbrechen, um den endlichen Ressourcen der Erde sowie den Unzulänglichkeiten unseres Sonnensystems zu entkommen. Eine Utopie. Aber mit realen Auswirkungen auf das Verhalten von Anlegern.

Am 8. September 1966 war Cathie Wood, auf die wir gleich zurückkommen werden, fast 11 Jahre alt. Vermutlich wurde auch ihre Faszination für Astronauten, Raketen und Raumschiffe erst am 20. Juli 1969 so richtig geweckt. Weltweit 500 Millionen Menschen sahen gebannt auf die Bildschirme, als Neil Armstrong und Edwin Aldrin um 21:17 Uhr (MEZ) auf dem Mond landeten. Von Apollo 11 bis Apollo 17 waren es nur zwölf Menschen, die bisher den Mond betreten haben, als vorerst letzte Harrison Schmitt und Eugene Cernan im Dezember 1972 mit Apollo 17. Jede Mondmission war eine heldenhafte Krönung langjähriger Auslese und Ausbildung.

Der erste Wettlauf zum Mond war Teil der Konkurrenz zwischen Kapitalismus und real existierendem Sozialismus. Symbol also für den Kalten Krieg. Ein maßgeblicher Antrieb des gewaltigen Programms war die Rede von John F. Kennedy am 12. September 1962 in Houston. Dann aber auch, im gleichen Bundesstaat, der 22. November 1963.

Das Apollo-Programm der USA erreichte ein Kostenvolumen von rund 24 Mrd. $ (nach heutigen Maßstäben um 150 Mrd. $). Die Mondlandungen wurden wegen der Kosten und des beginnenden Desinteresses beendet. Nicht aber das Engagement der Supermacht im Weltall.

Die Sowjetunion, der Systemkonkurrent, erreichte den Mond immerhin mit unbemannten Missionen. Am 19. April 1971 brachten die Sowjets Saljut 1 in den Erdorbit, bei den Raumstationen waren sie lange die Nr. 1. Von 1986 bis zum kontrollierten Absturz 2001 war ihr modulares Raumlabor Mir (Masse 124 Tonnen) die erste Forschungsstation im All. Das rein amerikanische Pendant Skylab umkreiste die Erde ab Mai 1973 acht Monate lang.

Nachdem der technologische Sieger feststand, begann eine Phase der Annäherung und internationaler Kooperation im Weltall. Für den 17. Juli 1975 verzeichnet Wikipedia: „Erstes internationales Docking zweier Raumschiffe im Rahmen des Apollo-Sojus-Test-Projekts." Ab 1998 wurde die Internationale Raumstation ISS (International Space Station) aufgebaut, hier arbeiten 5 Raumfahrtagenturen zusammen. Die Kosten der ISS überstiegen im Jahr 2018 die Marke von 100 Mrd. $.

Eine Zeit lang durfte man die Raumfahrt als Projekt internationaler Kooperation und Völkerfreundschaft deuten, als Symbol für friedliche Koexistenz. Das Geschehen im Weltall spiegelt aber nur das, was sich auf der Erdoberfläche abspielt. Als der Kalte Krieg um 1990 endete, war der nächste Konflikt der Supermacht-Gewichtsklasse längst angelaufen. Richard Nixon hatte 1972 mit seinem Besuch in China ein Zeichen gesetzt, das die Feindschaft zwischen den USA und China beenden sollte. Er meinte anschließend: „Das war die Woche, die die Welt verändert hat." Im längeren Rückblick wird klar, was 1972 eigentlich begann: We make China great again.

Im Jahr 2021 gilt: Neue Weltraum-Mächte sind hinzugekommen, vor allem China hat mit einer unbemannten Mission zur Rückseite des Mondes seine Ambitionen unterstrichen. Gehört ihnen jetzt ein Stück dieses Himmelskörpers? Nein, wenn man den Weltraumvertrag von 1967 zugrunde legt, denn nach ihm ist „der Erwerb von Hoheitsrechten an Teilen des Weltraums, am Mond und an anderen Himmelskörpern ausgeschlossen". So erklärt es das deutsche Außenministerium. Um es in wirtschaftlicher Hinsicht schon im nächsten Satz zu relativieren: Vom Vertrag wird eine „Freiheit der Forschung und der wirtschaftlichen Nutzung gewährt, die allerdings nicht schrankenlos gilt, sondern zum Vorteil und im Interesse aller Länder ... wahrzunehmen ist. Denn die Erforschung und Nutzung des Weltraums ist Sache der gesamten Menschheit". Mehr als 100 Staaten haben sich dem Vertrag angeschlossen. Weitere Verträge folgten, darunter der Mondvertrag von 1979. Er wurde von 17 Staaten ratifiziert und gilt als gescheitert.

Es ist bezeichnend, dass die USA schon unter ihrem 44. Präsidenten Barack Obama im Jahr 2015 das Weltraumrecht eigenwillig interpretierten. Und zwar mit einer Reihe von Rechtsvorschriften. Laut Spiegel Online war dies „eine Art Annektierung in drei Schritten". Mit ihnen wurde „das Weltall de facto zum amerikanischen Verwaltungsraum erklärt". Unter Leitung des Friedensnobelpreisträgers von 2009 beanspruchten die USA für sich, die Lizenzen für den Abbau von Rohstoffen in unserem Sonnensystem zu vergeben und zu verwalten.

Die USA verkündeten im März 2019 ihr neues Weltraumprogramm Artemis. Apollos Zwillingsschwester führt zurück zum Mond. Der damalige Vizepräsident Pence: „Dieses Mal werden wir bleiben." Allerdings gemeinsam mit internationalen Kooperationspartnern und unter Beachtung von

Nebenzielen, etwa die erste Frau auf den Mond zu bringen. Das eigentliche Ziel besteht darin, den Mond zur Basis für die nächsten Etappen auf dem Weg zum Mars zu machen. Außerdem (mehr als ein Nebeneffekt) unternimmt man neue Anstrengungen, um eine Überlegenheit westlicher Systeme unter Beweis zu stellen.

Dass auch die Weltraumnation China an Artemis beteiligt wird, ist im Jahr 2021 unwahrscheinlich geblieben. Nach dem Rückzug der Amerikaner aus Afghanistan nahmen bestimmte Aggressionen der Volksrepublik China zu, insbesondere um Taiwan wieder in das Reich der Mitte einzugliedern. Geopolitik und Raumfahrt stehen in enger Wechselwirkung, bleiben wir aber beim Hauptthema:

Die Wurzeln der chinesischen Weltraum-Ambitionen reichen in das Jahr 1956, als ein militärisches Forschungsinstitut für die Entwicklung von Raketentechnik gegründet wurde. Der maßgebliche Initiator war der in den USA ausgebildete Ingenieur Qian Xuesen, dessen Antrag auf US-Staatsbürgerschaft 1950 abgelehnt wurde. Fünf Jahre Hausarrest folgten, dann die Rückkehr nach China. Xuesens Entwürfe waren auch maßgeblich für die ersten chinesischen Trägerraketen (Starts ab November 1969). Deren verschiedene Baureihen tragen auch weiterhin den bedeutungsvollen Namen Changzheng: „Langer Marsch". Verschiedene, vor allem innenpolitische Faktoren erschwerten längere Zeit die Weiterverfolgung von Plänen, die aber von Beginn an strategischen Charakter hatten. Bei Durchsicht der Weltraumhistorie der USA zeigt sich die Gefährlichkeit, Desaster und Erfolg liegen im All eng nebeneinander. Erste Mondlandung mit dem letzten Tropfen Treibstoff, Sauerstoffleck bei Apollo 13, Verlust der Raumfähren Challenger (1986) und Columbia (2003) sowie Reparatur der Discovery im All (2005). Insofern war es von den Chinesen sehr weise, die Risiken zu minimieren.

Ab Ende 2000 machten die Chinesen ihr langfristiges Mondprogramm öffentlich. Konträr zum Mondvertrag von 1979, den China (wie die USA) nicht unterzeichnete, nahm man ausdrücklich den Abbau von Ressourcen, insbesondere großer Titanvorkommen, ins Visier. Im Oktober 2003 wagten die Chinesen ihren ersten bemannten Raumflug. 2013 landete die unbemannte Mondfähre Chang'e 3 und setzte den Rover Yutu aus. Sechs Jahre später folgte mit Chang'e 4 und Jadehase 2 der nächste Coup: Landung und Erkundungsmission auf der erdabgewandten Mondseite. Ende 2020 ein weiterer Höhepunkt: Eine Rückkehrsonde sammelte auf dem Erdtrabanten 1,7 kg Gestein, wurde im Mondorbit wieder angekoppelt und kehrte punktgenau zur Landung in der Inneren Mongolei zurück.

Die CNSA (Chinese National Space Administration) hatte schon 2016 mit 22 Raketenstarts zahlenmäßig mit den USA gleichgezogen. Das eigene Satellitennavigationssystem der Chinesen heißt Beidou. Und auch mit zwei Weltraum-Forschungsstationen der Baureihe Tiangong („Himmelspalast") wurden bis 2019 Erfahrungen gesammelt. An der Internationalen Raumstation ISS ist China aufgrund eines Vetos der USA nicht beteiligt. Sobald diese Großmacht das Projekt nicht mehr unterstützt, hat China sich durch eigenes Know-how also bereits als hochwertiger Ersatz qualifiziert.

So weit eine grobe Skizze der staatlichen Raumfahrt aus amerikanischer und chinesischer Sicht. Ohne die europäische Raumfahrt schmälern zu wollen, bleibt sie hier u. a. aus Platzgründen außen vor. Zu nennen wäre noch ein israelisches Projekt, die unbemannte Mondmission Beresheet im Jahr 2019. Schon bis hier wurde deutlich: Der Weltraum ist wieder stärker in den Fokus gerückt. Diverse Großkonzerne können auf Dauer mit Aufträgen rechnen. Mehrfach handelt es sich um Big Player, bei denen sich Flugzeugbau, militärische (Raketen-)Technik und Space Technology unter einem gemeinsamen Dach befinden.

Hinzu kommen die verschiedenen privatwirtschaftlichen Weltraumprojekte, die gerade im Jahr 2021 die Begeisterung für das Thema neu belebt haben. In chronologischer Reihenfolge beginnen wir aber mit einer rein finanziellen Initiative, der Auflegung eines neuen ETFs (Exchange Traded Fund) zum Thema Weltraum:

Die erfolgreichste Managerin von Fonds und ETFs im Jahr 2020 war Cathie Wood, Gründerin und CEO von ARK Investment LLC mit Sitz in New York City. Wood ist eine altgediente Investmentexpertin, die sehr unterschiedliche jüngere Kräfte mit ins Boot geholt hat. Dieses Team investiert ausschließlich in Unternehmen, von denen man regelrechte Umwälzungen von Technologien und Branchen erwartet. Nur wer das Fach „Disruption" beherrscht, kommt für ARK überhaupt als Investitionsobjekt infrage. Anfang 2021 machte ARK Invest die Ansage, einen neuen Finanztitel mit einem starken Bezug zum Thema Weltraum aufzulegen. Die pure Ankündigung des ARK Space Exploration & Innovation ETFs (Kürzel: ARKX) sorgte dafür, dass eine Reihe von Aktien, vor allem US-Titel, deutlich im Kurs zulegten.

Dafür reichte die Vermutung, dass Cathie Wood diese für den neuen ETF auswählen würde. Am 30. März wurde ARKX tatsächlich in den Markt eingeführt, sein Volumen wuchs bis Anfang Oktober auf 609 Mio. $. Ein Blick auf die enthaltenen Titel führt indes zu mancher Überraschung.

Die größte Position heißt Trimble, gegründet 1978 in Sunnyvale, Kalifornien. Der Konzern (Börsenwert: 20,5 Mrd. $) verkauft seine Produkte, Service und Software an Vermessungsfachleute. Im Vordergrund stehen geodätische Messinstrumente bzw. -systeme. Hinzu kommen Positionierungstechnik und Mobilfunkkommunikation. Durch Zukäufe in Deutschland (Spectra Precision), Schweden (Thekla) und der Schweiz (Plancal) hat Trimble eine starke Basis auch in Europa. Von Google übernahm man das Geschäft mit CAD-Software (SketchUp).

In der Tat besteht ein starker Zusammenhang zum Thema Weltraum, weil die Vermessungstechnik zunehmend auf Daten basiert, die von Satelliten erhoben werden. Sofern Trimble schneller als die Konkurrenz auf weltraumgestützte Technik setzt, wird es die Umwälzung der Vermessungsbranche anführen und stark davon profitieren. Der bisherige Kursverlauf der Aktie lässt einiges erwarten. Dennoch macht es einen willkürlichen Eindruck, diesem Unternehmen im ARKX einen Anteil von 9,3 % einzuräumen.

Zweitgrößte Position mit einem Anteil von 7,7 %: The 3D Printing ETF (ebenfalls von ARK Invest aufgelegt). Dieser Kunstgriff erscheint zumindest unüblich. Der Grundüberlegung kann man natürlich folgen: Auch in der Produktion von Weltraumtechnik kann künftig zunehmend der industrielle 3D-Druck angewendet werden. Davon wird aber nicht der gesamte 3D-Druck gleichermaßen profitieren. Wäre es hier nicht überzeugender, eine entsprechende Auswahl zu treffen? Die gewählte Lösung, in ein anderes Produkt aus gleichem Hause hineinzuschachteln, erscheint wenig zielführend.

Mit 6,2 % bildet Kratos Defense & Security Solutions die drittgrößte Position dieses ETFs. Wie schon der Name vermuten lässt: Das 1994 gegründete kalifornische Unternehmen (Börsenwert: 2,8 Mrd. $) ist eine Art Allrounder mit verschiedensten elektronischen Spezialkomponenten und -systemen im Sortiment. Diese müssen für den Weltraum eine besonders hohe Ausfallsicherheit aufweisen. Service und Bedienungstraining gehören dazu.

An verschiedenen Stellen des Produktsortiments wird die starke Überschneidung zwischen Militär- und Weltraumtechnik deutlich, insbesondere bei den elektronischen Raketensystemen von Kratos. Im Geschäftsbereich „Unmanned Systems" geht es naturgemäß um Drohnentechnik. Und spätestens beim Blick auf den Kundenkreis (Verteidigungsministerien, Geheimdienste etc.) wird klar: Wer auf Weltraumtechnik insbesondere als Lösungsbeitrag etwa für Umweltprobleme auf der Erde setzen möchte, wird die Kratos-Aktie eher nicht ins eigene Depot nehmen. Diese Konsequenz färbt auf den gesamten Space-ETF von ARK ab.

Ähnliches gilt für die ETF-Positionen L3Harris Technologies (5,9 %) und Lockheed Martin (5,6 %). Beide sind bekanntermaßen stark engagiert in militärischer Flugtechnik bzw. satellitengestützter Aufklärung. Anleger, die den Fortschritt in der Weltraumtechnik als militärische Stütze für wichtig erachten, finden mit diesen beiden Aktien ein starkes Argument pro ARKX. Es bleibt aber abzuwarten, ob sich L3Harris (Börsenwert 47 Mrd. $) und

Lockheed Martin (98 Mrd. $) im Hinblick auf Weltraumtechnik als echte Disruptoren erweisen können.

Unsere Suche nach einem lupenreinen Weltraum-Titel in diesem ETF geht weiter. Sechstgrößte Position ist Unity Software (5,3 %), gefolgt von Iridium Communications (4,9 %) und Komatsu (4,5 %). Um die Top 10 zu vervollständigen: JD Logistics (4,1 %) und Uipath Class A (3,5 %).

Im Schnelldurchgang: Bei Unity Software (33,5 Mrd. $) dreht sich alles um digitale 3D-Darstellungen für verschiedenste Zwecke. Die japanische Komatsu (22 Mrd. $) produziert ein Sortiment vom Bagger über Industriemaschinen bis hin zu Thermoelementen. JD Logistics (22 Mrd. $) steht für ausgefeilte Lieferketten und Uipath (26 Mrd. $) für die Automatisierung digitaler Geschäftsprozesse.

Erst mit Iridium Communications (Börsenwert 5 Mrd. $) taucht in diesem ETF das erste Unternehmen auf, das als Betreiber eines Satellitennetzwerks einen unmittelbaren und ausschließlichen Weltraumbezug hat. 1997/98 wurde das Iridium-Netzwerk, fachlich besser: Konstellation, aus 66 Satelliten aufgebaut. 2019 hat man den Bestand komplett ausgetauscht, ohne den Service zu unterbrechen. Es handelt sich um eine LEO-Konstellation, d. h. die Satelliten befinden sich in einem geringen Abstand von 780 km über der Erdoberfläche. LEO steht für Low Earth Orbit. Alle 66 kommunizieren mit je vier Nachbarsatelliten und dem Netz von Bodenstationen, bei jeder Erdumrundung werden beide Pole überquert. Jetzt aber zurück auf die Erde und zur Gesamtbeurteilung des wahrscheinlich prominentesten Weltraum-ETFs.

Insgesamt 36 Titel sind am Stichtag 13. Oktober im ARKX gelistet. Die Mehrzahl von ihnen hat einen eher mittelbaren Bezug zum Weltraum. Bei Garmin (1,2 % Gewichtung) als Anbieter von Navigationsgeräten oder Deere

(2,0 %) mit seinen immer stärker GPS-gesteuerten Agrarmaschinen ist der Zusammenhang offensichtlich. Bei anderen wie etwa Netflix (2,9 %) denkt man längere Zeit über die Verbindung zum Weltall nach und stellt sich vor, wo der disruptive Zusammenhang verläuft. Mühsam.

Gut erkennbare Hersteller von Weltraumtechnik sind Elbit Systems (1,6 %), Spirit Aerosystems (2,0 %), Thales (2,5 %), Airbus (1,1 %) und Boeing (0,9 %). Auch ihre Geschäftsmodelle basieren jeweils auf einer Mischung aus Luft- und Raumfahrt und sowie Militärtechnik.

Nur indirekten Bezug zum Weltraum hat etwa der ARKX-Bestandteil Amazon.com (2,8 %). Seine All-Ambitionen hat der Konzerngründer Jeff Bezos klugerweise in einem zweiten Unternehmen gebündelt, sein schöner Name: Blue Origin (Blauer Ursprung). Auf den besonderen Wettstreit zwischen Jeff Bezos, Richard Branson und Elon Musk kommen wir gleich noch zurück. Zunächst die abschließende Würdigung des anfangs hoch gehandelten Investmentvehikels:

Die Schwierigkeit, pur in das Thema Weltraum zu investieren, beginnt bei der breiten Aufstellung der typischen Player. Sie sind in den verwandten Bereichen der zivilen und militärischen Luftfahrt, der militärischen Raketentechnik und in der Raum-fahrttechnik aktiv. Es gilt, Synergien zu nutzen und gerade im Hinblick auf das Weltall eine Absicherung für eventuell ausfallende Erlöse anzustreben. Die Philosophie von ARK Invest, nur in disruptive Unternehmen zu investieren, bleibt zum Teil unkenntlich. Cathie Wood geht visionär davon aus, dass bei vielen Techniken Umwälzungen und Konvergenzen bevorstehen. Sicherlich wurden ihr Zusammenhänge offenbart, die der Laie nicht einmal ahnt.

Gerne lässt man sich auf diese Reise mitnehmen. Sie ist gewagt, basiert aber auf vielen klugen Überlegungen. Schwer verständlich bleibt aber, warum bestimmte börsengehandelte Unternehmen mit direktem Bezug zum Weltraum noch nicht in diesen ETF aufgenommen wurden. Dies hat zwar einen durchaus positiven Nebeneffekt (später mehr dazu), aber ein Investment in den ARK Space Exploration & Innovation drängt sich momentan nicht als eilig auf. Davon unabhängig ist die Nachverfolgung der Einzelpositionen des ARKX geradezu ein Muss, wenn man beim Investmentthema Weltraum am Ball bleiben möchte.

Gleich kommen wir zu den Weltraumaktionen, die in 2021 die größte Aufmerksamkeit auf sich gezogen haben. Es waren medial hoch wirksame Attraktionen. Eine Überlegung sei noch vorangestellt.

Der Weltraumtourismus wird von interessierter Seite als eine große Hoffnung beschrieben, man kann sogar sagen inszeniert. Soll der Aufbruch ins Weltall für jeden gelten, während die Ressourcen der Erde im Verhältnis zu einer Menschheit von bald erreichten 8 Milliarden so knapp sind, dass sogar jeder Quadratmeter zusätzlicher Wohnraum nach westlichem Lebensstil zur Sünde erklärt wird? So jedenfalls argumentieren Wirtschaftswissenschaftler wie Niko Paech, der vielen Europäern vorhält, sich über „die fatalen umweltschädlichen Folgen ihres Lebensstils selbst zu täuschen".

Paech hat sich als Ökonom auf das Thema Nachhaltigkeit konzentriert. Ihm war schon 2019 aufgefallen, dass gerade in Zeiten ständiger Klima-Mahnungen die Nachfrage nach Luxus am stärksten wachsen würde. Wenn seine Kritik statthaft ist, trifft sie gerade die touristischen Weltraum-Projekte des Jahres 2021 mit besonderer Wucht. Die Veranstalter hingegen betonen, die Ausflüge in die Schwerelosigkeit würden eine Inspiration für die Menschheit darstellen. Daraus ergibt sich ein Konflikt, den man an dieser Stelle nicht auflösen muss und kann. Drei große Weltraum-Abenteuer wurden uns im Sommer 2021 auf allen Kanälen ausgiebig präsentiert.

Von diesen drei Attraktionen war nach Zählung von Wikipedia nur die Mission Inspiration 4, die am 16. September startete, ein echter Ausflug in den Weltraum. Eine Crew-Dragon-Raumkapsel von SpaceX, gechartert vom Multimilliardär Jared Isaacman, befand sich drei Tage lang mit vier Personen im vielfachen Erdumlauf. Wer oder was ist SpaceX?

Hinter diesem im Jahr 2002 gegründeten Unternehmen steht Tesla-Chef Elon Musk. Er hat seine Ambitionen schon dadurch unterstrichen, dass er mit seinem Internet-Satellitenprojekt Starlink der Betreiber der weltgrößten Konstellation wurde. (Sie soll im Endausbau in sechs Jahren aus 42.000 Kleinsatelliten bestehen.) Mit Raketen der Baureihe Falcon und mehrfach verwendbaren Raumkapseln der Reihe Dragon hat SpaceX sich auch als Partner für die Versorgung der ISS etabliert. Damit ist über die unternehmerische Qualität schon viel gesagt. Über die Börse können wir uns an diesem Unternehmen allerdings nicht beteiligen.

Einige Wochen zuvor, lange angekündigt für das symbolisch wichtige Datum: Am 20. Juli befand sich Amazon-Gründer Jeff Bezos im Weltall. Und zwar in seiner Funktion als Chef des Weltraumunternehmens Blue Origin, das er im Jahr 2000 gegründet hatte. Hier heißt das System New Shepard. Der Ausflug am 20. Juli führte auf eine Höhe von mehr als 100 Kilometern, dauerte rund 10 Minuten und wurde mit einer sicheren Landung der wiederverwendbaren Kapsel am Fallschirm beendet. Auch mit der wiederverwendbaren Rakete gelang die kontrollierte (senkrechte) Landung.

Dieses Projekt von Blue Origin war beeindruckend, aber eine ganze Stufe kleiner als das von SpaceX. Die Ambitionen von Blue Origin sind dennoch kaum zu unterschätzen. Man entwickelt mit New Glenn eine der größten jemals gebauten Raketen und ist für die NASA an der Weiterentwicklung einer Mondlandefähre beteiligt. Im Konsortium mit Lockheed Martin, Northrop Grumman und Draper Laboratory entwickelt das Bezos-Unternehmen das Abstiegsmodul für künftige Mondmissionen. Auch für Blue Origin gilt, dass wir uns bisher nicht über die Börse an diesem gut geführten Unternehmen beteiligen können.

Den kleinsten touristischen Ausflug in den erdnahen Raum des Sommers 2021 unternahm ein Unternehmen, das sehr wohl börsennotiert ist: Virgin Galactic Holdings. Hier ist mit Richard Branson ein weiterer Milliardär am Werk, er hat sein Hobby im Jahr 2004 zum Unternehmen gemacht. Dieses fusionierte im Oktober 2019 mit der SPAC Social Capital Hedosophia, um auf den Kurszettel zu gelangen. Vor- und Nachteile des SPAC-Wesens sind an anderer Stelle erläutert.

Das Fluggerät von Virgin Galactic wurde am 11. Juli vom Trägerflugzeug auf Höhe gebracht, klinkte sich aus, erreichte mehr als 80 Kilometer Höhe und bescherte vier Insassen ein paar Minuten Schwerelosigkeit. Obwohl Branson damit definitionsgemäß nicht bis zum eigentlichen Weltall vorgedrungen ist: Die Aktion wurde medial ausgeschlachtet und an der Börse gewissermaßen nachgebaut. Indem die Aktie bis zum 9. Juli steil ging und ab dem 12. stark nachgab, gefolgt von einer sanften Landung.

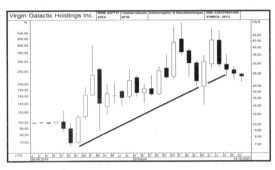

Zum Kursverlauf nach dem Event trug auch die Luft- und Raumfahrtaufsicht FAA (Federal Aviation Administration) bei, indem sie ein vorübergehendes Flugverbot aussprach. Denn während der kurzen Mission wurde die verabredete bzw. angemeldete Flugzone zwischenzeitlich verlassen. Die Aufhebung des Verbots nach drei Wochen sorgte dafür, dass sich das Wertpapier von Virgin wieder erholte, es blieb aber 60 % unter dem Allzeithoch vom Februar.

Richard Branson erscheint gegenüber den Konkurrenten Jeff Bezos und Elon Musk bisher als Leichtgewicht. Ab 2022 wird Virgin zahlende Passagiere an die Grenze zum All bringen. Dass dies ein wirtschaftlicher Erfolg wird, darauf kann man setzen. (Was der vorhin skizzierte Space-ETF von ARK Invest zurzeit unterlässt.) Man beachte dabei aber die Möglichkeit bzw. die Gefahr, dass der Weltraumtourismus im Protest einer jungen Generation untergeht, die immer konsequenter jeden Treibstoffverbrauch bzw. damit verursachte Emissionen unter Beschuss nimmt. Die schwedische Heldin dieser Bewegung hat sich bisher kaum zu All-Tourismus geäußert.

Die genannten Projekte stellen auch in einer anderen Hinsicht keine „Inspiration" für die Menschheit dar. Indem prinzipiell jeder, in Abhängigkeit vom Geldbeutel natürlich, in den Weltraum fliegen kann, verliert der außerirdische Bereich stark an Exklusivität und Attraktivität, die sich bisher noch ein wenig aus Pioniergeist, Heldentum und Mythos speisen.

Auch die folgenden hier besprochenen Weltraum-Investments sind alles andere als emissionsfrei. Sie stehen aber weniger im Verdacht, unnötige Umweltbelastungen im Sinn von „just for fun" zu erzeugen.

Der gesamte Raumfahrtsektor kann bis 2040 auf ein Volumen von mehr als 1 Billion Dollar anwachsen, so hat Morgan Stanley es kalkuliert. Bisher wurde erst ein Jahresumsatz von 378 Mrd. $ gemessen. In 18 Jahren soll allein der über Satelliten vermittelte Internetverkehr ein Umsatzvolumen von 412 Mrd. $ ausmachen. Schauen wir uns also Satelliten-Spezialisten an, die zuletzt ins Blickfeld gekommen sind.

Die Weltraum-Visionäre wollen eine große Zahl kleiner Satelliten in den Orbit schießen („launchen"). Astra Space (aus Alameda, Kalifornien) entwickelt dafür passende Raketen. Bisher konnte Astra noch nicht mit einem von A bis Z erfolgreichen Flug glänzen. Auch dieses Unternehmen war per SPAC an die Börse gelangt. Die dafür benutzte Special Purpose Acquisition Company namens Holicity schaffte zwischenzeitlich einen Höhenflug auf 22,47 $, als Anleger schon auf die Fusion mit Astra spekulierten.

Der Startversuch im August brachte Astra erneut einen Rückschlag: Ausfall einer Antriebsstufe in 50 Kilometern Höhe. Bisher führte jeder Astra-Start im Vorfeld zu spekulativen Kursanstiegen. Sobald die Technik stimmt, wird man eine stark automatisierte Serienfertigung aufbauen, um in wenigen Jahren fast tägliche Starts von weltweit flexiblen Ausgangspunkten anbieten zu können. Etliche Vorverträge wurden schon geschlossen, von nennenswerten Umsätzen ist man aber noch ein Stück entfernt.

Schon vorbörslich wurde Astra Space von namhaften Investoren (BlackRock, Airbus Ventures u. a.) unterstützt. Auch Analysten der Dt. Bank setzten auf „Kauf". Ein besonderer Ritterschlag fehlt bisher noch, und zwar von ARK Space Exploration & Innovation. Wann wird man dort auch den Launching-Spezialisten als Weltraum-Disruptor identifizieren? Sobald dies nachgeholt ist, führt es zu mehr Beachtung und höheren Kursen.

Die breiter aufgestellte Rocket Lab USA (Sitz im kalifornischen Long Beach, zweite Basis Neuseeland) ist mit rund 6 Mrd. $ Börsenwert dreimal so hoch bewertet wie Astra. Auch hier kam die Dt. Bank zu einem positiven Urteil und schrieb von einem Space-Investment der höchsten Qualität. Die Trägerrakete Electron (bis 225 kg Nutzlast) bringt kleinere Satelliten in den Orbit. Nach eigener Zählung hat Rocket Lab bisher 105 Satelliten gelauncht. Und man wächst bereits per Übernahme. Zuletzt wurde der lange etablierte, auf Raumfahrt fokussierte Software-Entwickler Advanced Solutions gekauft, der u. a. Aufträge der NASA ausgeführt hat.

Erst im Anmarsch ist Relativity Space (gegr. 2015). Hier setzt man für den Bau von Raketen ausdrücklich auf den 3D-Druck. Dieses Produktionsverfahren müsse in der Weltraumtechnik stärker verwendet werden, so die Gründer. Relativity Space will 95 % der benötigten Teile einer Rakete selbst herstellen. Durch die Verwendung von 3D-Druck sei man in der Lage, die Zahl der benötigten Komponenten und somit die Komplexität der Rakete zu reduzieren. Hier trifft sich das Know-how zweier Ex-Mitarbeiter von Blue Origin und SpaceX. Die Gründer Tim Ellis und Jordan Noone verfolgen die Vision, Relativity werde ebenso wie SpaceX eine neue Ära der Raumfahrt anführen. Auf einen Börsengang wird noch gewartet, ebenso auf den Test der Terran 1 (Nutzlast 1,2 Tonnen). Das angepeilte Startfenster liegt im Dezember 2021. Zu den Investoren in dieses ehrgeizige Unternehmen gehören u. a. Fidelity und Baillie Gifford.

Eine ganze „Szene" ist an die Börse gegangen, meist per SPAC. Dazu zählen auch Redwire (Zulieferer), AST SpaceMobile (Mobilfunknetz per Satellit) und Momentus (Antriebstechnik). Mit Virgin Orbit wird ein weiteres Start-up von Richard Branson antreten, das eine flugzeuggestützte Trägerrakete entwickelt. Diese soll unabhängig vom Weltraumtourismus bleiben.

Aus diesem Umfeld ist auch Spire Global (San Francisco) schon an der Börse. Der 2012 gegründete Spezialist für Fernerkundung und Datenanalyse plant eine große Konstellation von Mikrosatelliten zur Überwachung verschiedenster Erddaten (z. B. Schadstoffemissionen, Wetter, Verkehrsströme) als visionärer digitaler Schutzmantel der Erde.

Die Vielzahl kleiner Spezialisten wird für Disruptionen sorgen, aber nicht alle von ihnen werden wirtschaftlich überleben. Das schreckt sogar ETFs eher ab. Auch der HANetf Procure Space UCITS ETF, basierend auf dem S-Network Space Index, setzt keinen Schwerpunkt auf die hier gezeigten „jungen Wilden". Er ist aber eine unaufgeregte Alternative zum ARKX.

Eine taktische Möglichkeit bietet das Investment in den absolut soliden, etablierten deutschen Satellitenbauer OHB. Dieser steht vor dem Eintritt in das US-Raumfahrtgeschäft, zunächst durch Lieferung von vier Telekommunikationssatelliten an die  SpaceLink Corporation. Der Deal sollte dafür sorgen, dass gerade dem Team von ARK Invest das Potenzial von OHB vor Augen geführt wird. Eine Aufnahme in den besagten ETF würde für mehr Aufmerksamkeit durch die US-Anleger sorgen. Das Investment in OHB ist daher aktuell eine gute Möglichkeit, in ein reinrassiges Weltraumunternehmen zu investieren.

Unterdessen hat sich am 13. Oktober unser Themenkreis geschlossen. Wir hatten mit Star Trek begonnen. Der legendäre erste Darsteller von Captain James T. Kirk, William Shatner, wurde an diesem Tag von Blue Origin mit der New Shepard in den erdnahen Raum katapultiert, gemeinsam mit drei weiteren Weltraumtouristen. Shatner (90 Jahre) gilt jetzt als ältester Mensch, der einen solchen Ausflug unternommen hat.

Im Vorfeld des Abenteuers äußerte sich der Schauspieler bescheiden. Er freue sich, im hohen Alter doch einmal in den Weltraum zu gelangen. Von dem er schon so viel gehört habe.

Man soll die Dinge so nehmen, wie sie kommen.
Aber man sollte auch dafür sorgen,
dass die Dinge so kommen, wie man sie nehmen möchte.
(Curt Goetz)

30

Weininvestment

Ronny Weber

Grundsätzlich handelt es sich bei Wein um ein Luxusgut. Wie bei allen exklusiven Gütern ist vor allem das Timing beim Kauf besonders wichtig. Gleichzeitig muss man sich bewusst sein, dass ein Weininvestment meist eine langfristige Kapitalbindung darstellt. In der Regel muss man mit einem 10-jährigen Anlagehorizont und länger rechnen. Der Weinpreis wird, wie bei allen anderen Gütern, von der wirtschaftlichen Lage bestimmt. In einer florierenden Wirtschaft wird man in der Regel einen höheren Verkaufspreis erzielen als in einer Depressionsphase. Obwohl die Vergangenheit gezeigt hat, dass immer getrunken wird und das auch hochpreisig.

Ein Weininvestor sammelt, verkauft oder versteigert Wein, um anschließend mit dem Gewinn wieder Wein zu kaufen, zu sammeln und wiederum zu verkaufen, und so weiter. Ein Marktverständnis ist dafür unabdingbar. Dem Weinlaien ist daher unbedingt davon abzuraten! Ein Weininvestor muss sich stets up to date halten. Dafür liest er Magazine, Blogbeiträge wichtiger Autoren und tauscht sich mit Gleichgesinnten regelmäßig aus. Auch der Besuch auf Auktionen gehört für einen Weininvestor zum Daily Business. Es gibt übrigens auch Menschen, die Wein als Kapitalanlage betreiben, obwohl sie selber keinen trinken.

Als Weinanleger muss man sich dazu eine Strategie zurechtlegen, sprich: Welche Auswahl an Weinen mit welchem Anlagehorizont führt zu der angestrebten Wertsteigerung? Diese wird bei Wein maßgeblich von Sammlern und Liebhabern bestimmt. Vergleichbar mit Kunstgegenständen regeln Angebot und Nachfrage den aktuellen Handelspreis. Dazu kommt, dass Anbauflächen in den besten Weinbergen begrenzt sind. Die dauerhafte Produktion von erstklassigem Wein ist folglich limitiert. Das macht noch vorhandene, ältere Weine buchstäblich wertvoller. Natürlich kann man nie genau sagen, wie viele Flaschen von einem bestimmten Wein noch auf dem Markt sind, auch wenn Auktionshäuser gerne das Gegenteil behaupten. Eine globale Inventurliste gibt es einfach nicht. Ganz plötzlich können weitere Flaschen aus dem Nachlass eines Wein-Nerds, einer Gastronomieinsolvenz oder sogar vom Weingut selbst wieder auf den Markt kommen. Das Gute ist, die neu hinzugekommenen Flaschen schmälern den Wert der bereits am Markt kursierenden nur unwesentlich.

Alte und seltene Weine sind ein komplizierter Markt. Viel komplizierter als andere Anlagemärkte dieser Welt. Um da mitspielen zu können, muss man ein exzellentes Detailwissen haben. Man muss nicht nur über den jeweiligen Jahrgang eines Weins und dessen Produzenten Bescheid wissen, sondern auch über die Handelskanäle und die Möglichkeiten, wo die rare Flasche überall gelegen haben könnte. Dabei ist die Beurteilung des Zustands ein wichtiger Bestandteil, um eine optimale Lagerung und die Echtheit der Flasche zu garantieren.

Das klingt jetzt sicherlich für Sie alles sehr komplex und abschreckend. Aber bitte, das soll es nicht! Weininvestment kann ein sehr lukratives Geschäft sein.

Um aber 100%ig ehrlich zu sein, muss ich Ihnen sagen, dass diejenigen von Ihnen, die ab heute Wein als Anlage zu sammeln beginnen, die besten Jahre wohl leider versäumt haben. Wer Ende der 1980er- und Anfang der 90er-Jahre etwas Geld in die Hand genommen hat und in die sogenannten „Bluechips" investiert hatte, konnte bereits 10 Jahre später Gewinne bis zu 500 % einstreichen. Als Bluechips bezeichnet man die berühmten 5 Premier Grand Cru Classés des Médoc, einige Pomerol- und St-Émilion-Rotweine sowie eine Handvoll roter Burgunder und Überseeweine. Die Bordeauxweine aus den Jahrgängen 1982, 1986, 1989 und 1990 erzielen heute sogar Gewinne bis zu 2.500 %!

Als gutes Bespiel dient das Château Mouton Rothschild. Der 1982er-Jahrgang kostete damals rund € 25 die Flasche, es war einer der ersten 100 Parker Punkte-Weine und wird heute für circa € 1.400 gehandelt.

Diese „fetten" Zeiten sind leider vorbei, dennoch lohnt sich ein Investment in dem Bereich weiterhin. Allerdings benötigt man für den Einstieg ein wesentlich höheres Kapital und für die Rendite einen längeren Atem als damals. Ein Grund dafür ist, dass die Einkaufspreise für die prominenten Châteaus deutlich gestiegen sind. Des Weiteren hat der Klimawandel dafür gesorgt, dass es eine wesentlich höhere Zahl an guten Jahrgängen mit größeren Erntemengen gibt, sprich der Markt deutlich gesättigter ist.

Aber was soll man kaufen? Nun, das klingt in Bezug auf Wein sicher etwas befremdlich, aber kaufen Sie konservativ! Im Detail sind das die folgenden Châteaus vom linken Bordeaux-Ufer: Château Haut-Brion (auch für Weißwein), Château Lafite-Rothschild, Château Latour, Château Mouton-Rothschild und Château Margaux.

Aber auch einige Weingüter vom rechten Ufer sind als Investment sehr lukrativ. Hier sind die drei Pomerol-Weingüter Château Petrus, Le Pin und Château Lafleur zu nennen. Auch aus dem St.-Émilion kommen Weine, die sich zur Kapitalanlage sehr gut eignen. Aus diesem Gebiet sind das Château Cheval blanc, Château Ausone und Château Angélus. Aber auch Château Pavie und La Mondotte (ab dem 1996er-Jahrgang) haben in den letzten Jahren eine sehr gute Wertentwicklung genommen.

Über diese berühmten Weingüter hinaus gibt es im Bordeaux einige sogenannte Super-Seconds, die sich zur Geldanlage lohnen. Château Léoville-las-Cases, Château Pontet-Canet und Château Palmer sind da eine sichere Bank. Über die Rotweine hinaus gibt es einen Sauternes, einen edelsüßen Wein namens Château d'Yquem, der weltweit gesucht und fast unendlich lagerfähig ist. Speziell ab einem Alter von 30+ Jahren ist hier mit einem guten Gewinn zu rechnen.

Alternativ zu den Bordelaiser Gewächsen bietet das Burgund einen hochinteressanten Anlagemarkt für Wein. Diese Weingüter lohnen sich:

Domaine de la Romanée-Conti, Domaine Christophe Roumier, Méo-Camuzet, Domaine Dujac, Henri Jayer, Domaine Léroy, Domaine Armand Rousseau, Domaine Coche-Dury, Domaine Léflaive.

Wichtig bei Burgundern ist die Lage. Denn während im Bordeaux das Weingut klassifiziert ist, ist es im Burgund die Lage. Kaufen Sie daher als Investment, mit Ausnahme weniger 1er-Lagen, nur Grand Cru's.

Außer den Weinen des Bordeaux und der Bourgogne gibt es noch andere Weine auf der Welt, die sich als Investment lohnen. Die Wertsteigerung ist bei diesen zwar sehr selten im vierstelligen Prozentbereich, aber dennoch sind dreistellige Gewinnprozente möglich. Folgende Weingüter sind eine gute Wahl:

Rhône: Hermitage von Jean-Louis Chave oder Paul Jaboulet Aîne, Côte Rôtie der Maison Guigal.

Toskana: Tenuta San Guido „Sassicaia", Tenuta dell' Ornellaia „Masseto" und „Ornellaia", Tenuta Tignanello „Tignanello" und „Solaia", ältere Jahrgänge Brunello di Montalcino Riserva von Biondi-Santi.

Piemont: Barolo und Barbaresco von Giacomo Conterno, Bruno Giacosa, Angelo Gaja, Giuseppe Rinaldi & Giuseppe Mascarello .

Aus **Deutschland** sind speziell die edelsüßen Rieslinge eine sichere Wertanlage. Zum einen sind die Weine schier unendlich haltbar, zum anderen sind unsere Auslesen, Beerenauslesen, Trockenbeerenauslesen und Eisweine in ihrer Stilistik weltweit einzigartig und entsprechend gesucht. Der asiatische Markt hat ein besonderes Augenmerk auf diese Weine gerichtet. Dort zahlt man gern hohe Beträge für die süßen Schätze. Neben dem Saarweingut Egon Müller sind es das Moselweingut Joh. Jos. Prüm und das Rheingauer Haus Robert Weil, die regelmäßig für ihre edelsüßen Trouvaillen Höchstpreise erzielen.

Die trockenen deutschen Rieslinge zählen mit Abstand zu den besten Weißweinen der Welt, spekulativ sind allerdings nur die Großen Gewächse und der G-Max des rheinhessischen Winzers K. P. Keller von Interesse.

Kalifornien: Harlan Estate, Screaming Eagle, Opus One, Diamond Creek, Dominus Estate und Sine Qua Non.

Spanien: Dominio de Pingus, der L'Ermita von Alvaro Palacios und Véga-Sicilia's Unico.

Australien: Grange von Penfold's & Henschkes Hill of Grace.

Nicht auf dem Radar vieler Investoren ist Champagner. Das liegt daran, dass die Lagerfähigkeit, speziell von Jahrgangschampagner, sehr unterschätzt wird. Mein Rat: Halten Sie sich auch hier an die Elite! Da Champagner oft wesentlich früher konsumiert wird als Premium-Rotweine, dünnt sich der Markt schneller aus und die Möglichkeit, Profit zu generieren, steigt schneller. Sichere Anlagen sind Dom Pérignon, Roederer Cristal, Salon, Krug Vintage plus die Einzellagen Clos de Mesnil und Clos d'Ambonnay sowie die Weine von Jacques Selosse. Alte Jahrgänge von Heidsieck werden auch sehr hoch gehandelt.

Als Geheimtipp empfehle ich die edelsüßen Tokajer aus Ungarn. Suchen Sie Tokaj mit mindestens 6 Puttonyos oder noch besser Eszencia. István Szepsy ist hier der lohnenswerteste Produzent. Auch Vintage Port und Jahrgangs-Madeira wird meiner Meinung nach in Zukunft im Preis steigen.

Ein jetziges Investment macht daher Sinn. Außerdem sind diese Weine sehr, sehr lange lagerfähig, heißt: Notfalls verkaufen Ihre Kinder oder Enkel die Weine irgendwann gewinnbringend.

Wie wichtig sind Flaschenzustand und Historie? Der maximale Marktpreis gilt immer für den perfekten Zustand der Ware. Bei Wein kann man über die geschmackliche Perfektion des Inhalts einer geschlossenen Flasche nicht viel sagen, aber es gibt andere Faktoren, die bei der Wertermittlung eine Rolle spielen.

Jede Flasche hat eine Kellerhistorie, sprich: Wie viele Vorbesitzer und somit verschiedene Lagerplätze und Umzüge hat diese erlebt? Ähnlich wie bei Autos gilt hier: Je weniger, desto besser. Denn Transporte und Lagerunterschiede können Einfluss auf die Qualität des Weins und der Flasche haben. Wenn Sie alte Weine kaufen oder verkaufen möchten, achten Sie daher penibel auf den optischen Zustand. Versuchen Sie auch, sich ein Bild von der

Farbdichte des Weins zu machen. Ich weiß, dass dies bei dunklen Flaschen sehr schwierig ist, aber probieren Sie es dennoch. Natürlich hat ein sehr alter Wein eine Farbentwicklung, wenn aber ein 10 Jahre alter Bordeaux schon sehr ausgezehrt aussieht, lassen Sie lieber die Finger davon. Pinot Noirs sind natürlich immer transparenter in der Farbe und auch oft etwas trüb, da sie oft unfiltriert gefüllt werden. Weiterhin zu beachten:

- Die **Füllhöhe** sollte möglichst weit im Flaschenhals, aber nicht direkt unterhalb des Korkens sein. Ein kurzes Stück unterhalb der Kapsel ist wünschenswert.
- Die **Kapsel** sollte komplett und ohne Kratzer sein sowie möglichst fest sitzen.
- Der **Korken** sollte bündig mit dem Flaschenhals abschließen. Ist der Korken in den Hals gerutscht, deutet das auf eine schlechte Lagerung hin (zu trocken), schaut er etwas aus der Flasche heraus, ebenso (zu warm). Und natürlich sollte er komplett sein.
- Das **Etikett**: Umso makelloser das Etikett und auch das Rückenetikett, umso besser. Kratzer und Abschürfungen können beim Öffnen von Kisten mit Schraubenzieher, Schere oder Fingernagel leicht passieren und sind leider wertmindernd. Noch schlimmer sind Schimmelflecken, da diese auf einen zu feuchten Keller hindeuten, der auch die Korkqualität und somit wesentlich den Wein beeinträchtigen kann. Ein ausgebleichtes Label ist ein Indikator dafür, dass die Flasche längere Zeit Sonnenlicht ausgesetzt war. Ein absolutes No-Go bei der Lagerung! Denn durch das UV-Licht wird neben dem Etikett auch die Kapsel ausgebleicht. Ebenso kann durch die entstehende Wärme der Korken schnell austrocknen und der Wein so oxidieren, wenn er nicht durch die hohe Temperatur schon verkocht ist.

Es ist eine gute Idee, Flaschen, die Sie länger lagern möchten, in Klarsichtfolie einzuwickeln, um Kapsel sowie Etikett vor Kratzern, Flecken und Vergilbung zu schützen.

Wenn Sie anfangen, mit Wein zu handeln, werden Ihnen zwangsläufig bei Händlern oder Auktionen Abkürzungen begegnen. Diese sind Diagnose-Codes, ähnlich einem Befund auf dem Krankenschein vom Arzt. Sie geben Ihnen Auskunft über den Zustand der Füllhöhe, des Etiketts und der Kapsel der einzelnen Flasche, da Sie diese vor der Versteigerung oder Lieferung ja nicht zu Gesicht bekommen.

Welche Faktoren sind noch zu berücksichtigen? Neben den richtigen Weingütern und der Flaschenqualität sind auch die Jahrgänge für die Wertentwicklung essenziell. Erkundigen Sie sich unbedingt vorher bei einem Fachmann oder in der Presse, wie die einzelnen Jahre in Bezug auf Qualität und Entwicklung einzuschätzen sind.

Neben der Frage des „Was" ist auch die Frage des „Worin" ein wesentlicher Aspekt beim Wein-Handel. Ein Faktor der Wertsteigerung ist zum einen die Flaschengröße. Erfahrungsgemäß ist bei den größeren Flaschen im Vergleich zu den standardisierten 0,75-Liter-Flaschen der Gewinn höher. Als besondere Kaufempfehlung nenne ich Ihnen die Magnum- (1,5l) sowie die Doppelmagnumflasche (3l), da diese für die Reifung am besten sind. Noch größere Flaschen sind sehr imposant, werden aber selten geöffnet. Der wirtschaftliche Schaden bei einem Weinfehler schreckt viele Käufer ab.

Auch die Art des Gebindes und der Verpackung sind wichtige Faktoren beim Weinkauf. Ein Gebinde von sechs oder zwölf Flaschen bietet die Gewähr für eine weitergehende Wertsteigerung. Es ist nicht nur die Menge des Weins, sondern auch die Tatsache, dass es sich um das Originalgebinde handelt. Grundsätzlich ist der Erwerb eines Gebindes von 12 Flaschen in der Original Holzkiste - der OHK - ratsam.

Wesentlichen Einfluss auf die Entwicklung eines Weinwertes haben zudem Bewertungen von Weinkritikern, so etwa die Noten von James Suckling, Jancis Robinson, René Gabriel oder Antonio Galloni. Einen ganz entscheidenden Impakt auf den Preis eines Weines und dessen Entwicklung haben aber vor allem die Punktebewertungen eines Mannes, Robert Parker jun. Seine Parker Punkte, kurz PP, sind beim Weininvestment unverzichtbar. Die Kritik des weltweit anerkanntesten US-amerikanischen Weinkritikers spielt eine bedeutende, wenn nicht sogar die entscheidende Rolle. Für ein lukratives Weininvestment muss die PP-Bewertung nahe an die Hundert-Punkte-Marke heranreichen. Weine zwischen 98 bis 100 Punkten haben die besten Aussichten, eine gewinnbringende Anlage zu werden.

Jetzt, da Sie wissen, was Sie in welchem Zustand für Ihr Weininvestment erwerben sollen, möchte ich Ihnen noch den Rat geben, nur bei seriösen Auktionshäusern oder Händlern zu kaufen, die die Ware direkt vom Weingut beziehen. Von dem Privatkauf über Online-Auktionen wie eBay möchte ich an dieser Stelle deutlich abraten. In den seltensten Fällen ist die Historie der Flaschen nachvollziehbar. Des Weiteren sind über diese Plattformen eine Menge Fälschungen in Umlauf gekommen. Fälschungen? Ja, es gibt auf dem Weinmarkt eine Vielzahl von Fälschungen. Denn mal Hand aufs Herz: Wer weiß schon genau, wie einzelne alte Weine zu schmecken oder genau auszusehen haben? Diese Lücken haben sich Kriminelle zunutze gemacht und den Markt mit immer professionelleren Kopien gespickt. Als der berüchtigtste Weinfälscher gilt ein Mann mit dem Spitznamen „Dr. Conti". Mit bürgerlichem Namen heißt er Rudy Kurniawan. Bis er Anfang 2012 vom FBI in seiner luxuriösen Villa in Los Angeles ertappt wurde, hatte er Weine im Wert von über 120 Mio. Dollar gefälscht. Château Pétrus, Lafite-Rothschild und Domaine de la Romanée Conti waren seine „Lieblings-Opfer". Man geht davon aus, dass circa 20 % des Fine Wine Market Fakes sind. Neben den Weinen der Domaine Romanée-Conti und den berühmten Top-Bordeaux sind es die Weine von Henri Jayer, Pingus, Screaming Eagle und Castillo Ygay, die auf der Hitliste der am meisten gefälschten Weine oben stehen. Und zwar nicht unbedingt alte Jahrgänge, sondern auch aktuellere.

Bei älteren Weinen lassen Sie daher bitte Ihrem gesunden Menschenverstand und einer Portion natürlichen Misstrauens freien Lauf. Hinterfragen Sie, wie beim Gebrauchtwagenkauf, einige banale Fakten. Und ja, speziell wir Deutschen lieben Schnäppchen! Aber falls der Preis zu gut ist, um wahr zu sein, dann gibt es dafür mit Sicherheit einen Grund. Wenn man eine Flasche, die 6.000 Euro wert ist, für 3.000 Euro kauft, hat man selten 3.000 Euro gespart, sondern meist 3.000 aus dem Fenster geworfen.

Welche Formen des Weininvestments gibt es? Bei der Kapitalanlage Wein gibt es verschiedene Varianten:

Die mit Sicherheit einfachste Methode ist das Kaufen, Lagern und Weiterverkaufen. Sprich, Sie erwerben ein Gebinde Wein, das Sie physisch in den Händen halten und dessen Zustand Sie einschätzen können. Nach dem Kauf legen Sie den Wein an einen geeigneten Lagerplatz und verkaufen diesen bei entsprechender Marktsituation gewinnbringend. Dies können Sie beim direkten Kauf im Weingut, einem Händler oder bei einem anderen, seriösen Weininvestor tun. Darüber hinaus bietet sich die Möglichkeit, bei einer Weinauktion das eine oder andere Schnäppchen zu machen. In dem Bereich der Auktionen sind Christie's & Sotheby's global die renommiertesten Häuser. In Deutschland ist das Bremer Unternehmen Koppe & Partner in dem Segment die angesehenste Adresse. Mittlerweile werden auch viele Auktionen seriöser Häuser online abgehalten. Die Corona-Pandemie hat dies zusätzlich angefeuert. Wie bereits erwähnt: Hände weg von privaten Onlineauktionen!

Subskription ist ein Geschäft, bei dem Weine vor ihrer Flaschenabfüllung verkauft werden. Anders ausgedrückt ist die Subskription eine Spekulation. Denn man setzt darauf, dass der Wein zum Zeitpunkt der Auslieferung an Marktwert zugenommen hat. Sie gehen in dem Fall ein Warentermingeschäft ein. Die Subskription von Wein ist vor allem für die berühmten Weine des Bordeaux üblich. Der erworbene Wein wird in dem Fall circa 2 Jahre nach dem Kauf zugestellt. Damit stellt die Subskription für sich schon eine eigene Untergattung des Weininvestments dar.

Eine andere Form der Subskription ist der Kauf per Käuferliste. Dieses System ist speziell durch die Domaine de la Romanée-Conti bekannt geworden. In diesem Fall gibt es eine sehr, sehr lange Liste. Nur die ersten 100 Plätze sind zum direkten Kauf berechtigt. Die Inhaber einer dieser elitären Plätze müssen den von der Domaine zugeteilten Wein zu einem einseitig festgesetzten Preis kaufen. Wer nicht zahlt, wird einfach von der Liste gestrichen und die Chance, jemals wieder aufgenommen zu werden, ist so ziemlich bei null. Denn es sind Tausende, die darauf warten, zu diesem Kreis dazuzugehören. Ähnlich einer Chartliste informiert das Weingut im Abstand mehrerer Jahre, auf welcher Position der Rangliste sich ein Interessent aktuell befindet. Speziell im Subskriptionsgeschäft sind die Kritiken von Robert Parker und James Suckling das Maß aller Dinge.

Bei Liv-ex schlägt das Herz des Börsianers direkt schneller. Denn Live-Ex ist der DAX des Weins. Statistisch hat Wein über die letzten 30 Jahre mehr Wertsteigerung erlebt als Wertpapiere. Die internetbasierte Weinbörse Liv-ex mit Sitz in London wurde Ende der 1990er-Jahre gegründet. Sie hat sich innerhalb kurzer Zeit zu einem Handelsplatz für hochwertige Weine entwickelt und wird vorwiegend von professionellen Weinfonds sowie Weinhandelshäusern genutzt. Gelistet sind bei Liv-ex hundert der weltweit besten und wertvollsten Weine.

Anhand von Charts kann man die Entwicklung seines Investments beobachten. Wie an der Aktienbörse bestimmen Nachrichten und Trends die Formkurve. Den Daten vertrauen Unternehmen in 43 Ländern weltweit. Liv-ex wird von Behörden wie Bloomberg und Reuters als Branchenstandard angegeben. Um das System zu nutzen, muss man eine Mitgliedschaft erwerben. Danach steht Ihnen die umfassende Datenbank für edle Weine zur Verfügung. Via Smartphone können Sie jederzeit darauf zugreifen.

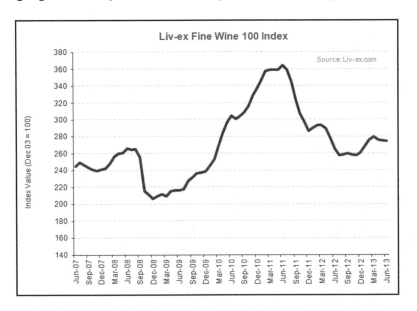

Die Datenbank offeriert tatsächliche Transaktionspreise in Echtzeit. Dies bedeutet, dass Sie sich nicht mehr auf beworbene Weinpreise in Katalogen verlassen müssen, die bei Erscheinen oft ungenau und veraltet sein können. Für die Berechnung des Weinindexes werden die Bewertungspunkte von Robert Parker zugrunde gelegt. Des Weiteren werden Transaktionen von Mitgliedern und die gezahlten Summen mittels Künstlicher Intelligenz permanent analysiert und die Wertentwicklung entsprechend dokumentiert. Ein Handeln an der Weinbörse Liv-ex bietet aussichtsreiche Chancen und Möglichkeiten, um das heimische Weindepot mit der einen oder anderen Weinflasche sinnvoll zu ergänzen.

Chai Consulting wurde 2005 von Maureen Downey gegründet. Sie ist eine der weltweit angesehensten Personen, wenn es um das Thema Echtheitsprüfung geht. Sie war auch diejenige, welche in Zusammenarbeit mit dem FBI den bereits oben erwähnten „Dr. Conti" entlarvt hat. Ihre in San Francisco ansässige Firma hat sich auf den Kauf und Verkauf von Wein für Sammler und Investoren spezialisiert. Egal, ob Sie mit einer Sammlung beginnen, überschüssiges Inventar liquidieren oder ausdünnen müssen, das Expertenteam von Chai Consulting bietet Ihnen eine seriöse Beratung und garantiert für die Echtheit der Flaschen. Auch den Wert Ihrer Sammlung können Sie dort schätzen lassen.

Die in Hamburg ansässige Firma **Liquid Grape** ist ein wenig die Mischung aus Chai Consulting, Händler und Liv-ex. Das Unternehmen von Anni Höger und Henrik Maaß bietet für Weinsammler unkomplizierte Lösungen für eine genussvolle Anlage in Wein. Kombiniert werden Expertise für hochwertige Weine mit einer individuellen Beratung, maßgeschneiderten Angeboten sowie einer digitalen Plattform und der passenden Lagermöglichkeit für die Langzeitlagerung von Wein. Kunden haben die Möglichkeit, die Werte ihrer Weinsammlungen tagesaktuell online zu beobachten, außerdem können sie rare Weine aus aller Welt direkt beziehen. Liquid Grape bietet einen zugeschnittenen Service und stellt Ihnen auf Wunsch auch eine Weinsammlung zusammen.

Diese wird unter perfekten Bedingungen in einem Zolllager gesichert. Sie bestimmen die Lagerdauer für einen späteren Genuss oder für den Weiterverkauf. Als Kunde können Sie Ihr Portfolio und die Entwicklung ihrer individuellen Weine anhand der Liv-ex-Daten online verfolgen. Sollen die Weine verkauft werden, kann Liquid Grape bei der Vermittlung an eine Auktion unterstützen oder den Verkauf direkt abwickeln. Liquid Grape ist also ein wenig das „all Inclusive"-Angebot der Branche.

Wein als Geldanlage muss nicht bedeuten, dass die Flasche im eigenen Keller liegt. Wer sein Kapital in Wein anlegen will, hat vielfältige Möglichkeiten.

Weinfonds zum Beispiel eignen sich für Anleger, die das Risiko minimieren wollen. Das Kapital wird entsprechend breiter gestreut. Dabei kauft der Investor selbst keinen Wein. Ein Fondmanager übernimmt dies in seinem Auftrag. Investiert wird in Weine der besten Produzenten und Anbaugebiete, wie zu Beginn dieses Beitrags beschrieben. Der Fondsmanager sollte natürlich ein Weinexperte sein und den Markt gut kennen.

Sie als Anleger sollten in Abstimmung mit dem Anlageberater definieren, in welche Weinfonds Sie investieren wollen. Neben der Mindestbeteiligungssumme ist auch der Ausgabeaufschlag für das Investment relevant. Dazu kommen, je nach Land, in dem der Weinfonds aufgelegt ist, die Steuern. Die anfallenden Nebenkosten sowie die Laufzeit sollten Sie ebenfalls auf dem Radar haben. Den etwaigen Gewinn kann man sich später in Form von Geld oder als Natural auszahlen lassen.

Der Vorteil bei Weinfonds ist, dass der Anleger sich nicht um die Lagerung kümmern muss. Sie sollten dennoch Ihre eigenen Weinvorlieben bei dem Portfolio berücksichtigen, denn sollte sich wider Erwarten keine Wertsteigerung einstellen, werden Sie den Wein wohl lieber selbst trinken wollen.

Auch bietet sich die Möglichkeit eines Weingut-Investments. In dem Fall unterstützen Sie einen bestimmten Produzenten. Speziell als Start-up sind viele Jungwinzer daran interessiert. Denn neben dem Kapital für die Weinberge verschlingt die Anschaffung von Kellertechnik immense Summen. Dazu kommen noch Marketingkosten, Imagekampagnen und vieles mehr.

Als Teilhaber eines Weinguts sollten Sie natürlich 100%ig hinter den Produkten und Personen stehen. Es gibt diverse Möglichkeiten, in ein Weingut zu investieren. Entweder via Summe X als Starthilfe, wie in der Fernsehsendung „Die Höhle der Löwen". Hier werden Sie über einen vereinbarten

Zeitraum prozentual am jährlichen Gewinn beteiligt. Es gibt aber auch die Version einer Art Leasing-Geschäfts. Zum Beispiel erwerben Sie einen Weinberg und der Winzer Ihres Vertrauens bearbeitet diesen und keltert den Wein. Als Gegenleistung wird der Investor am Gewinn der Weinflaschen aus dieser Lage beteiligt.

Des Weiteren bieten einige Winzer sogenannte Wein-Genussscheine an. Bei diesem Modell des Investments handelt es sich um Kapital, das eine Art Verzinsung erfährt. Diese findet allerdings vorrangig in Naturalien, sprich Wein, statt. Nach einer vereinbarten Laufzeit erhält der Anleger sein Geld zurück und wird zusätzlich mit Wein als Gewinn ausbezahlt.

Wem das alles zu wenig börsenorientiert ist, der kann auch in den klassischen Wertpapiermarkt einsteigen. Es gibt durchaus börsennotierte Weingüter und Weinhändler, in die man investieren kann. Darüber hinaus lohnt sich ein Blick auf das Long-Weinbasket-Partizipations-Zertifikat der österreichischen Raiffeisen Centrobank. Neben Hawesko und Baron de Ley versammelt das Zertifikat weitere führende Konzerne wie das französische Unternehmen Pernod-Ricard, den Spirituosenhersteller Rémy Cointreau oder das größte Weingut Chiles. In den vergangenen sieben Jahren bescherte das Wertpapier seinen Anlegern ein Plus von 340 Prozent. Daneben lohnt es sich, in die großen Getränkemarken wie Constellation Brands oder Diageo zu investieren. Das Portfolio dieser Riesen ist so umfangreich, dass diese gegen jegliche Schwankungen gewappnet sind.

Weininvestment zählt zu den Nischenprodukten der alternativen Kapitalanlage. Der Markt ist sehr speziell, daher braucht es neben Kapital auch ein gewisses Know-how, um dort überhaupt aktiv werden zu können. Zum anderen muss man sich bewusst machen, dass solch ein Investment auch mit Nebenkosten verbunden ist. Wenn Sie den Wein selbst lagern, treten diese in Form von Lager- oder Versicherungskosten auf. Des Weiteren ist es bei Wein, anders als bei Kunst oder Schmuck, der Fall, dass man die Anlage während der Zeit der Wertentwicklung nicht genießen kann. Ein Gemälde können Sie sich anschauen, den Schmuck ab und an tragen, ohne dass dieser signifikant an Wert verliert. Bei Wein als Kapitalanlage ist es so, dass dieser nicht konsumiert wird. Sie können sich also maximal daran erfreuen,

Ihren Freunden und Bekannten einige Kisten oder Etiketten zeigen zu können und ihnen zu berichten, welch rare Liquidität Sie eingelagert haben. Die Flaschen müssen nach dem Erwerb fachgerecht eingelagert werden. Das bedeutet bei Wein:

- liegend und erschütterungsfrei
- bei möglichst konstanter Temperatur zwischen 12° bis 16° Celsius
- an einem dunklen, geruchsneutralen Ort
- und einer Luftfeuchtigkeit zwischen 70 bis 90 %

Wie schon erwähnt, verursacht dies Kosten. Gut also für den Weinsammler, der über einen unterirdischen Kellerraum verfügt und die Fläche nicht anderweitig benötigt. Diese Räumlichkeiten bieten so ziemlich alle Voraussetzungen für eine langfristige Lagerung. Lediglich die Luftfeuchtigkeit gilt es zu kontrollieren, damit die Korken nicht porös werden.

Wem das Privileg des Kellers verwehrt ist, der kann sich alternativ mit Weinklimaschränken behelfen. In den letzten Jahren ist hier eine Vielzahl von Anbietern auf den Markt gekommen. Das hat dazu geführt, dass die Geräte im Wesentlichen günstiger, aber nicht schlechter geworden sind.

Wem diese Möglichkeit der Lagerung nicht zusagt, dem stehen anmietbare Storage-Systeme zur Verfügung. Diese sind gut ge- und versichert, allerdings verfügen sie selten über optimale Klimabedingungen.

Eine Ausnahme stellt hier die WineBank dar. Ein Lagerungskonzept, das seine Wurzeln im Rheingauer Hattenheim hat. Der Winzer Christian Ress hatte die WineBank ursprünglich als Dienstleistungskonzept für seine Kunden entwickelt.

Das Konzept ist ebenso einfach wie genial: Man mietet sich ein Fach in der Größe seiner Wahl, um die eigenen Weine fachgerecht einzukellern. Mit einer Zugangskarte ist dies 24/7 zugänglich und bietet so die Möglichkeit, Gleichgesinnte zu treffen und sich über Qualitäten, Investitionen und den neuesten Weinklatsch auszutauschen. Hier bilden sich auch Einkaufs- und Anlagesynergien.

Wer einen Lagerplatz für seine flüssigen Schätze sucht, der wird in einer WineBank fündig

Zusammenfassend ist zu sagen, dass Wein als Kapitalanlage ein durchaus lukratives Geschäft ist. Allerdings benötigt der interessierte Anleger neben dem Kapital Weinwissen, ein wesentliches Verständnis des Marktes und eventuell auch der Lagermöglichkeiten. Das Fachwissen kann man sich natürlich über einen vertrauenswürdigen Consultant besorgen beziehungsweise einkaufen. Denn man muss schon wissen, welcher Wein das höchste Potenzial zur Wertsteigerung besitzt und worauf bei einem Weininvestment zu achten ist. Denn nicht jeder Wein ist für eine längere Investmentdauer geeignet!

Stellt sich zu guter Letzt noch die Frage der Investmentsumme. Ich empfehle, mit einem Betrag zwischen € 10.000 bis € 20.000 zu beginnen. Nach oben sind natürlich wie immer keine Grenzen gesetzt. Aber wie bei allen Kapitalanlagen sollten Sie sich das Geld nicht vom Mund abgespart haben oder einen möglichen Gewinn gedanklich verplanen.

Nachrichtensprecher fangen stets mit „Guten Abend" an
und brauchen dann 15 Minuten, um zu erklären,
dass es kein guter Abend ist.
(Rudi Carrell)

Unsere diesjährigen Autoren:

Hans A. Bernecker:

Hans A. Bernecker studierte Nationalökonomie in Köln und Hamburg. Als Assistent bei der Hamburger Börse entstand seine große Leidenschaft für die Themen Börse und Aktienmärkte. 60 Jahre später ist der renommierte Börsenexperte und Buchautor immer noch der Herausgeber seiner wöchentlich erscheinenden Actien-Börse. Seine Stärke ist sein Gespür für Trends und die konsequente Umsetzung einer Investment-Idee. Wirtschaftliche Zusammenhänge werden mit Tendenzen an den Weltbörsen umfangreich analysiert und interpretiert und führen immer zu konkreten Empfehlungen. DSeine Vorträge und Seminare sind gesuchte Termine in der Aktien- und Börsenwelt.

Jens Bernecker:

Jens Bernecker ist seit über 30 Jahren als Börsenjournalist und Kapitalmarktexperte aktiv und regelmäßiger Gast bei n-tv. Sein Fokus liegt besonders auf dem „Big Picture" an den Märkten, er analysiert aber auch mit Vorliebe Aktien der Wall Street und Zukunftsbranchen.

Christian Euler:

Nach seinem Studium der Volkswirtschaftslehre schnupperte Christian Euler zunächst als Internationaler Einkäufer bei Lidl die raue Luft des Lebensmitteleinzelhandels. An der Börse seit 35 Jahren aktiv, widmet er sich seit 1998 intensiv dem Finanz- und Wirtschaftsjournalismus. Nach Stationen bei Börse Online in München und als Korrespondent des Focus Magazins in Frankfurt schreibt Christian Euler seit 2006 als Freelancer u. a. für die Welt-Gruppe. Sein Buch über Porsche und Volkswagen ist im Wiley-Verlag erschienen.

Helmut Gellermann:

Diplom-Volkswirt Helmut Gellermann wurde 1998 „Börsianer" und arbeitet seit Ende 2000 als Börsenredakteur. Für die Bernecker Verlagsgesellschaft (seit 2005) betreute er unter anderem den Bernecker Investorenbrief und schreibt u. a. für den Frankfurter Börsenbrief.

Markus Horntrich:

Nach seinem BWL-Studium begann Markus Horntrich seine berufliche Karriere bei der Börsenmedien AG als Redakteur für das Börsenmagazin DER AKTIONÄR und diverse Börsenbriefe. 2012 wurde er zum Chefredakteur von DER AKTIONÄR berufen und bekleidete diese Position bis 2019. Seit November 2019 ist der erfahrene Börsianer und Autor des Börsenbuches „Crashkurs Charttechnik" für den Bernecker-Verlag, insbesondere für die Actien-Börse, tätig.

Oliver Kantimm:

Oliver Kantimm arbeitet seit 1999 für die Bernecker Verlagsgesellschaft. Er kann auf eine Börsenerfahrung von über 35 Jahren zurückblicken. Im Zuge seiner Tätigkeit als Redakteur bei der Bernecker Verlagsgesellschaft gestaltete Herr Kantimm u. a. die Actien-Börse, den Frankfurter Börsenbrief und den Frankfurter Tagesdienst inhaltlich mit. Seit 2011 zeichnet er zusammen mit Volker Schulz für den Aktionärsbrief verantwortlich.

Felix J. Krekel:

Nach Abschluss seines Studiums und einer einjährigen Tätigkeit für eine Investmentbank in London begann der gelernte Bankkaufmann Felix J. Krekel seine Karriere bei HSBC Trinkaus & Burkhardt. Seit Anfang 2018 ist er Geschäftsführer der persönlich haftenden Gesellschafterin der coinIX GmbH & Co. KGaA. Die 2017 gegründete und auf Kryptowährungen und Blockchaintechnologie fokussierte Hamburger Beteiligungsgesellschaft notiert seit Ende 2019 an der Düsseldorfer Börse. Felix J. Krekel ist Certified International Investment Analyst und Aufsichtsrat der Solutiance AG.

Björn Meschkat

Björn Meschkat teilt die Leidenschaft für die Börse und Kapitalmarktthemen seit seinem 15 Lebensjahr. Nach seiner Ausbildung zum genossenschaftlichen Bankkaufmann und dem anschließenden Jurastudium hat er den Rechtswissenschaften 2001 den Rücken zugedreht und sich auch beruflich wieder dem Kapitalmarkt zugewandt. Mehr als 10 Jahre war Björn Meschkat in Führungspositionen im Alternativen Anlagesegment (Schiffe, Immobilien, Regenerative Energien, Logistik) tätig. Seit 2013 widmet er dem Private-Equity-Sektor. Mit dem Kapitalmarkt beschäftigt er sich seit Jahren und setzt seine gesammelten Erfahrungen bei dem Aufbau von Wertpapierportfolios erfolgreich um.

Carsten Müller

Der gebürtige Berliner ist seit fast 30 Jahren als Journalist an den internationalen Finanzmärkten aktiv. Fast so lange ist er auch dem Hause Bernecker verbunden. Erste Schritte im Berufsleben machte er in der NTV-Telebörse-Redaktion, danach als Redakteur verschiedener Bernecker-Börsenbriefe. Inzwischen ist er Herausgeber und Redakteur etlicher Publikationen, mit denen er seine Leser vor allem bei einem nachhaltigen Vermögensaufbau unterstützen möchte. Entsprechend ist sein Investmentansatz stark fundamental geprägt, dennoch auch immer kombiniert mit Timing-Faktoren und Markttechnik. Seine Lieblingsthemen sind dabei Zukunftstrends und Nebenwerte.

Catharina C. Nitsch

Catharina C. Nitsch studierte Rechtswissenschaften und arbeitete nach dem zweiten Staatsexamen als Anwältin. Über eine kurzzeitige Tätigkeit bei einer renommierten Fluggesellschaft gelangte sie zur Bernecker Gesellschaft, bei der sie seit 2006 tätig ist. Hier arbeitete sie an diversen Börsenbriefen mit, war regelmäßige Interviewpartnerin im Deutschen Anlegerfernsehen und verantwortete unter anderem den „Börsenreport". Derzeit ist Frau Nitsch Redakteurin des Deutschen Unternehmerbriefes (ehemaliger Schmitt-Brief) und skizziert täglich die wichtigsten Informationen am Kapitalmarkt im NewsPilot. Im Bernecker-TV moderiert sie wöchentlich „Bernecker Highlights".

Volker Schulz:

Nach seinem Studium der Betriebswirtschaftslehre und einer Zwischenstation bei der Investmentbank UBS Warburg zog es Volker Schulz im April 2001 zur Bernecker Verlagsgesellschaft in Düsseldorf. Hier ist er zusammen mit Oliver Kantimm maßgeblich für den Aktionärsbrief verantwortlich. 2017 wurde der Aktionärsbrief bereits zum achten Mal mit dem „Deutschen Börsenbrief Award" als bester Börsenbrief Deutschlands in der Kategorie „Allgemeiner Börsenbrief" ausgezeichnet. Wiederholt gewann der studierte Betriebswirt zudem die Krone als bester Trader im Rahmen der vom Deutschen Anleger Fernsehen ausgestrahlten Sendung „Depotchamp".

Georg Sures:

Georg Sures beschäftigt sich seit Mitte der achtziger Jahre mit dem Thema Börse. Nach Stationen in der Industrie und der Unternehmenskommunikation ist der Diplom-Kaufmann seit 2008 für die Bernecker Börsenbriefe tätig. Im Laufe seiner Tätigkeit bei Bernecker hat der erfahrene Redakteur diverse Börsenmedien betreut. Er verbindet dabei in der täglichen Arbeit fundierte Analyse mit einer journalistisch anspruchsvollen Präsentation.

Ronny Weber:

Ronny Weber ist ausgebildeter Hotelfachmann, Sommelier und Weinakademiker. 2013 absolvierte er das Diploma in Wines and Spirits beim Londoner Wine and Spirit Education Trust. Von dem renommierten Magazin Falstaff wurde er 2014 zum Sommelier des Jahres nominiert. Ronny Weber hat in seiner Laufbahn mehrere internationale Weinwettbewerbe bestritten. Er ist Mitglied des Expertenrates beim Gault&Millau Weinguide Deutschland sowie des Meininger Verlags. Durch seine langjährige Tätigkeit im Weinbereich ist er gut vernetzt und verfügt über ein umfangreiches Marktverständnis. Ronny Weber hat viele Jahre in einem Düsseldorfer Bankhaus gearbeitet, er berät Privatkunden rund um das Thema Wein.

Annerose Winkler:

Annerose Winkler schreibt seit 1990 für den Schmitt-Brief. Vorangegangen war - nach einigen Semestern der Rechtswissenschaften - das Studium der Betriebswirtschaftslehre an der Fachhochschule Bielefeld sowie die Mitarbeit an einem Forschungsauftrag des Landes Niedersachsen über die Auswirkungen des EU-Binnenmarktes auf mittelständische Unternehmen.

Verzichten Sie nicht auf unser nächstes Jahrbuch. Wenn Sie auch im Jahre 2023 über den voraussichtlichen Verlauf von Börse und Wirtschaft frühzeitig orientiert sein wollen, benötigen Sie den

Wegweiser
für Kapitalanlagen 2023

Das Bestreben, Ihnen ein Buch in die Hand zu geben, mit dem Sie in der Lage sind, konkrete Unterlagen für Ihre Disposition zu schaffen, ist auch für den neuen Jahrgang 2023 unser Leitmotiv.

Bestellen Sie Ihr Exemplar mit untenstehendem Bestellschein.

Die Auslieferung erfolgt voraussichtlich Anfang Dezember 2022.

Bestellschein

Senden Sie mir ..... Exemplar(e)
"Wegweiser für Kapitalanlagen 2023"
gegen Rechnung an:

Name: _____

Anschrift: _____

Datum/Unterschrift: _____

Ihre Bestellung senden Sie bitte an:

Bernecker Börsenbriefe   Telefon: 05231.983-140
Theodor-Heuss-Str. 1   Telefax: 05231.983-146
D-32760 Detmold   eMail: abo@bernecker.info